—

rote kleider am straßenrand

—

Seite 188

cool burnings

Seite 190

ökologisch repressive politik

Seite 192

—

vergessene erinnerungen an das land

—

Seite 194

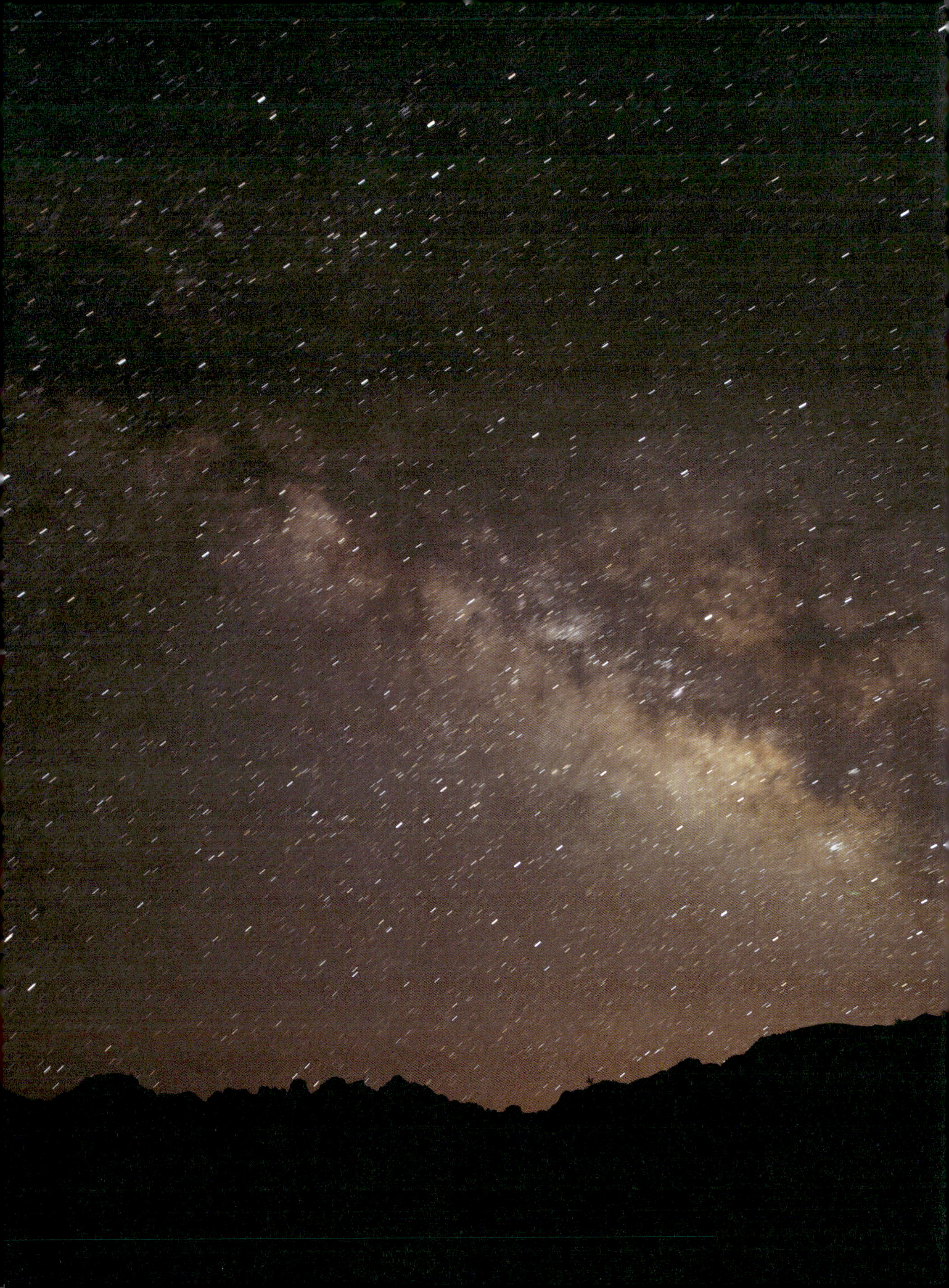

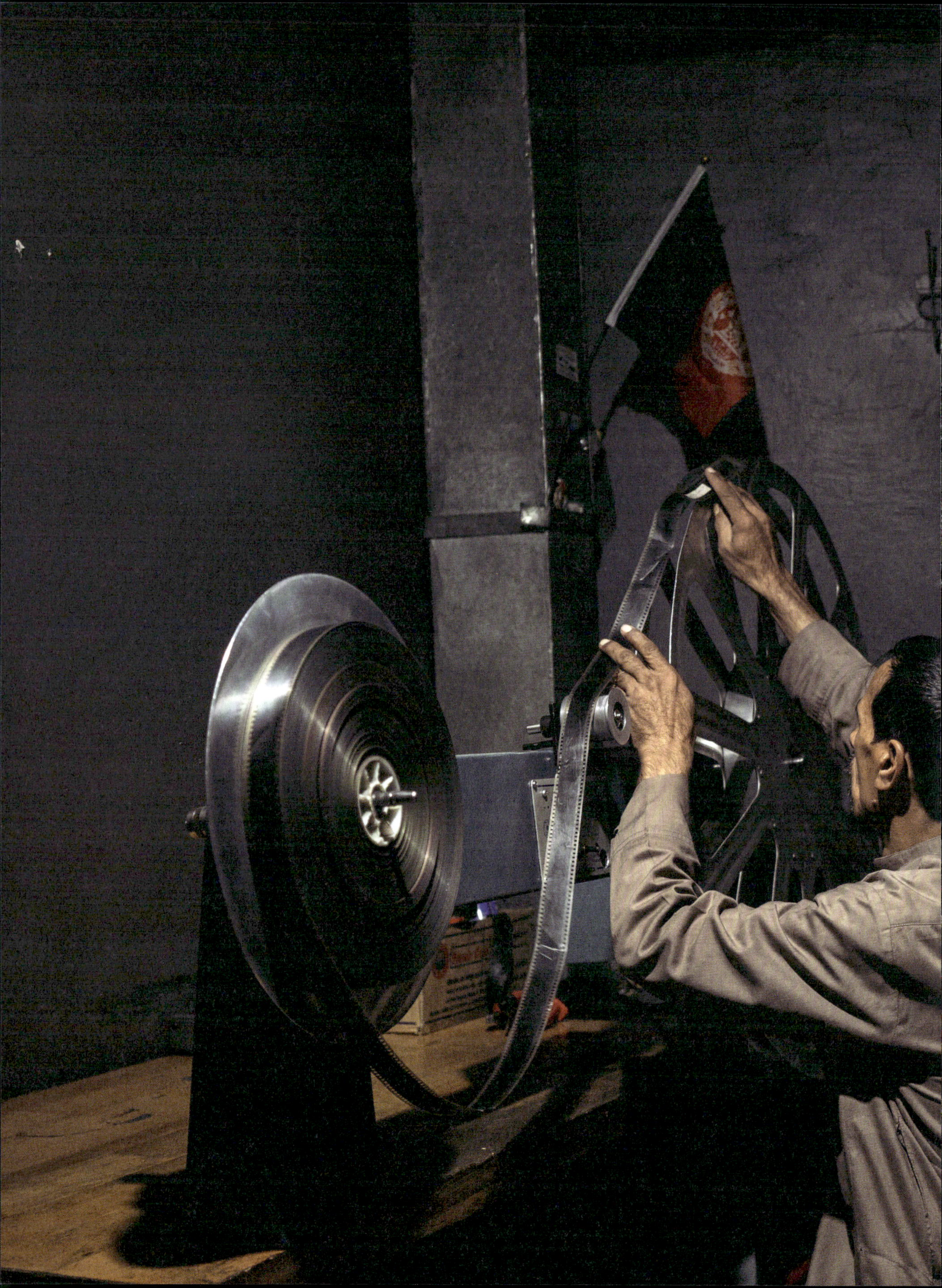

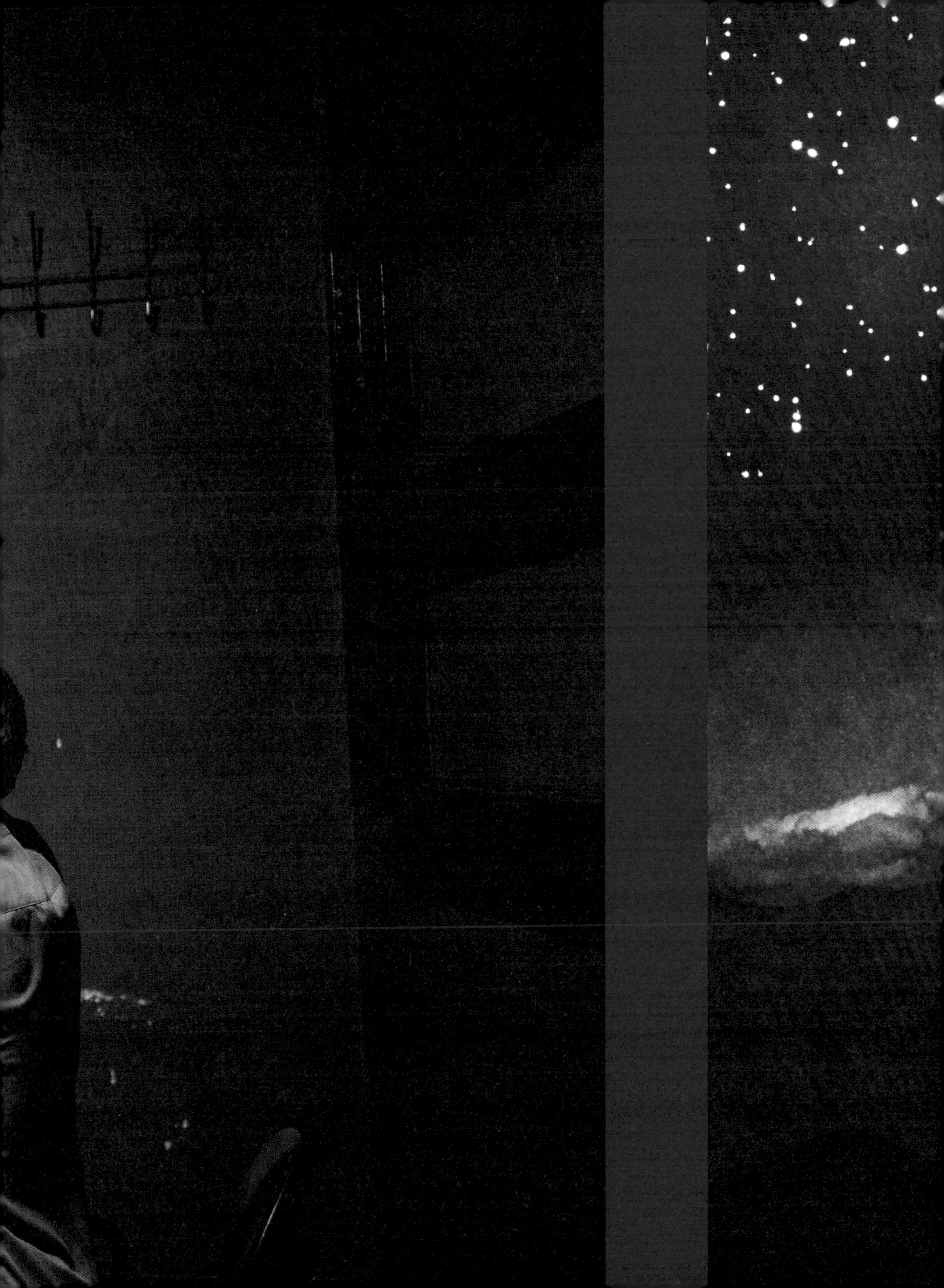

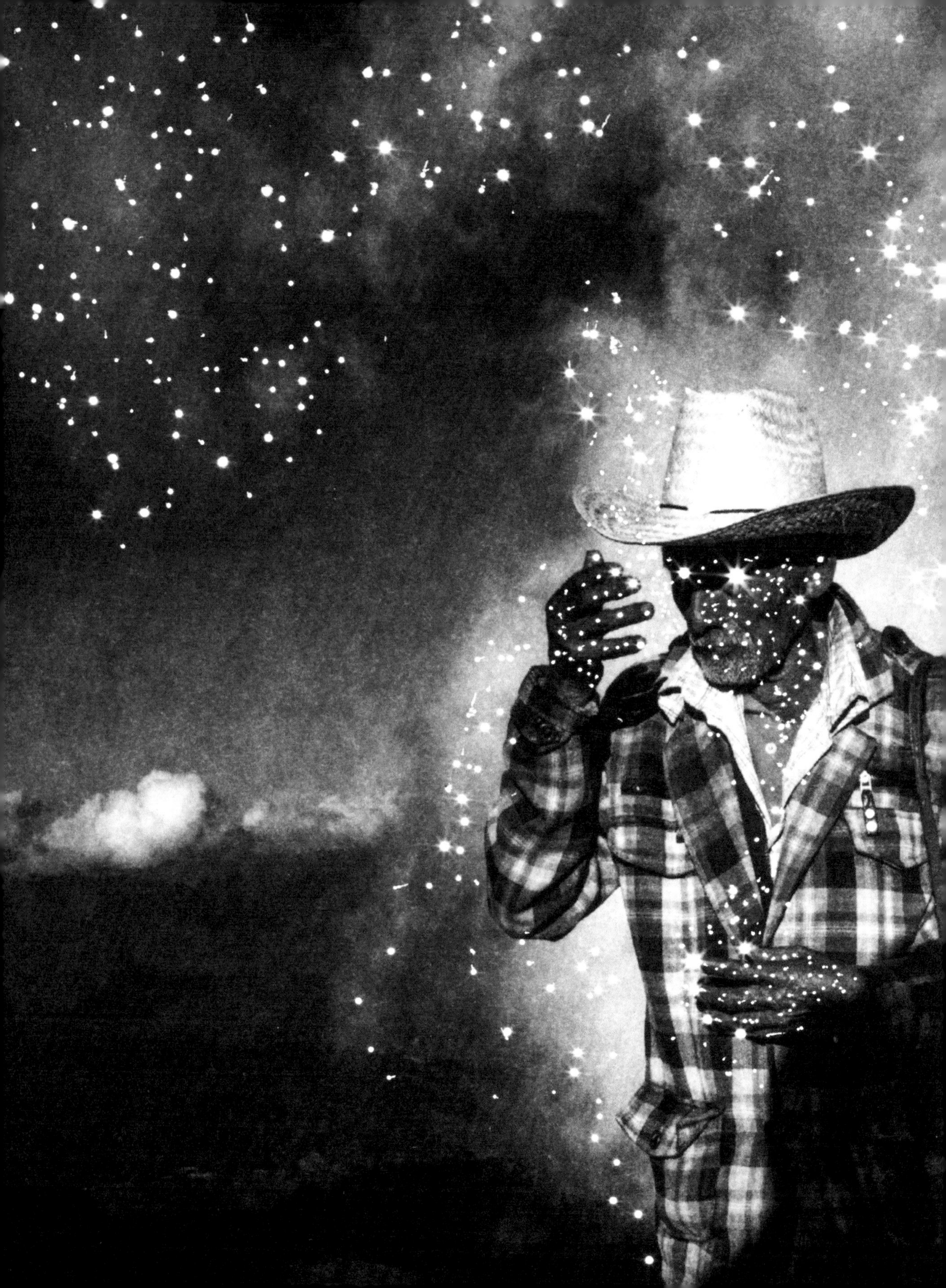

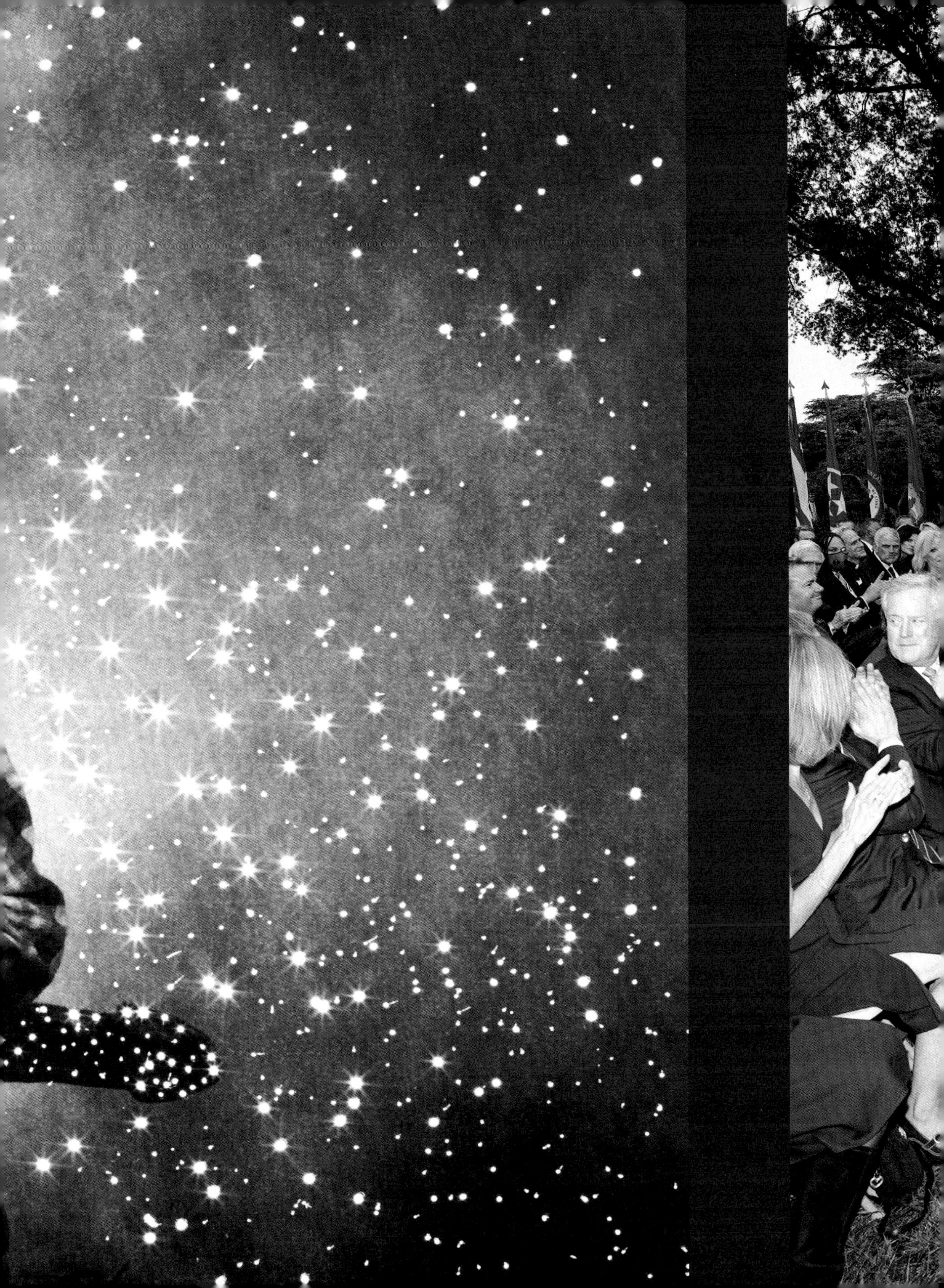

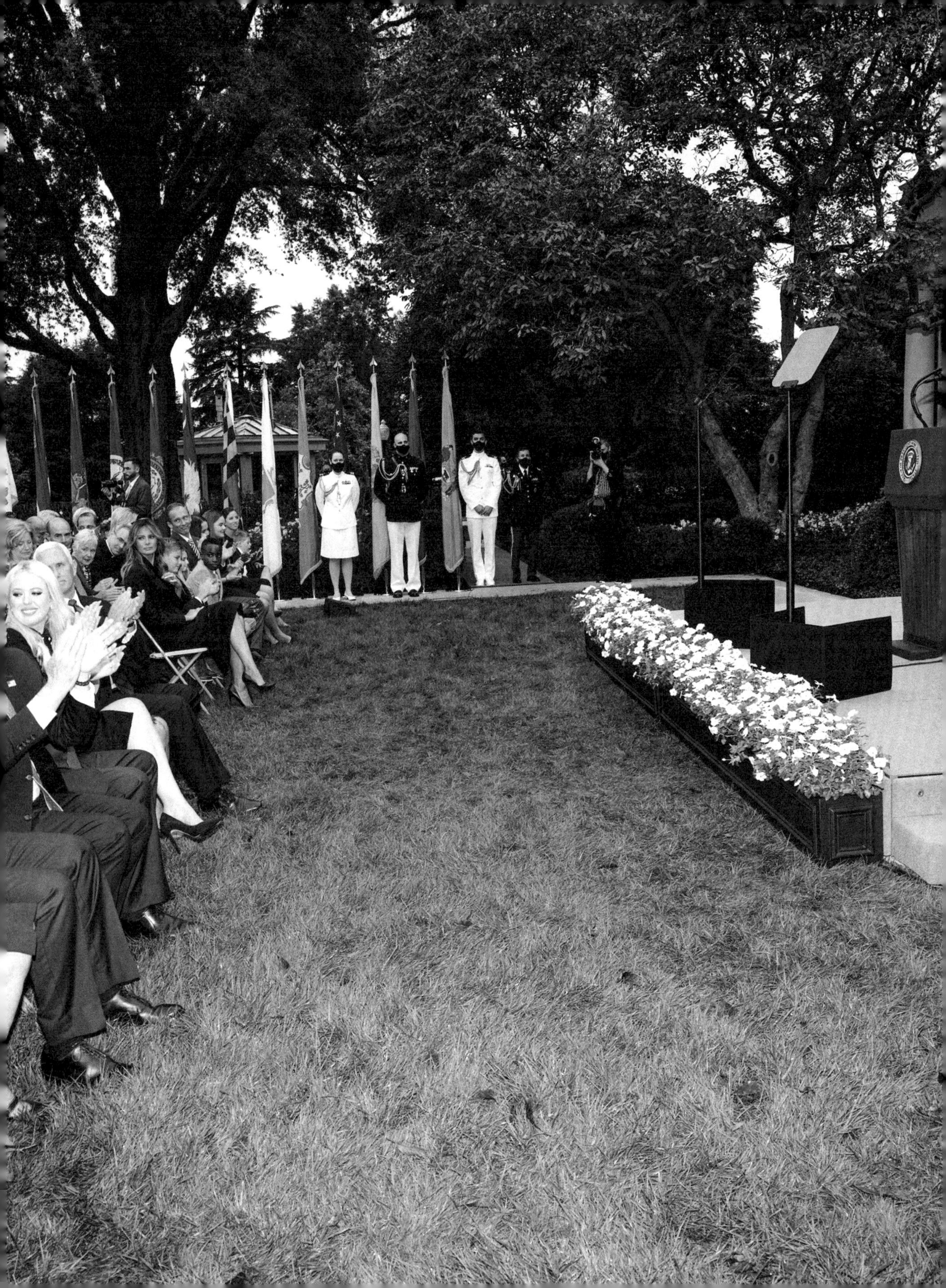

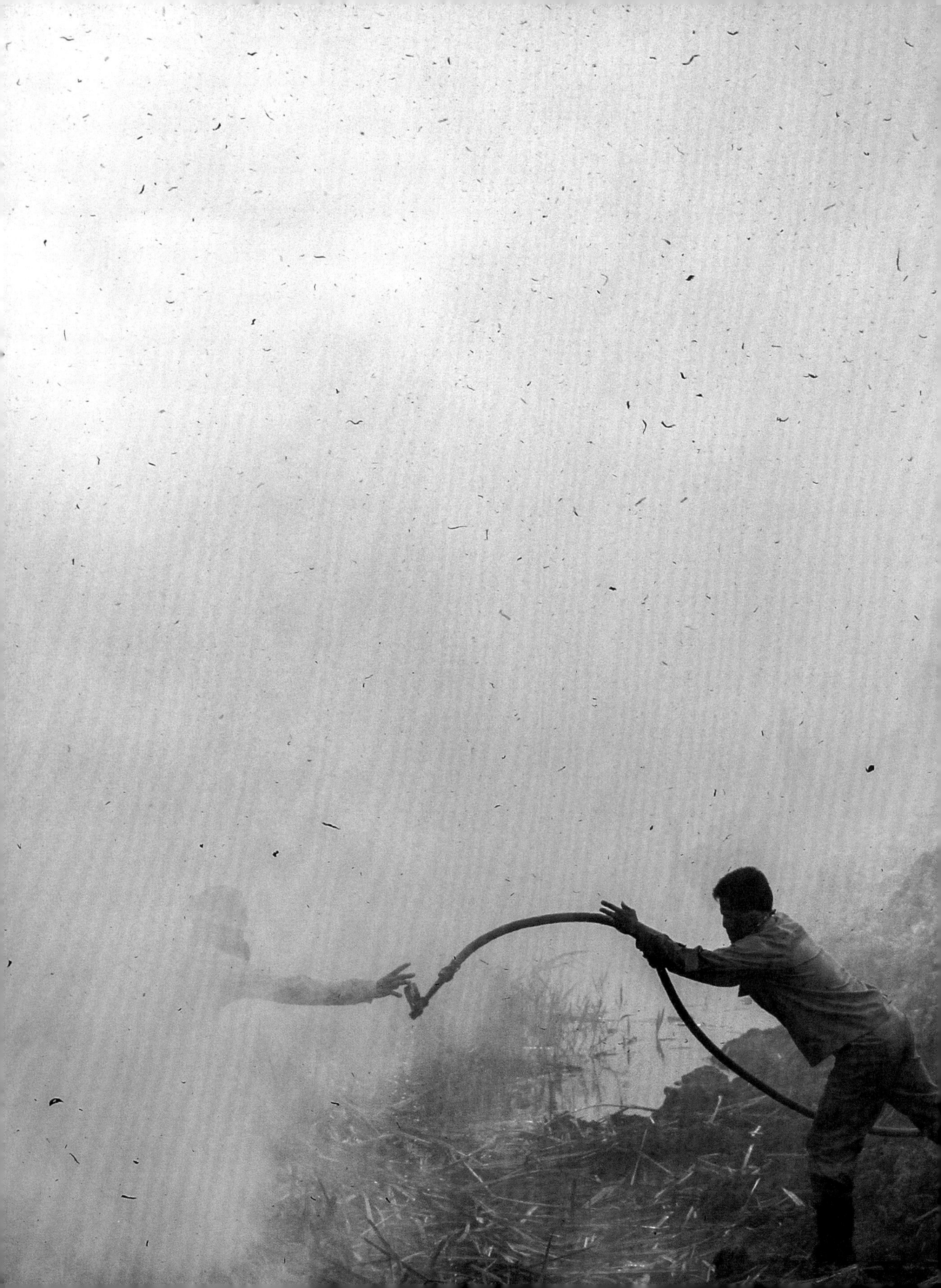

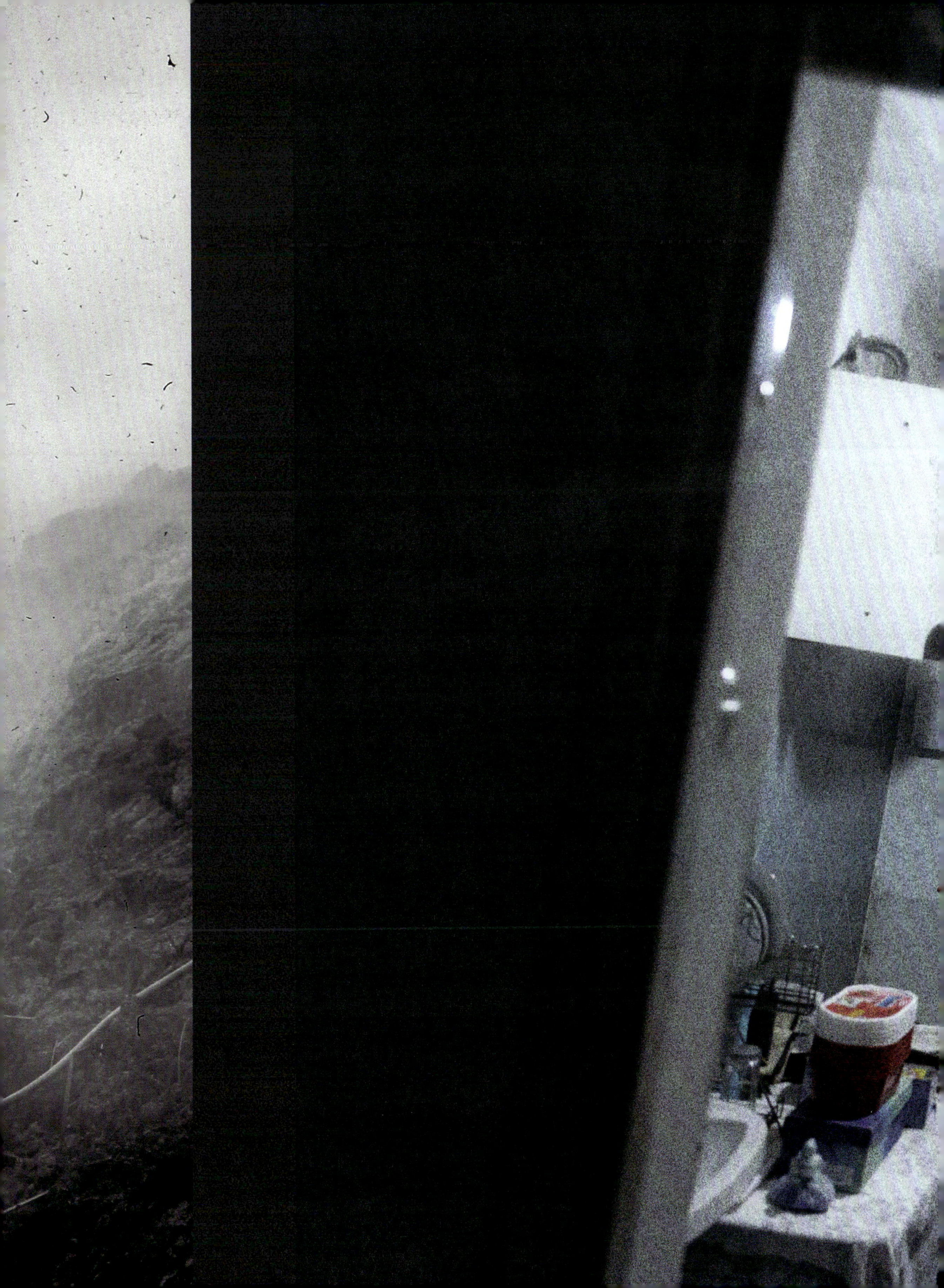

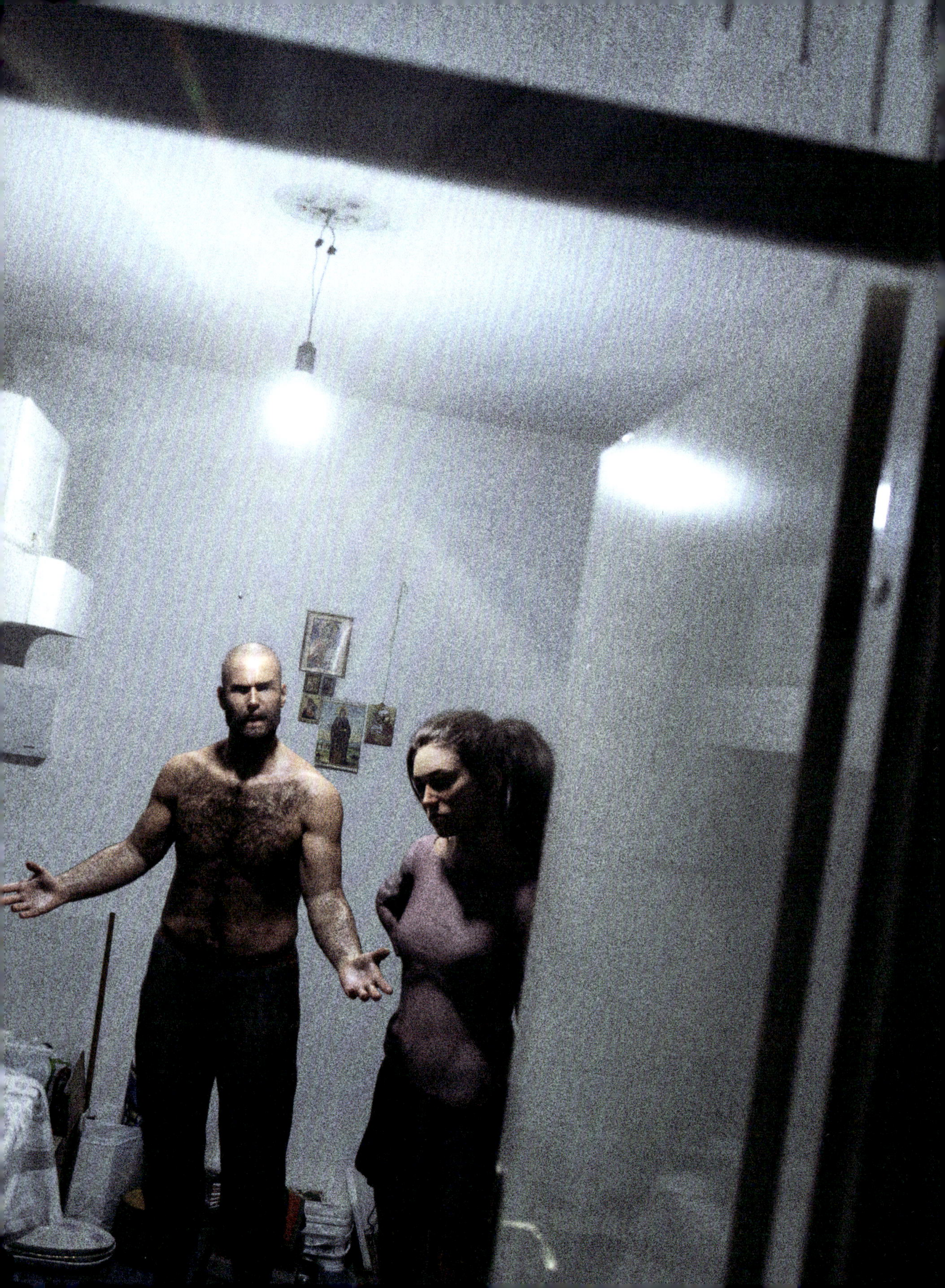

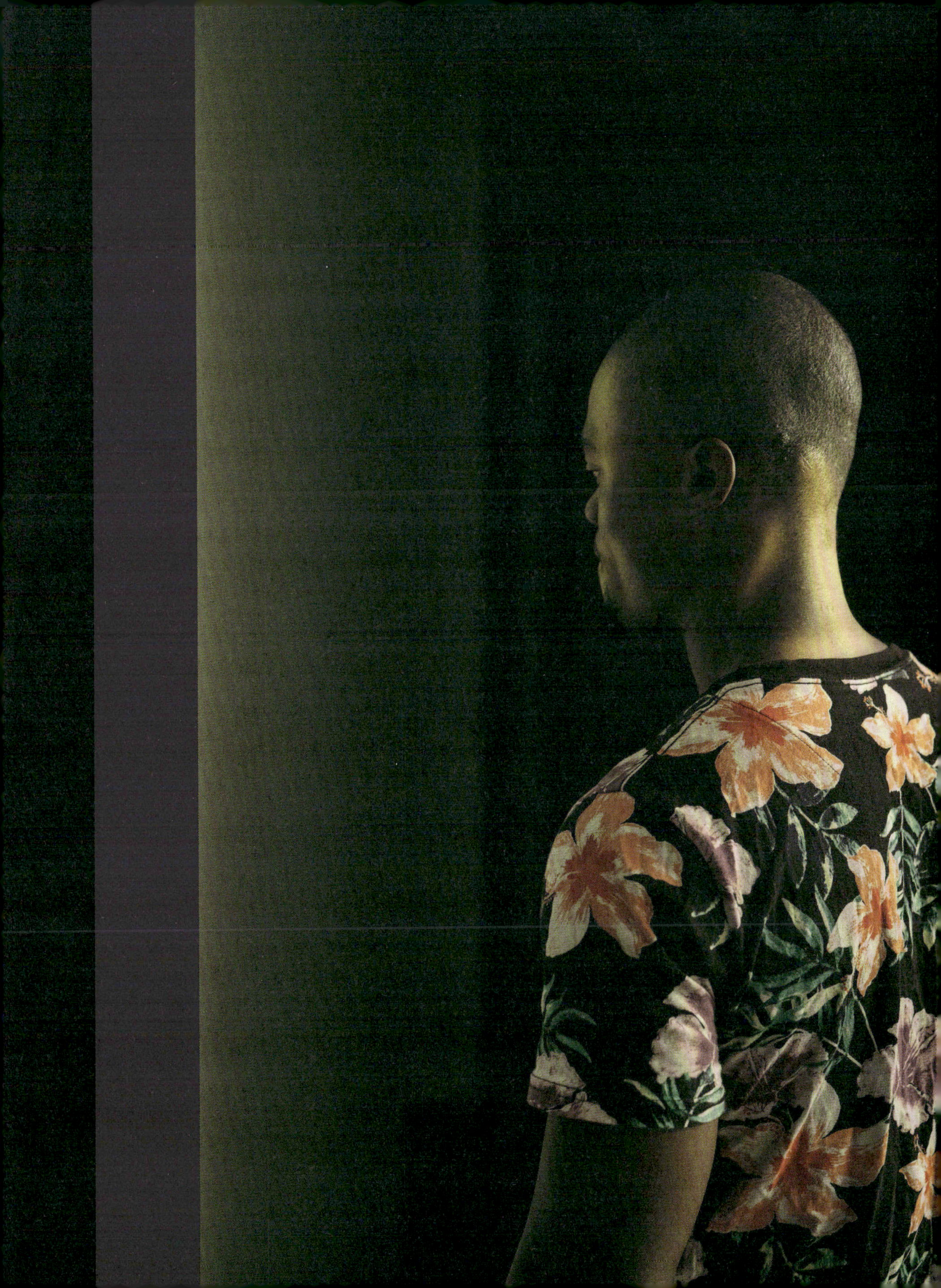

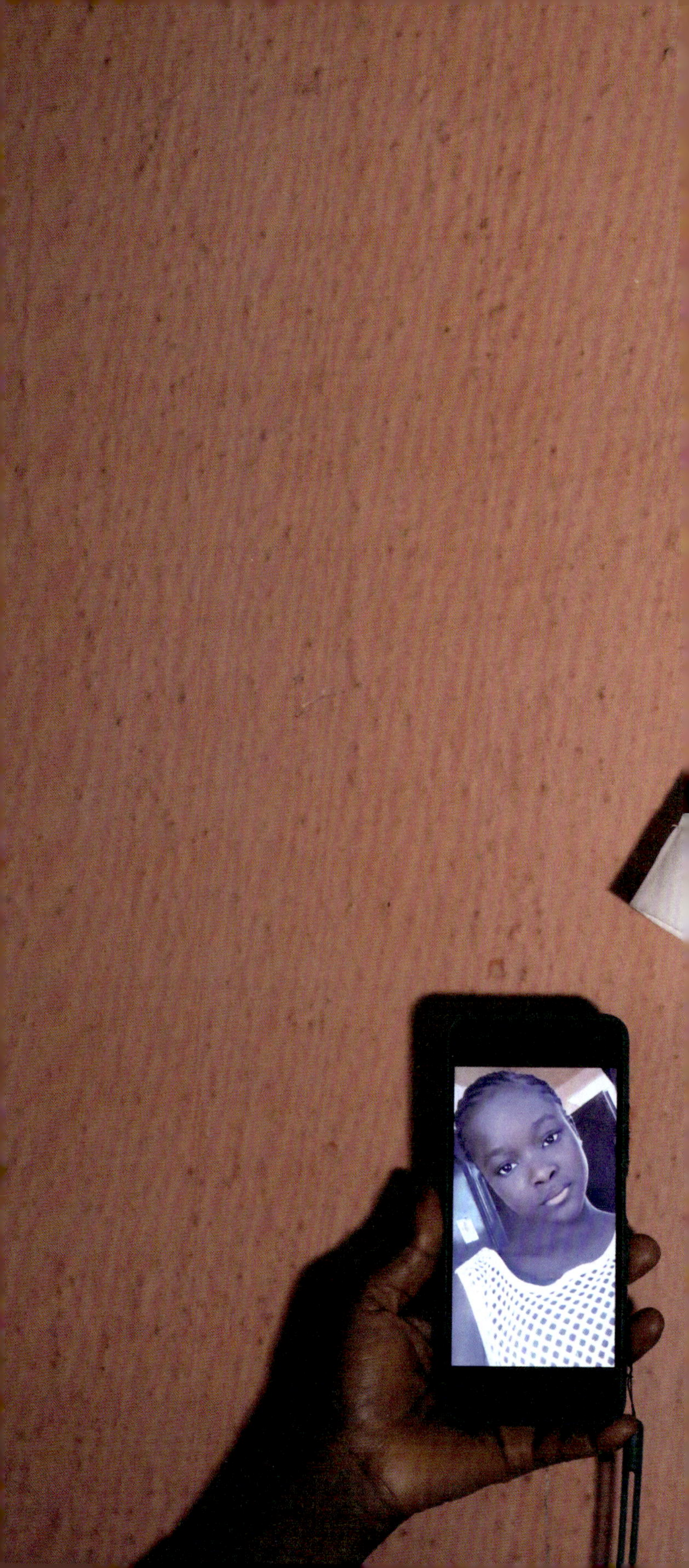

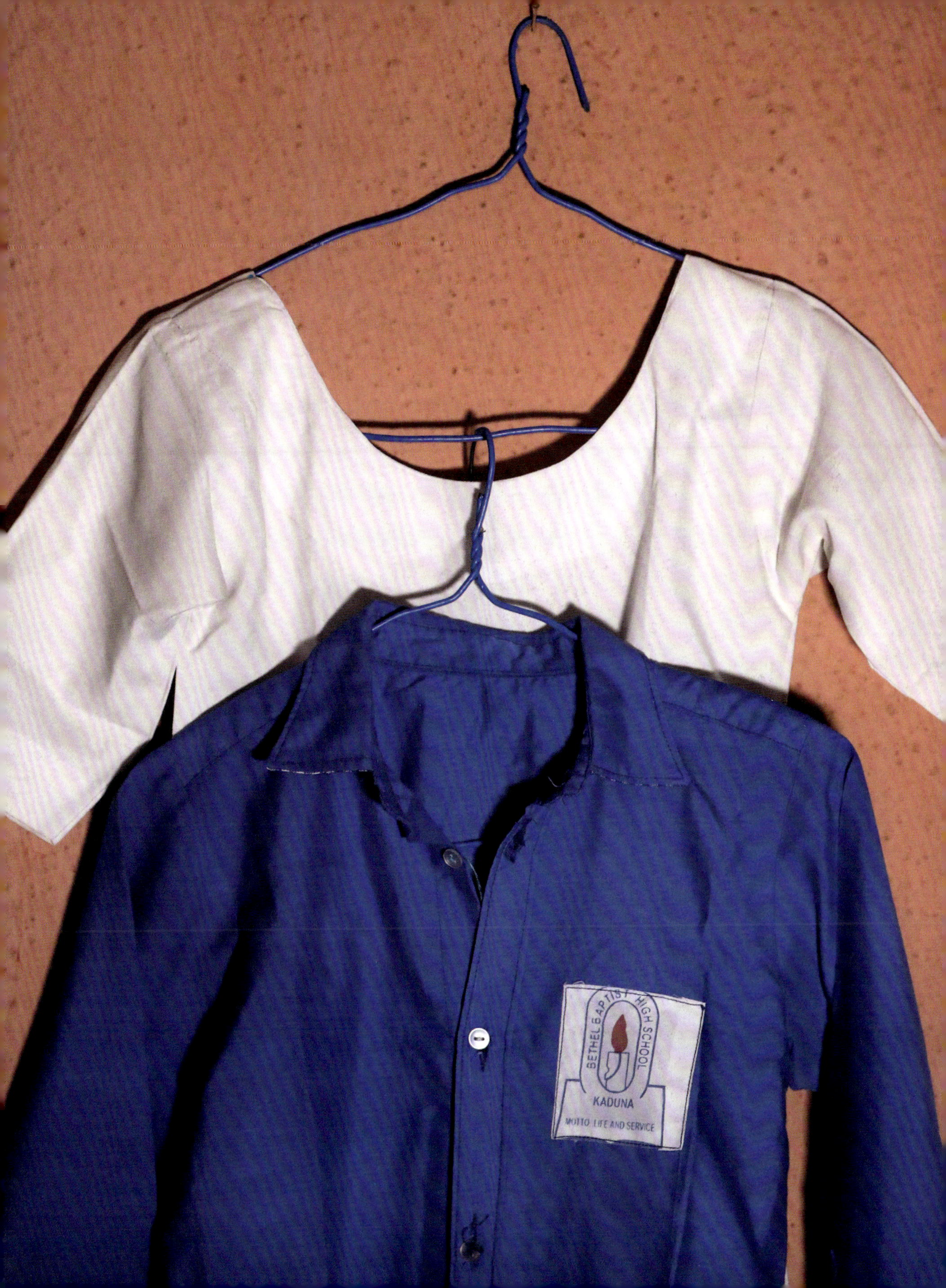
BETHEL BAPTIST HIGH SCHOOL
KADUNA
MOTTO: LIFE AND SERVICE

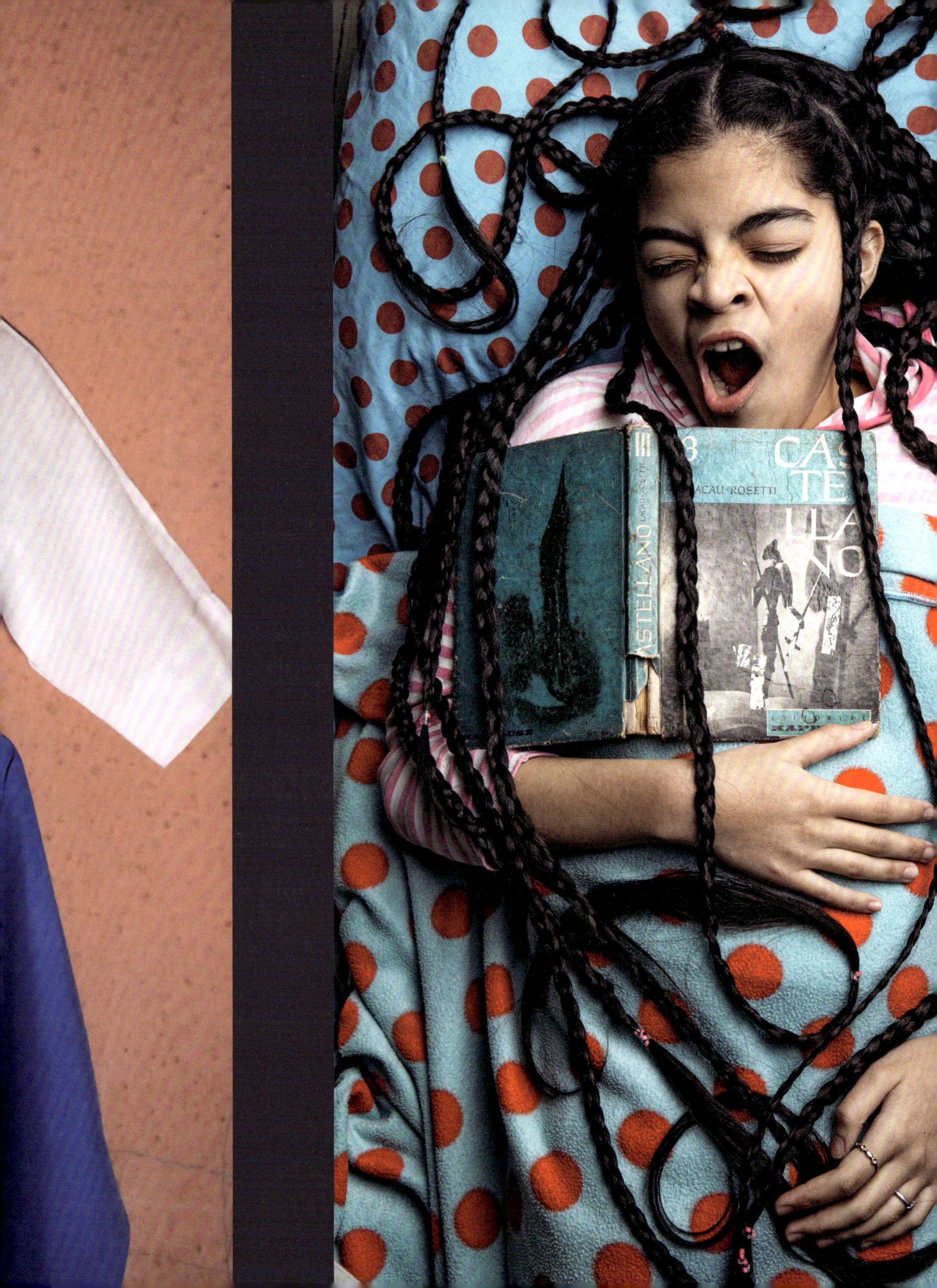
CAS
TE
LLA
NO

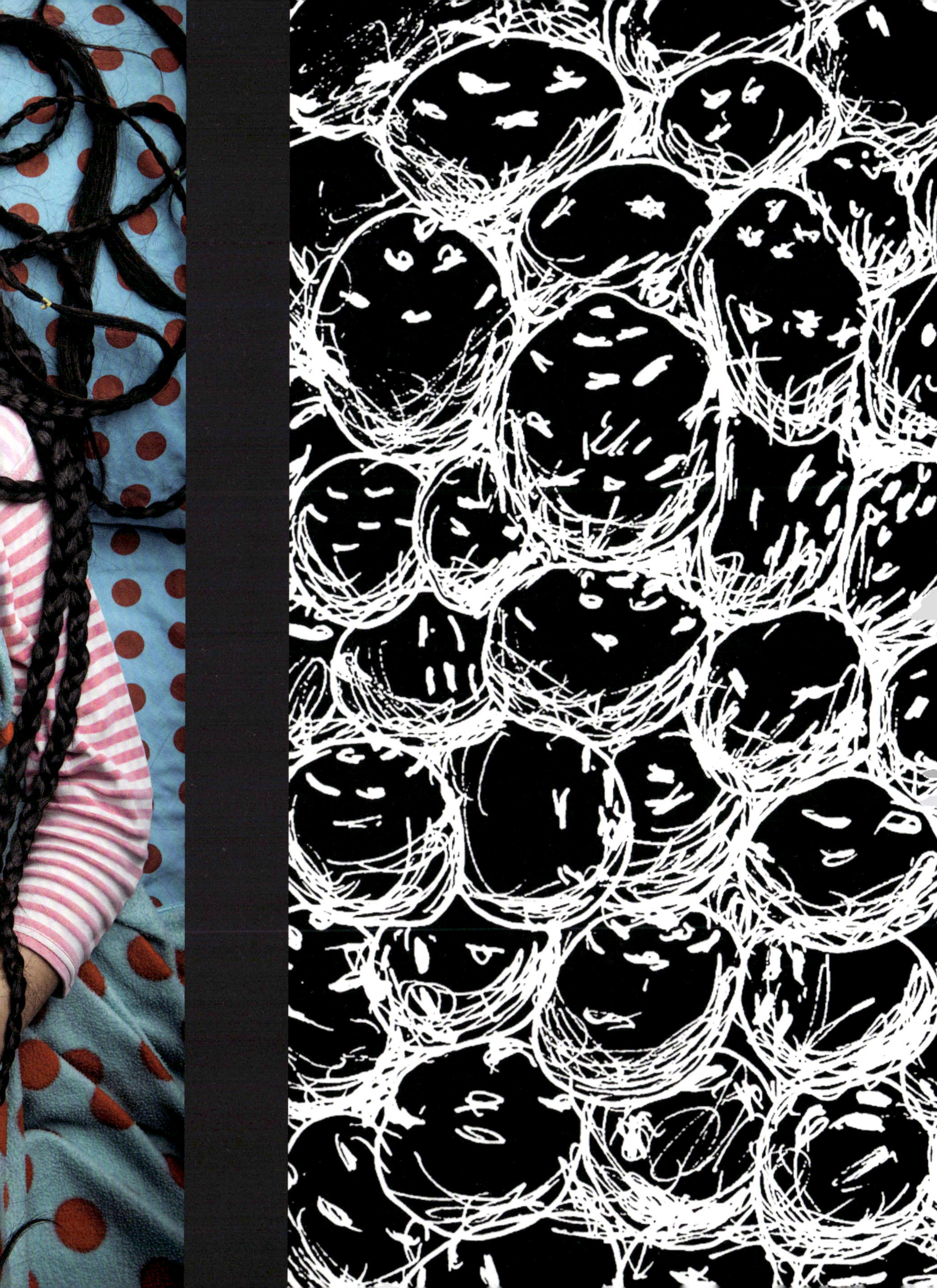

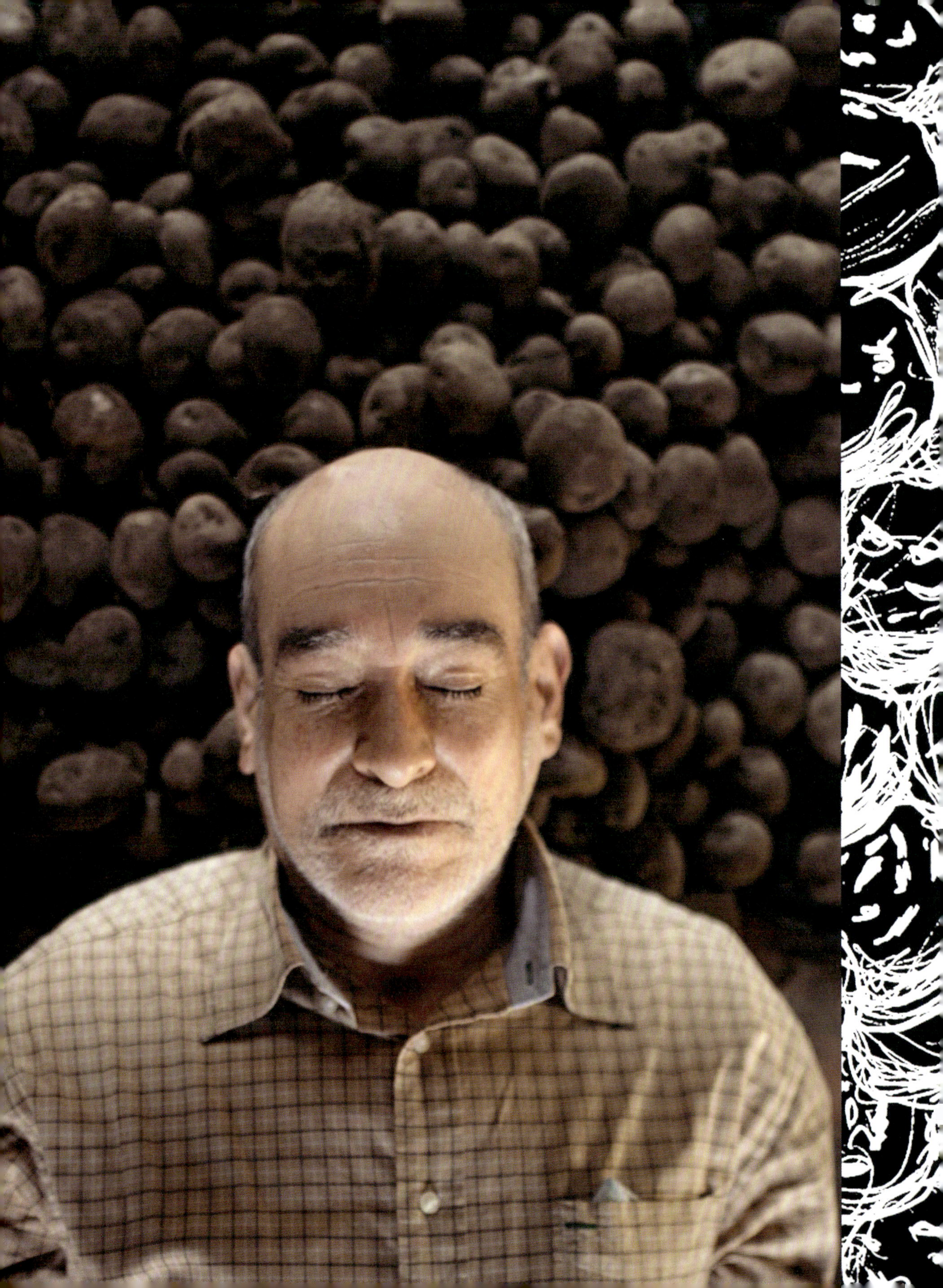

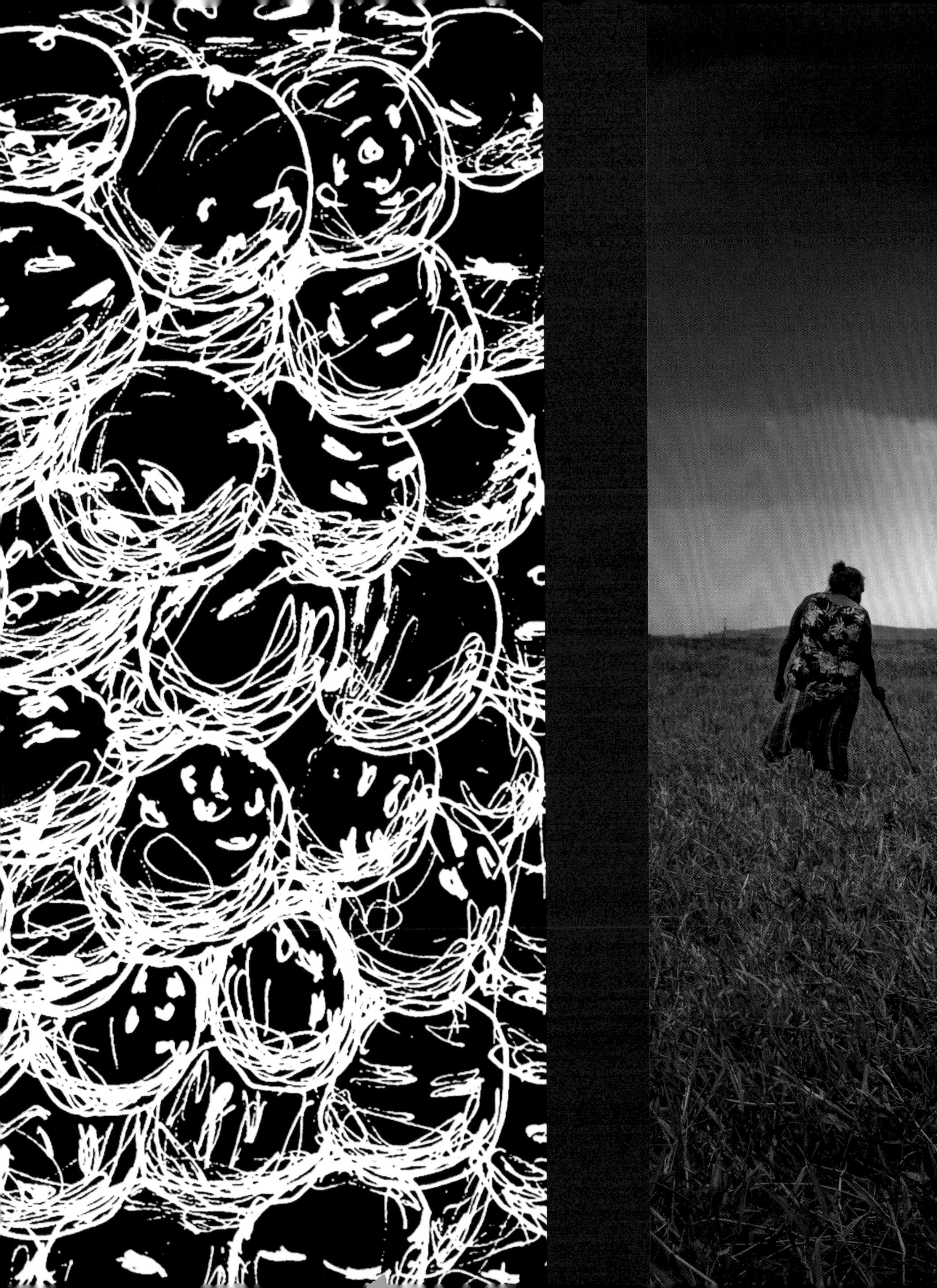

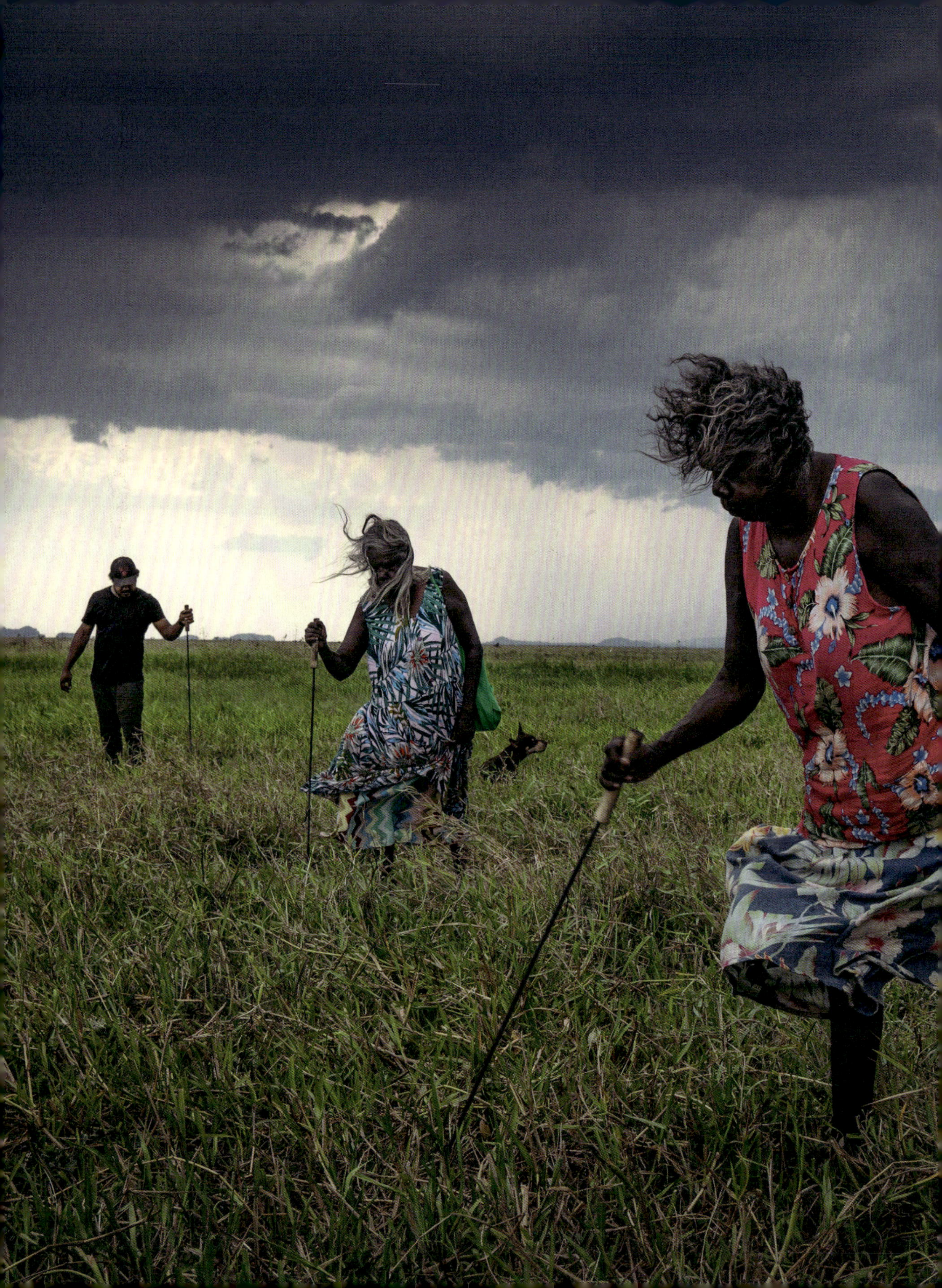

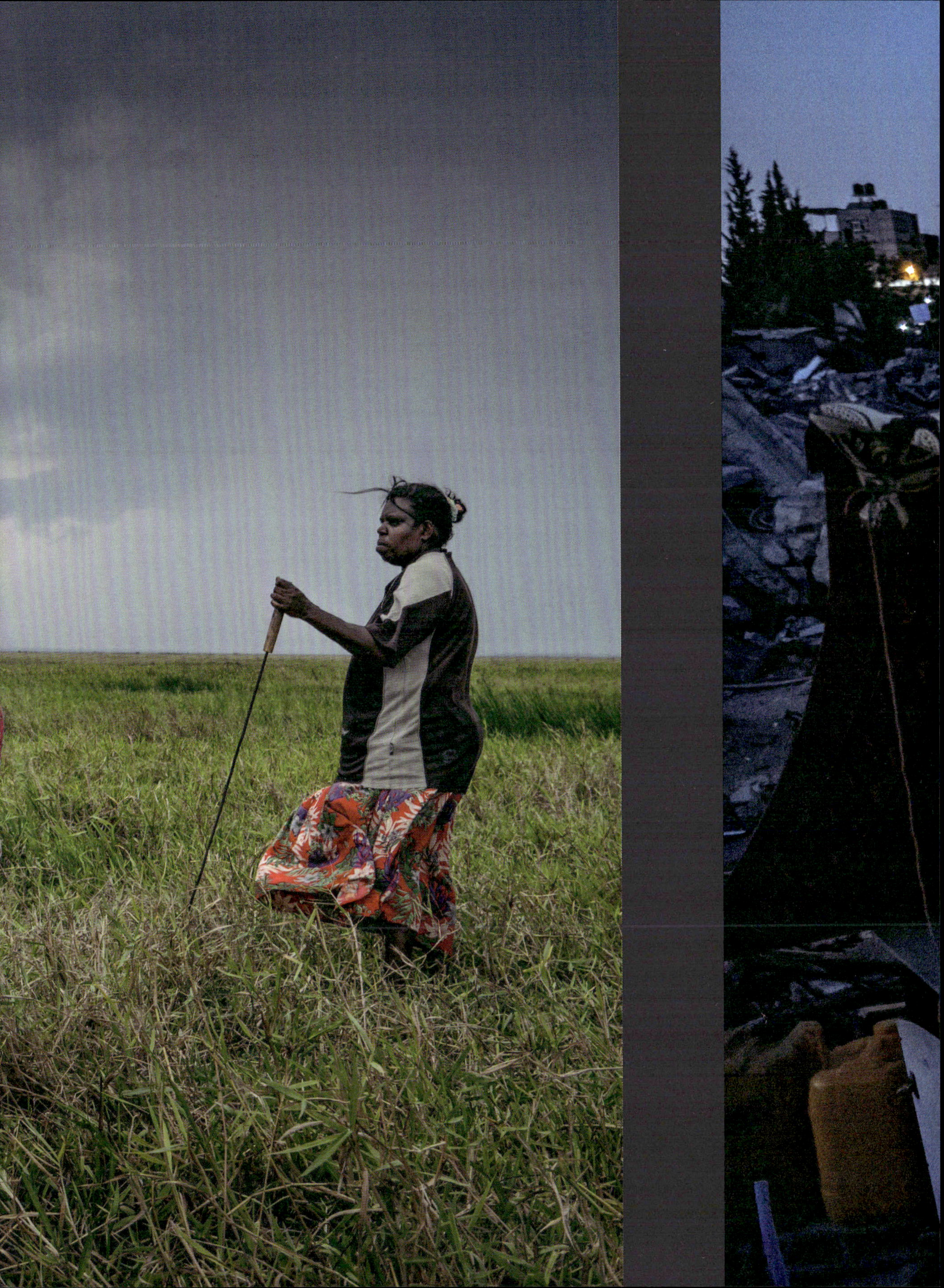

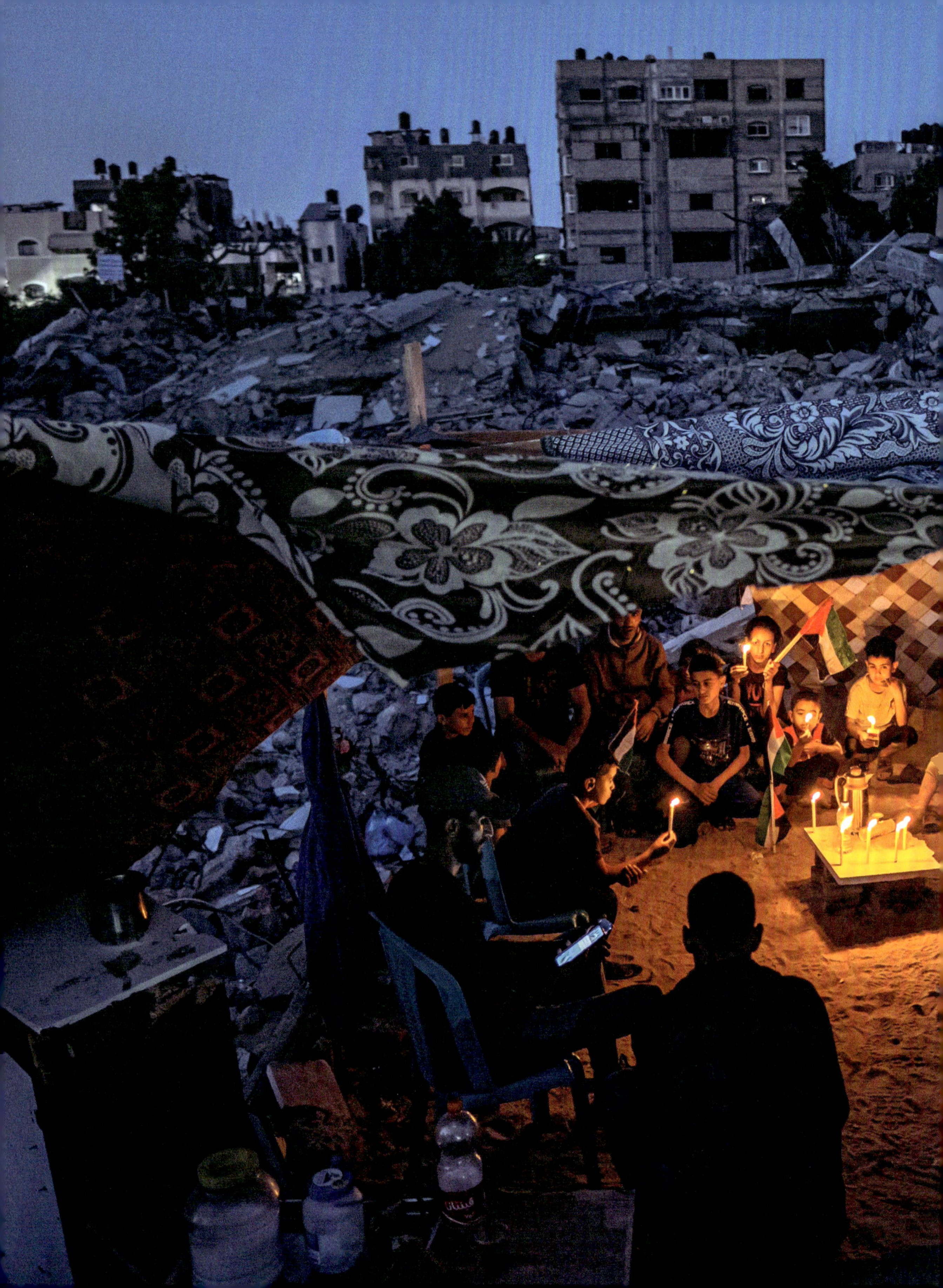

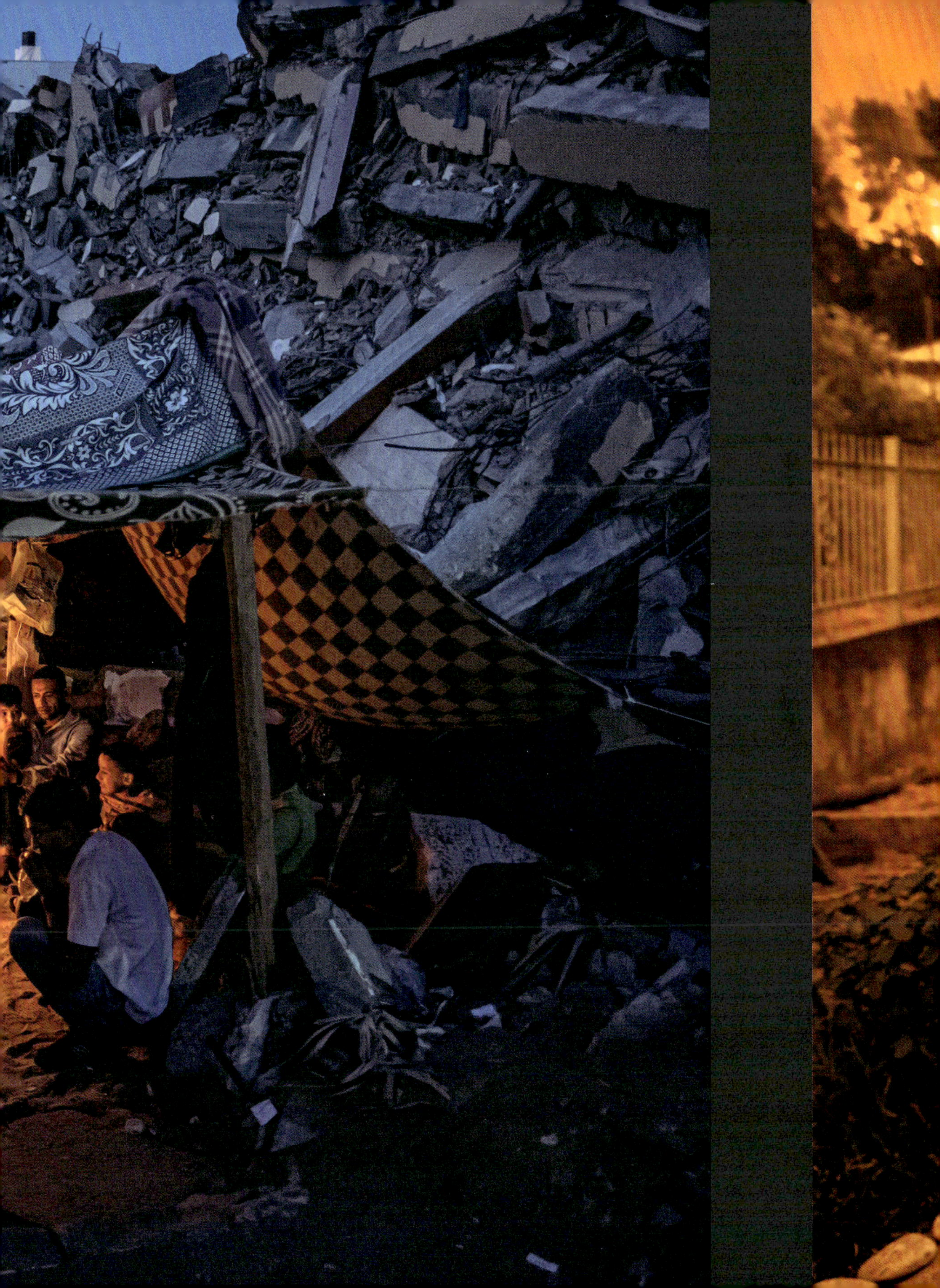

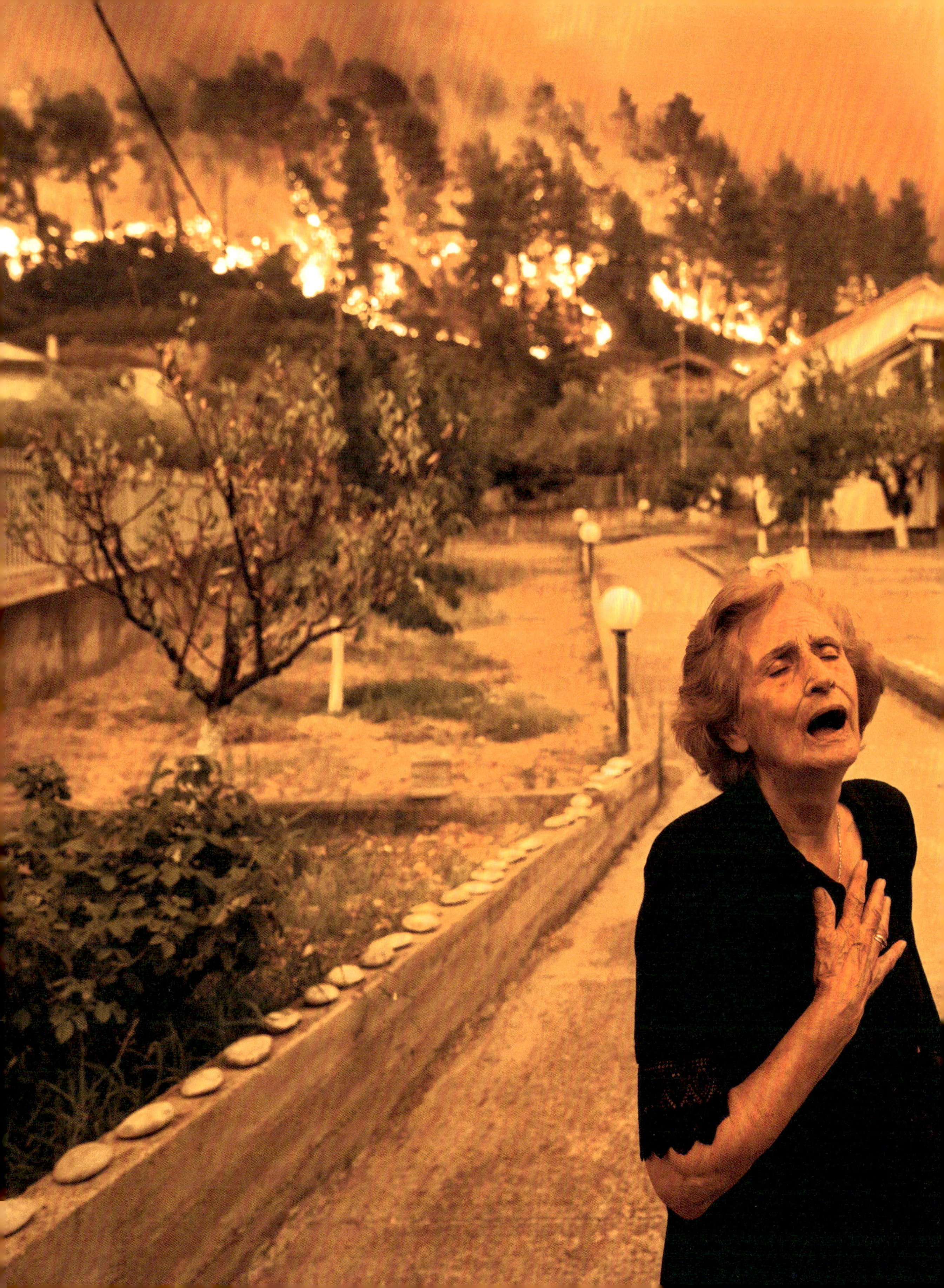

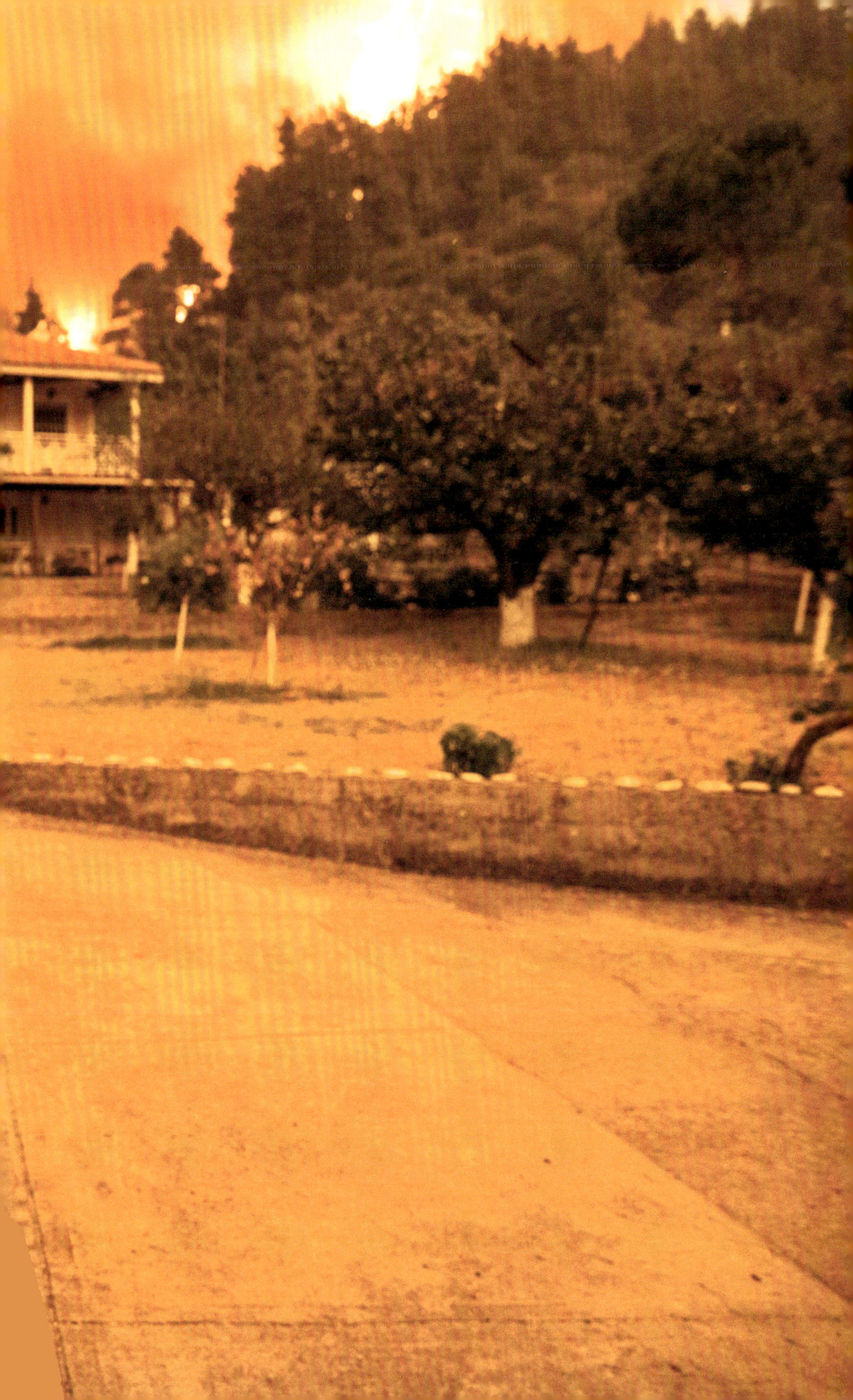

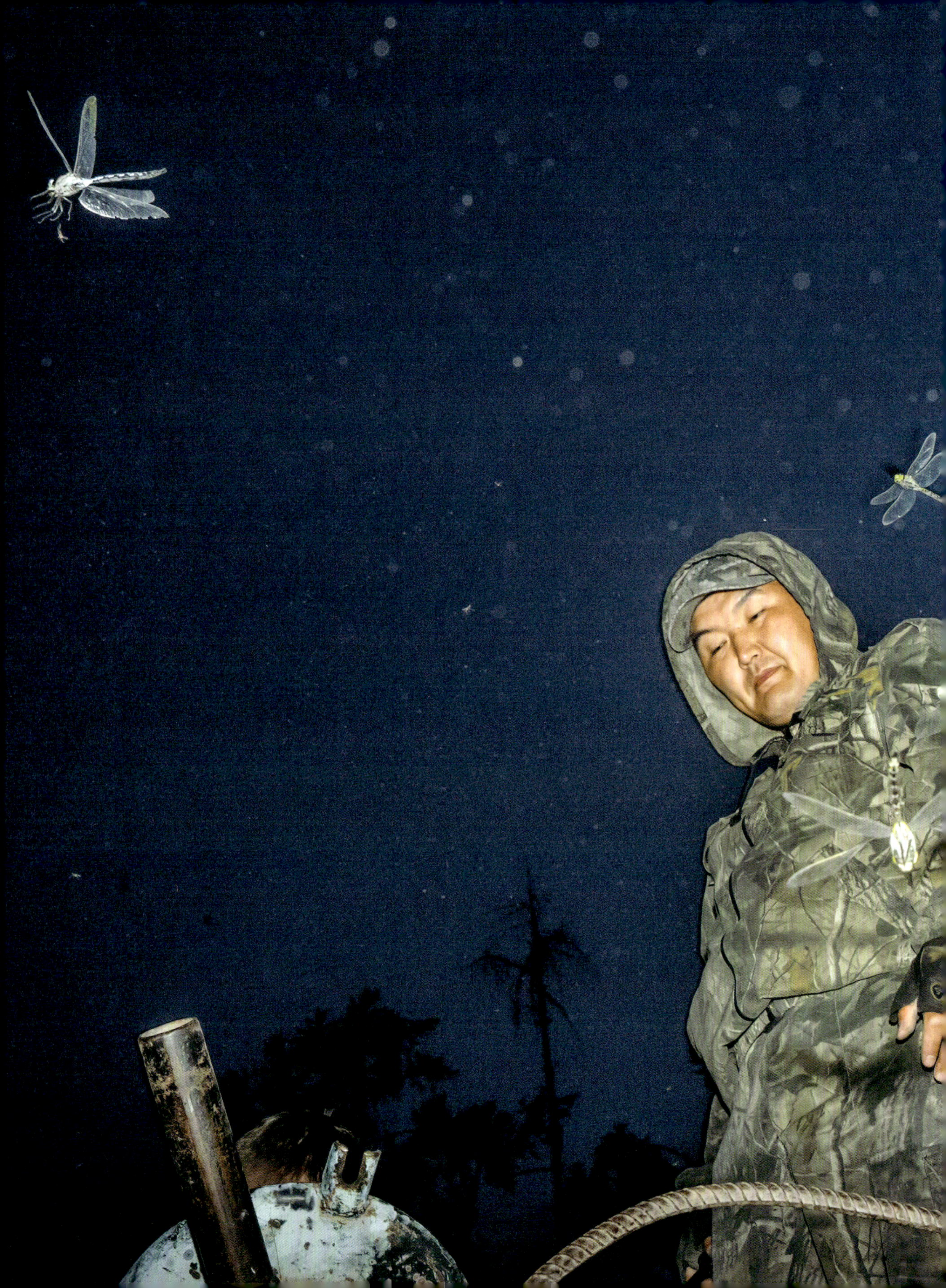

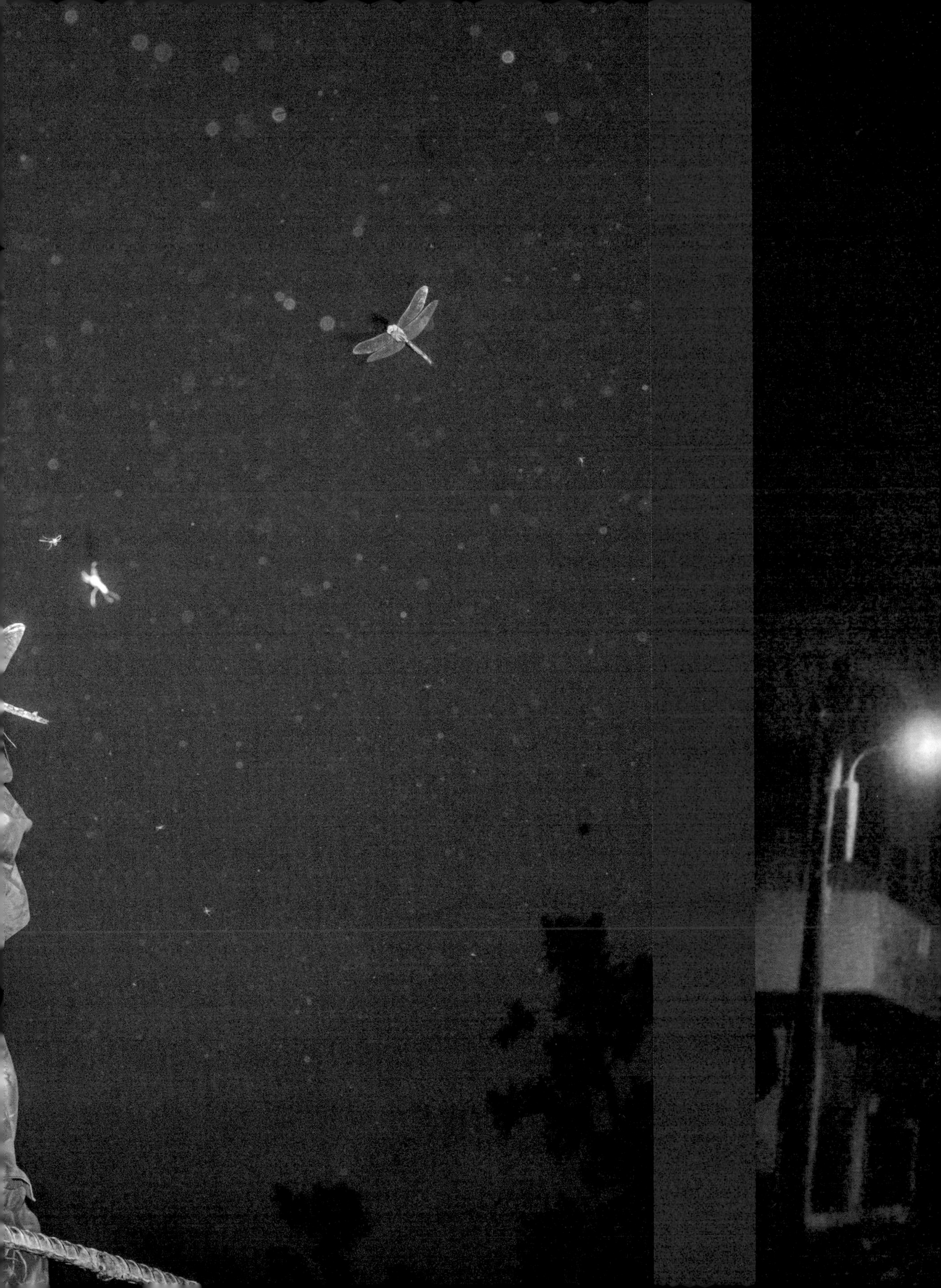

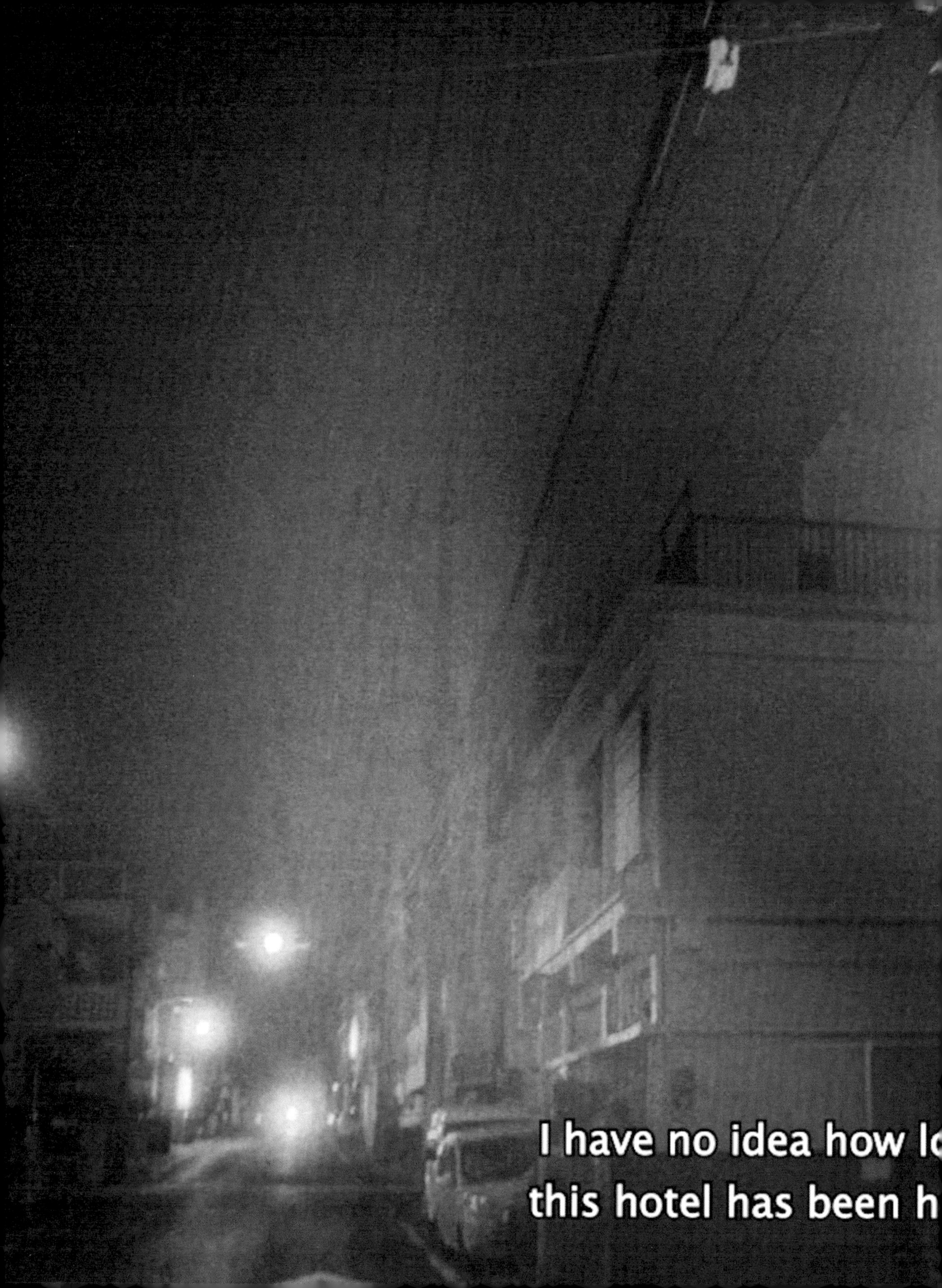
I have no idea how lo
this hotel has been h

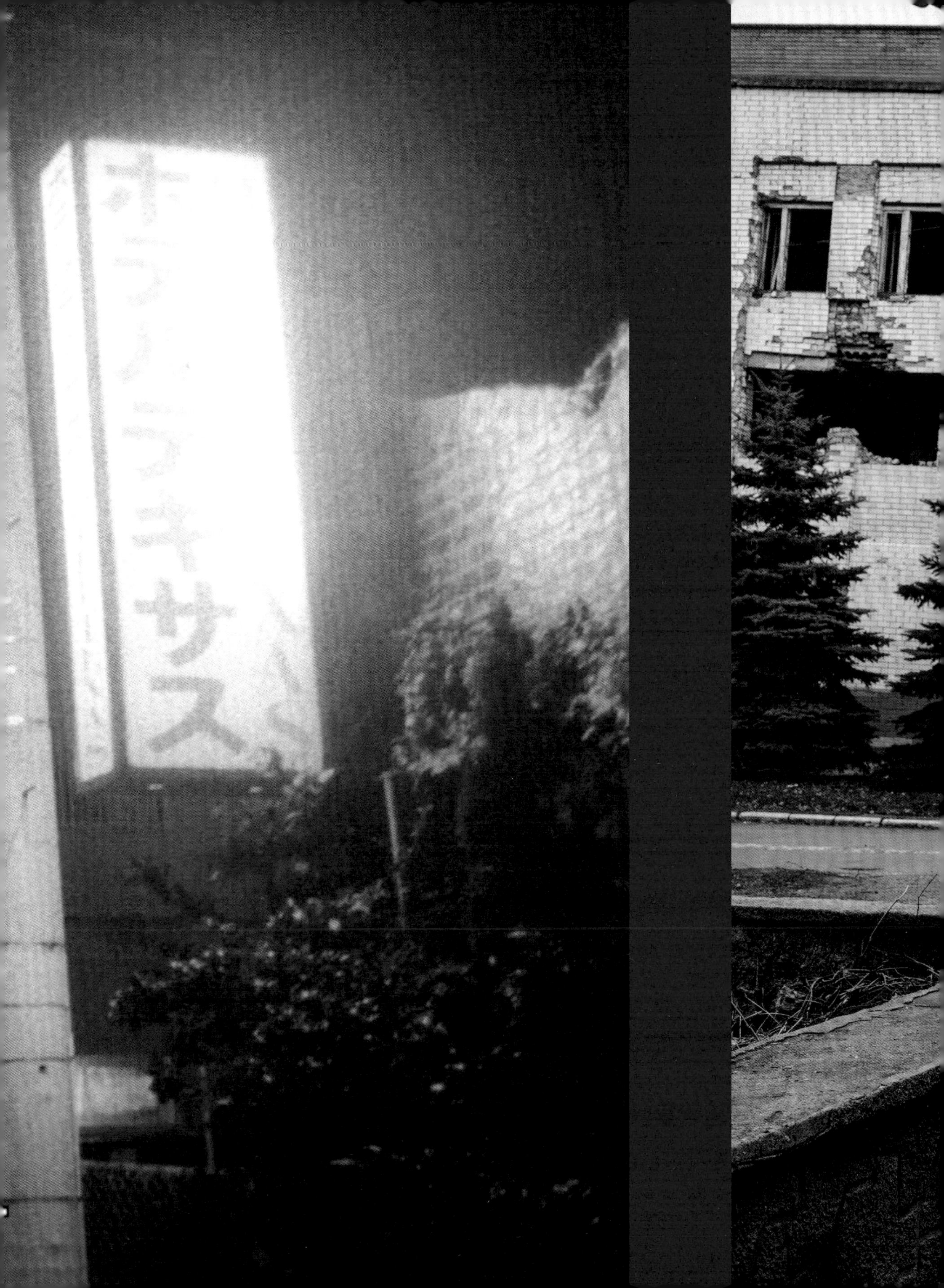

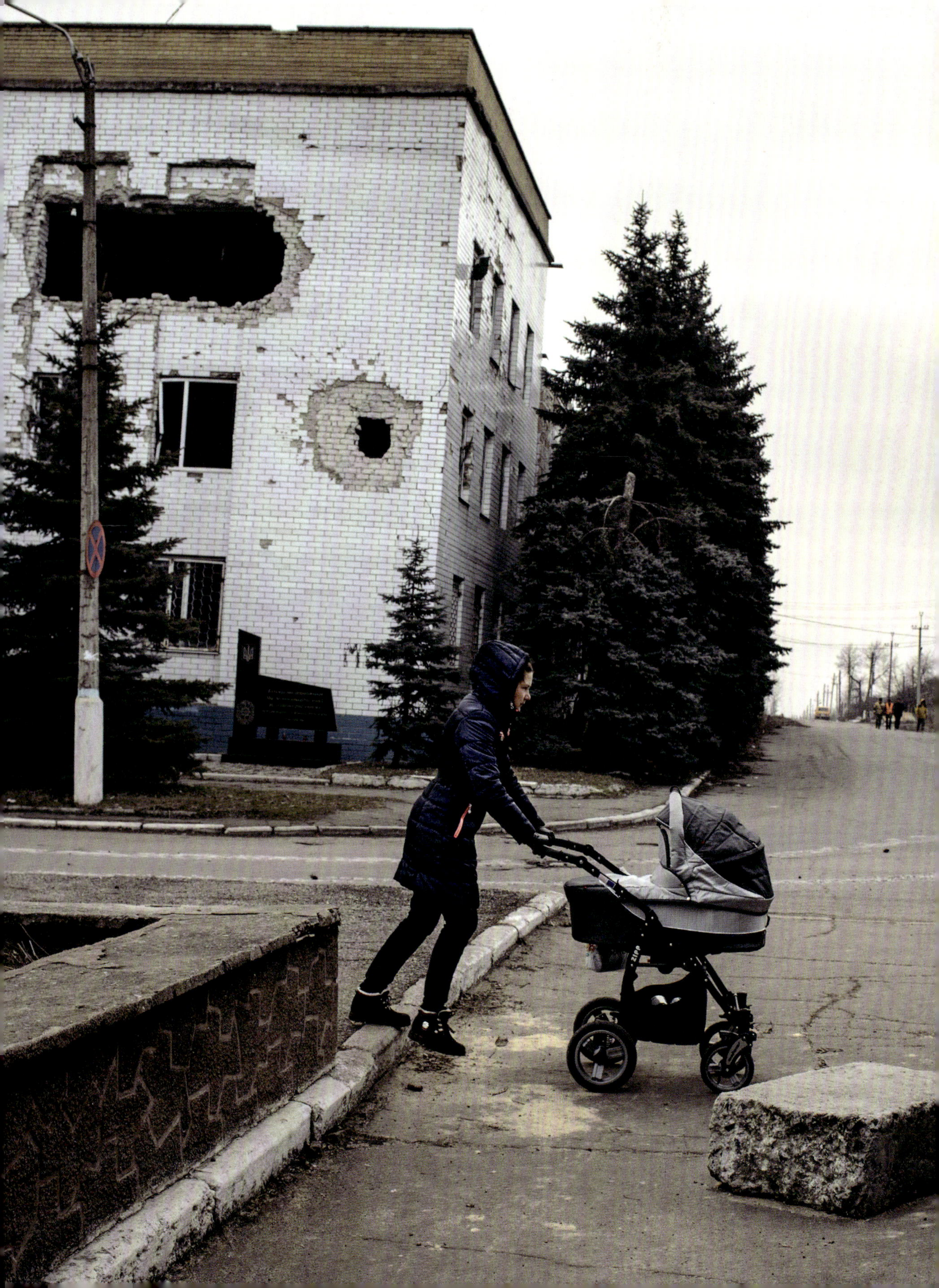

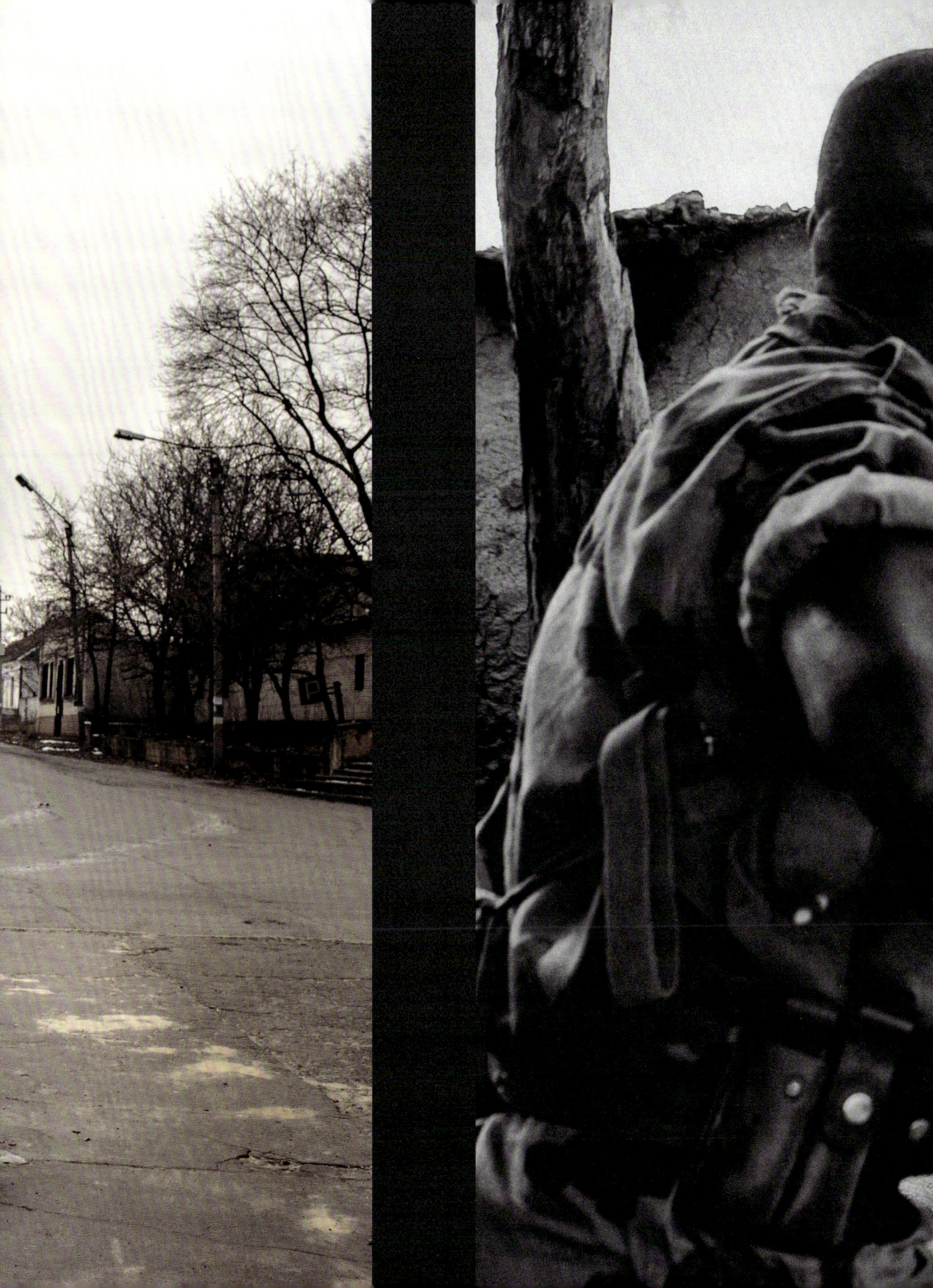

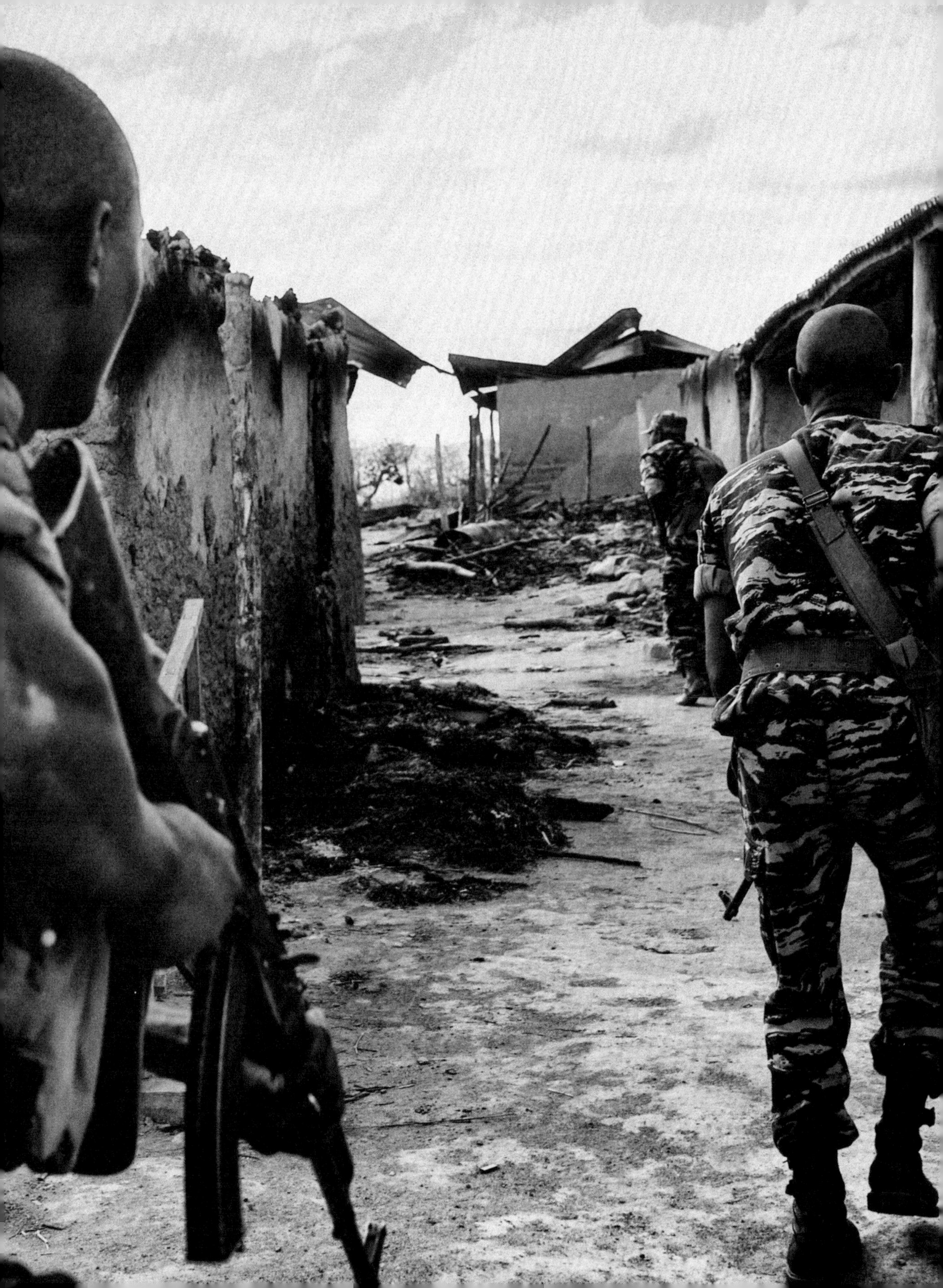

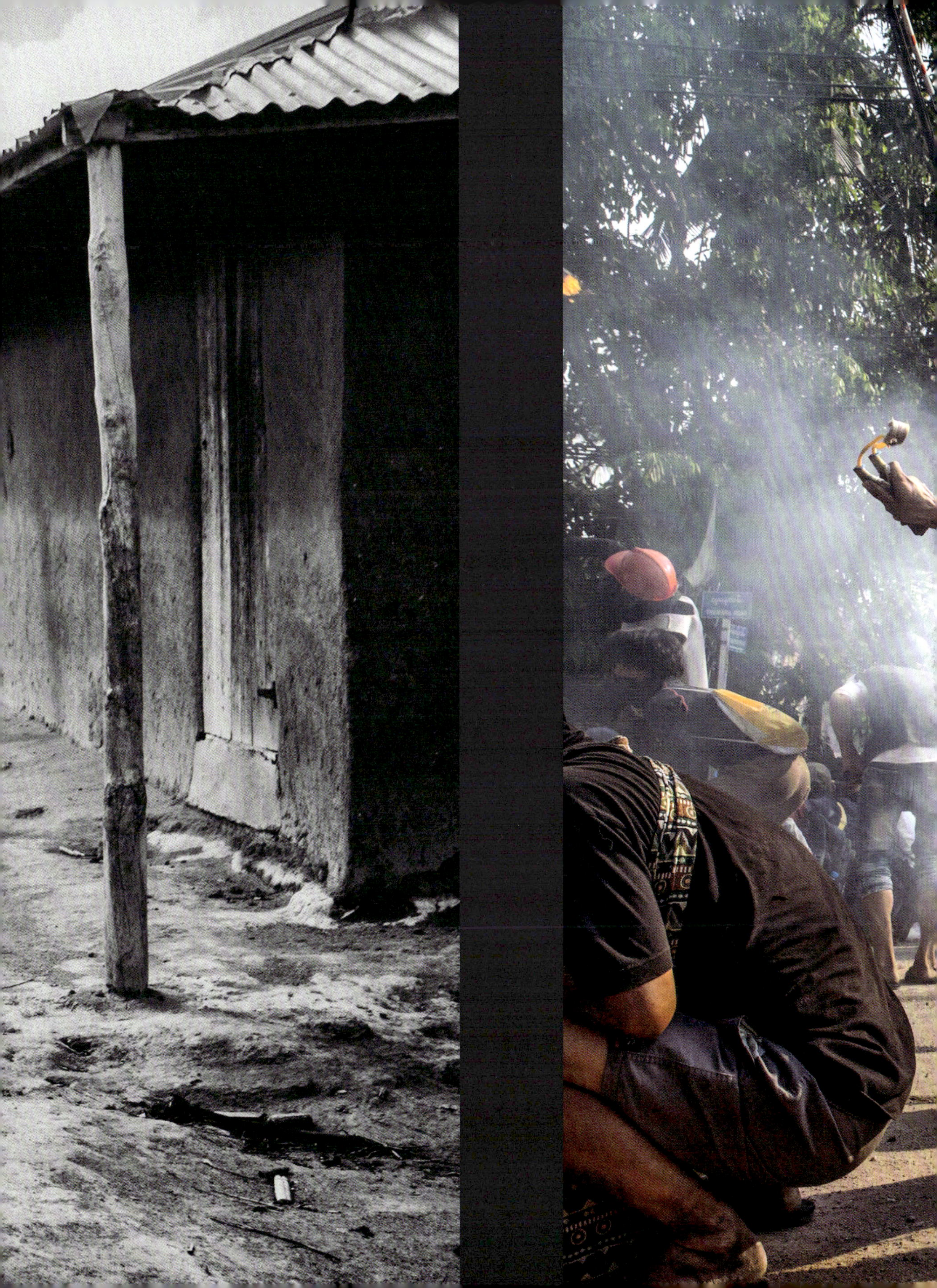

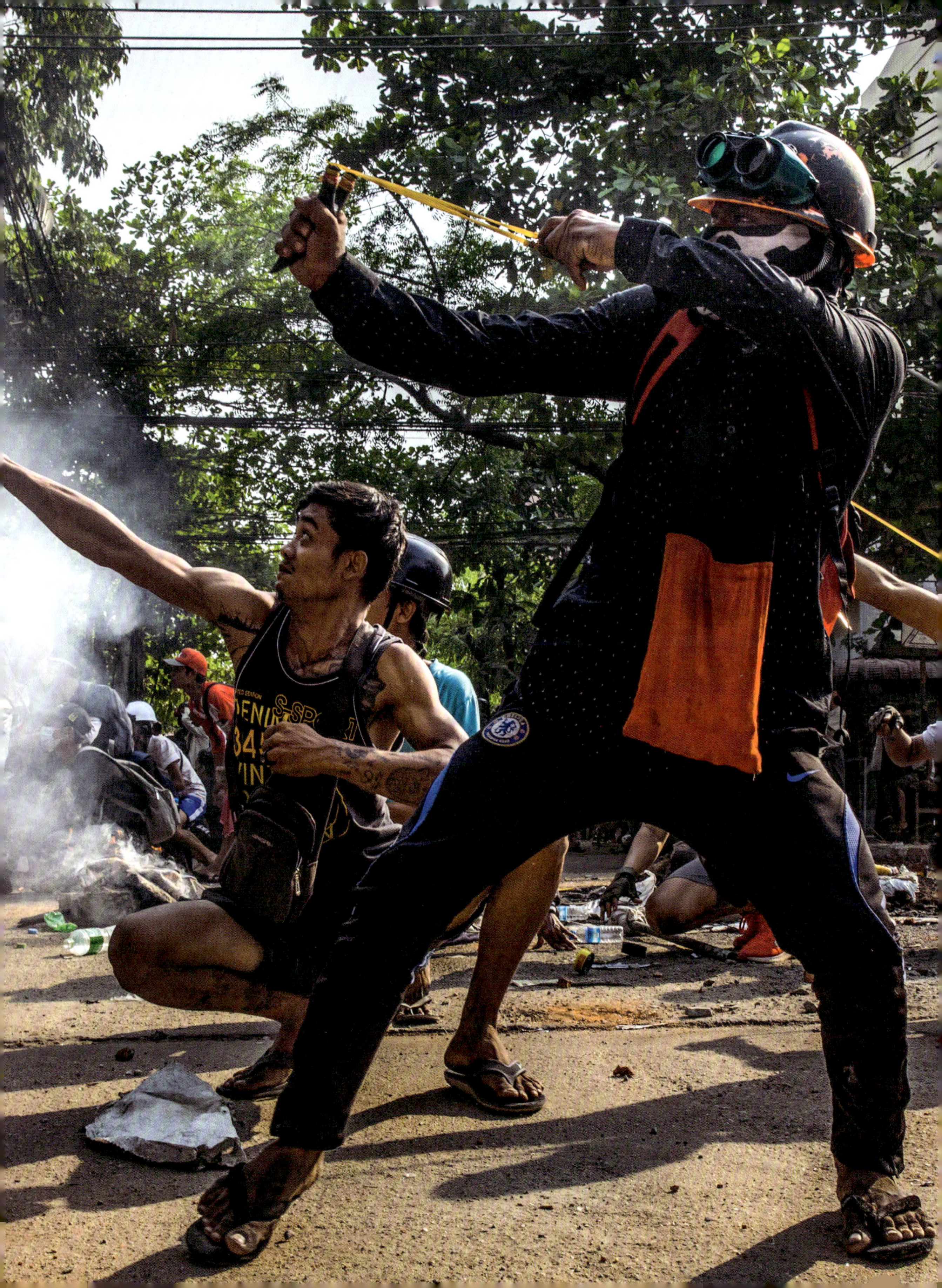

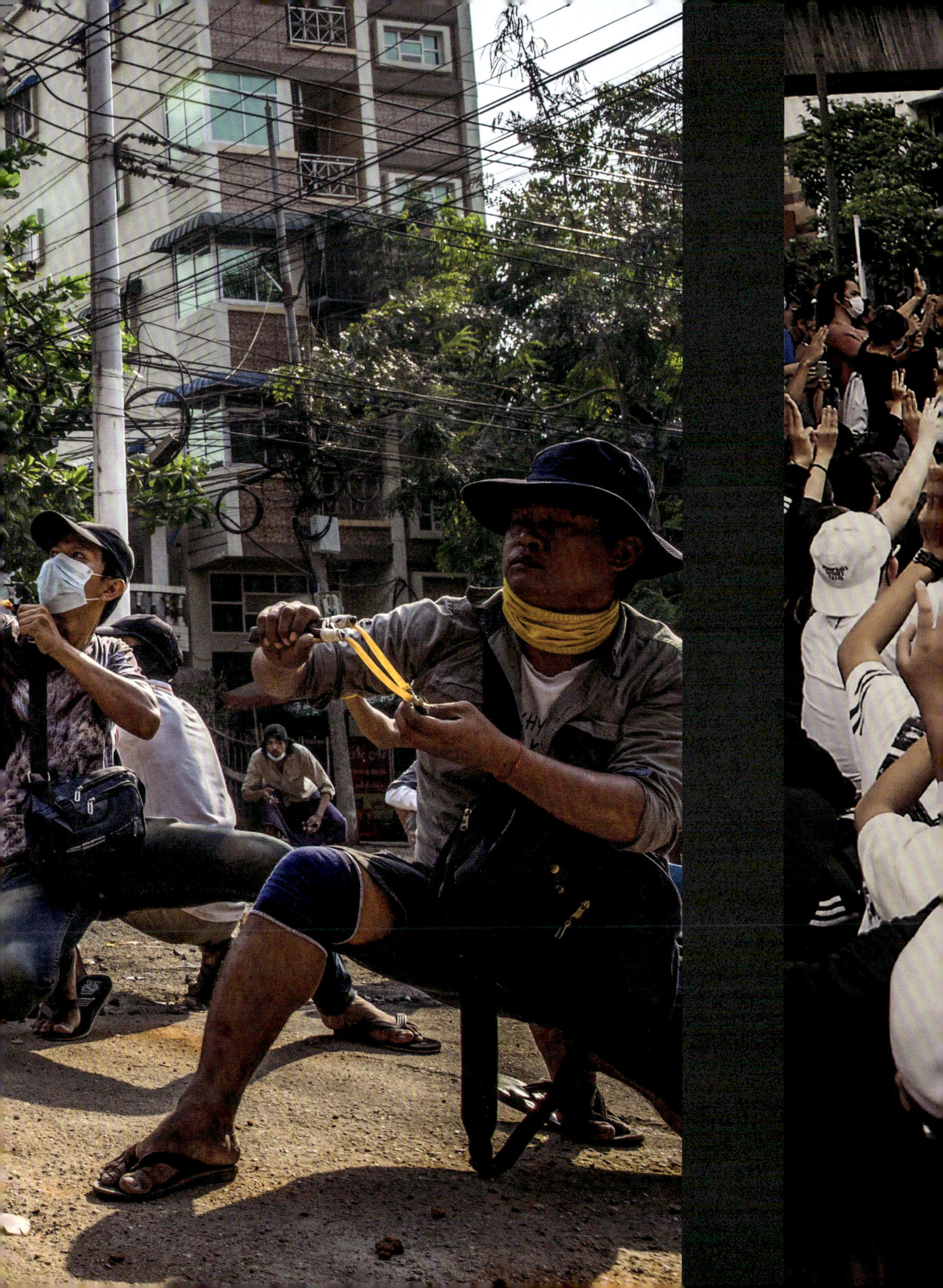

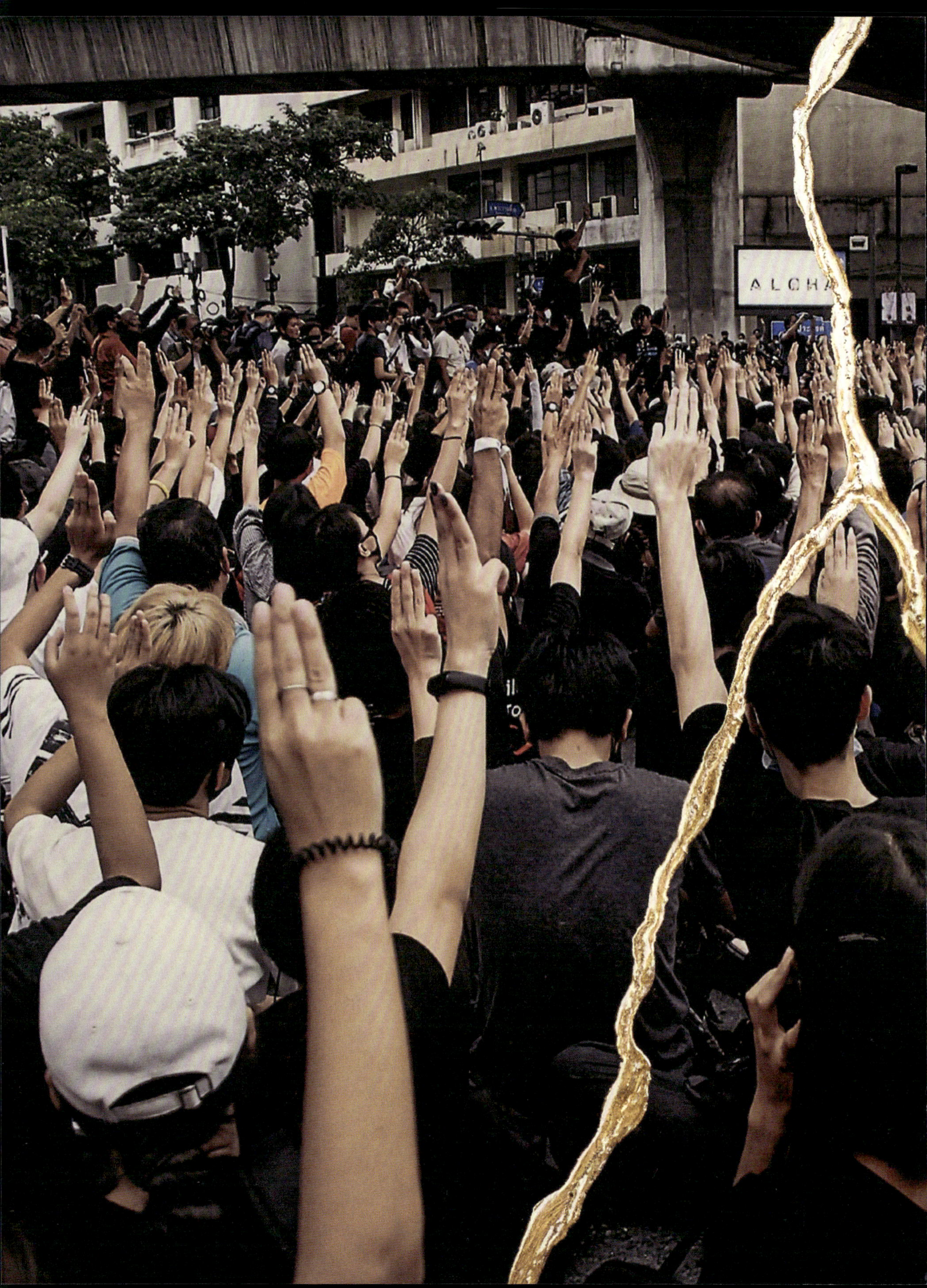
ALCHA

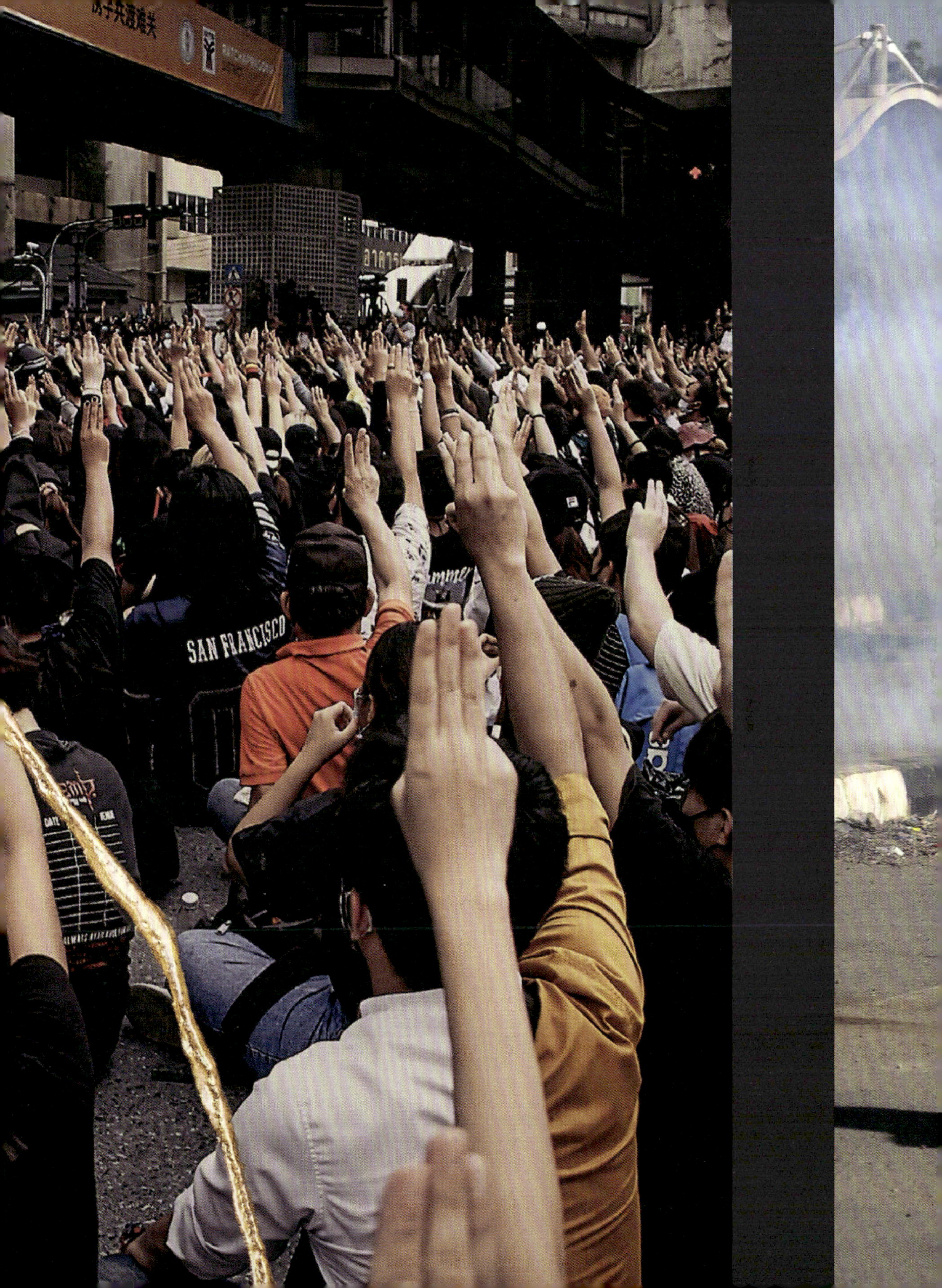
SAN FRANCISCO

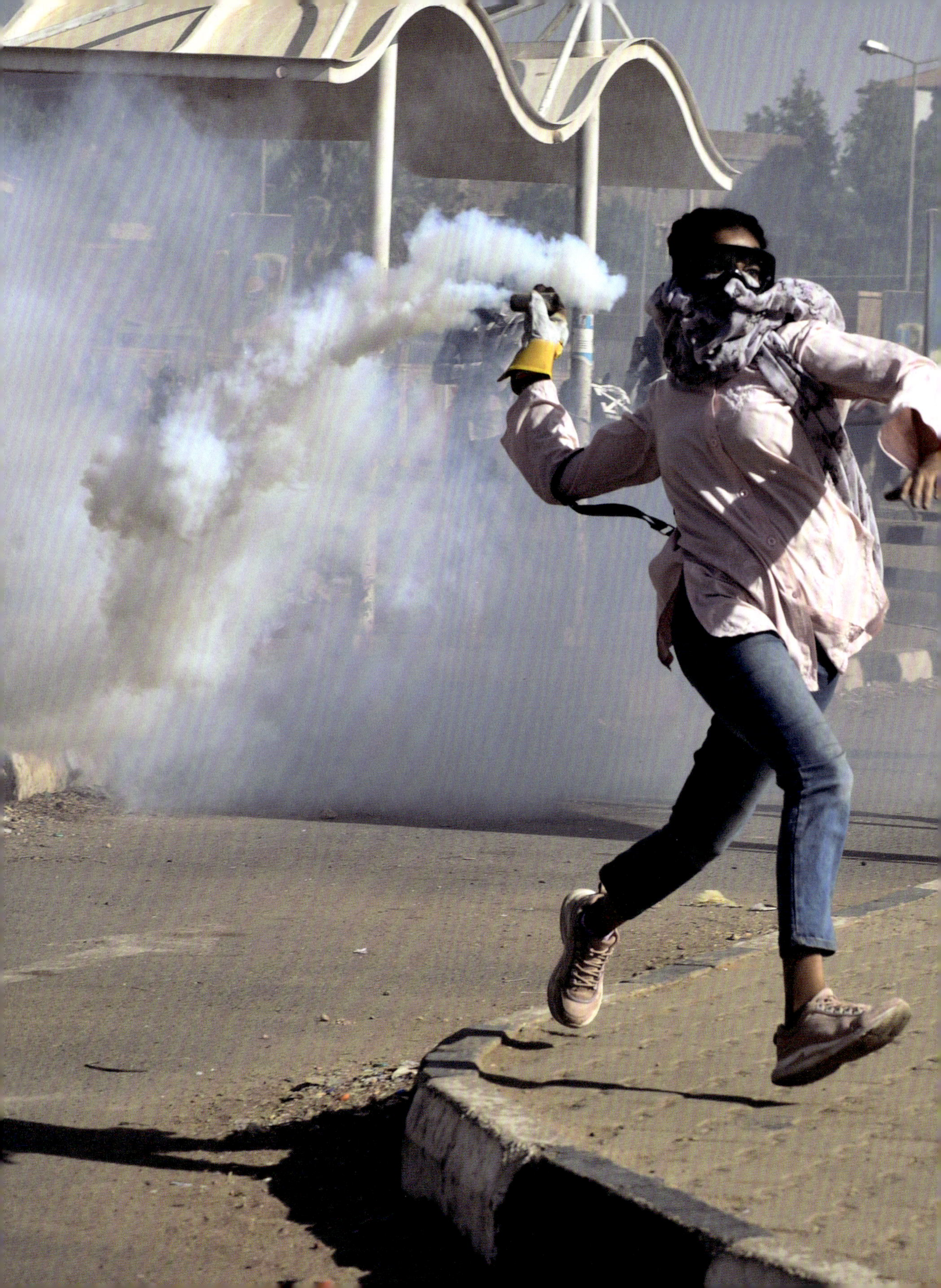

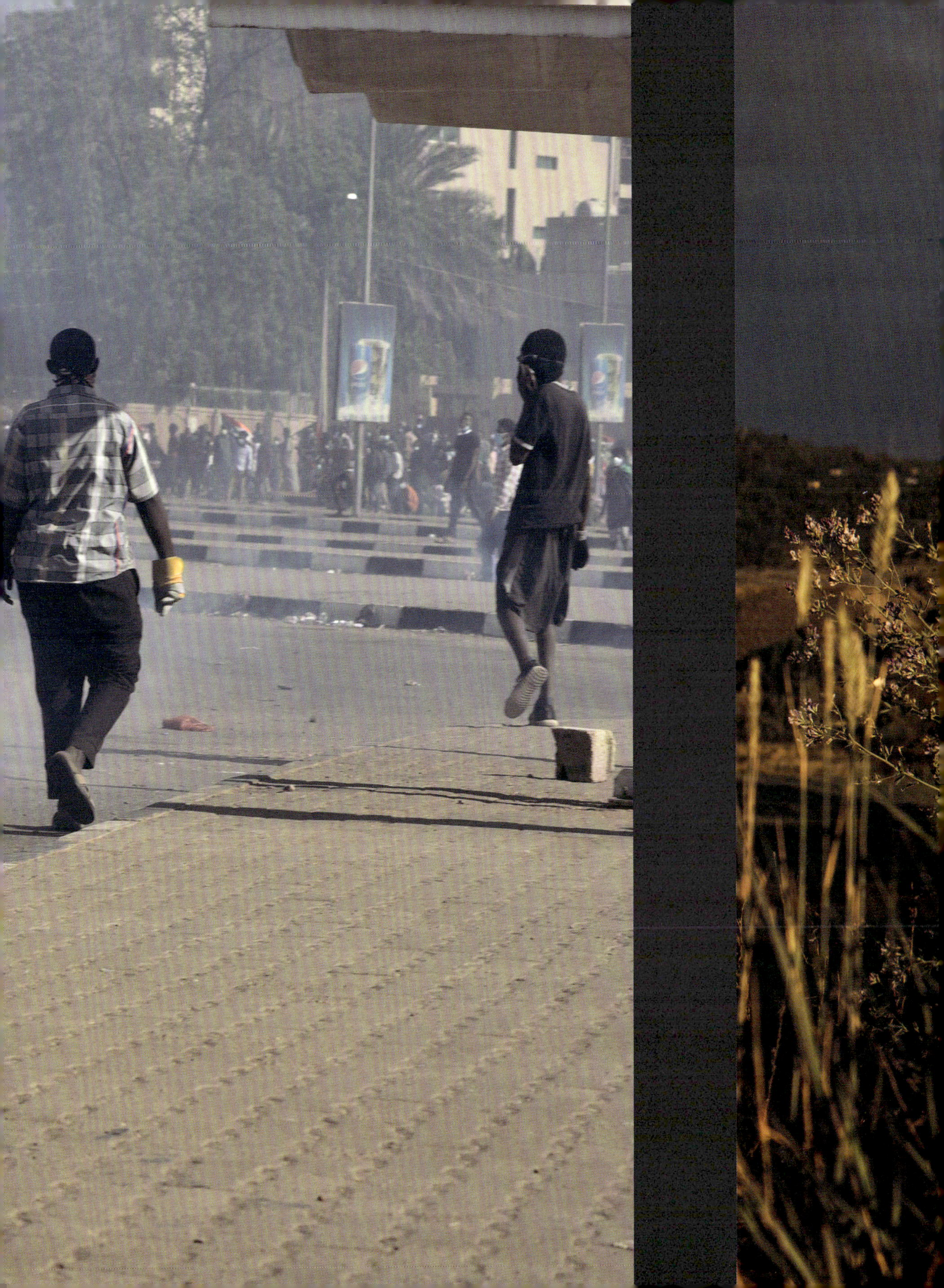

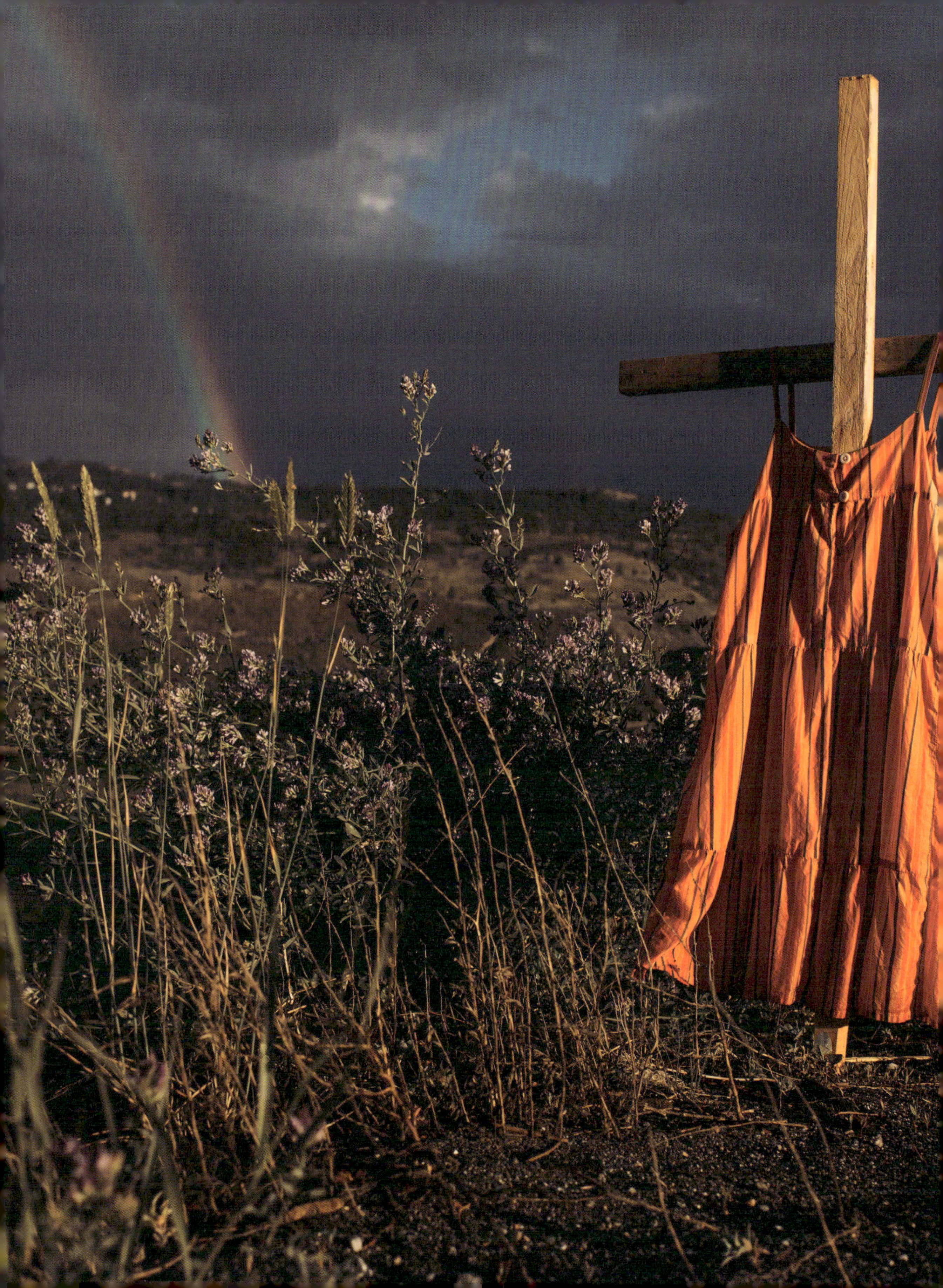

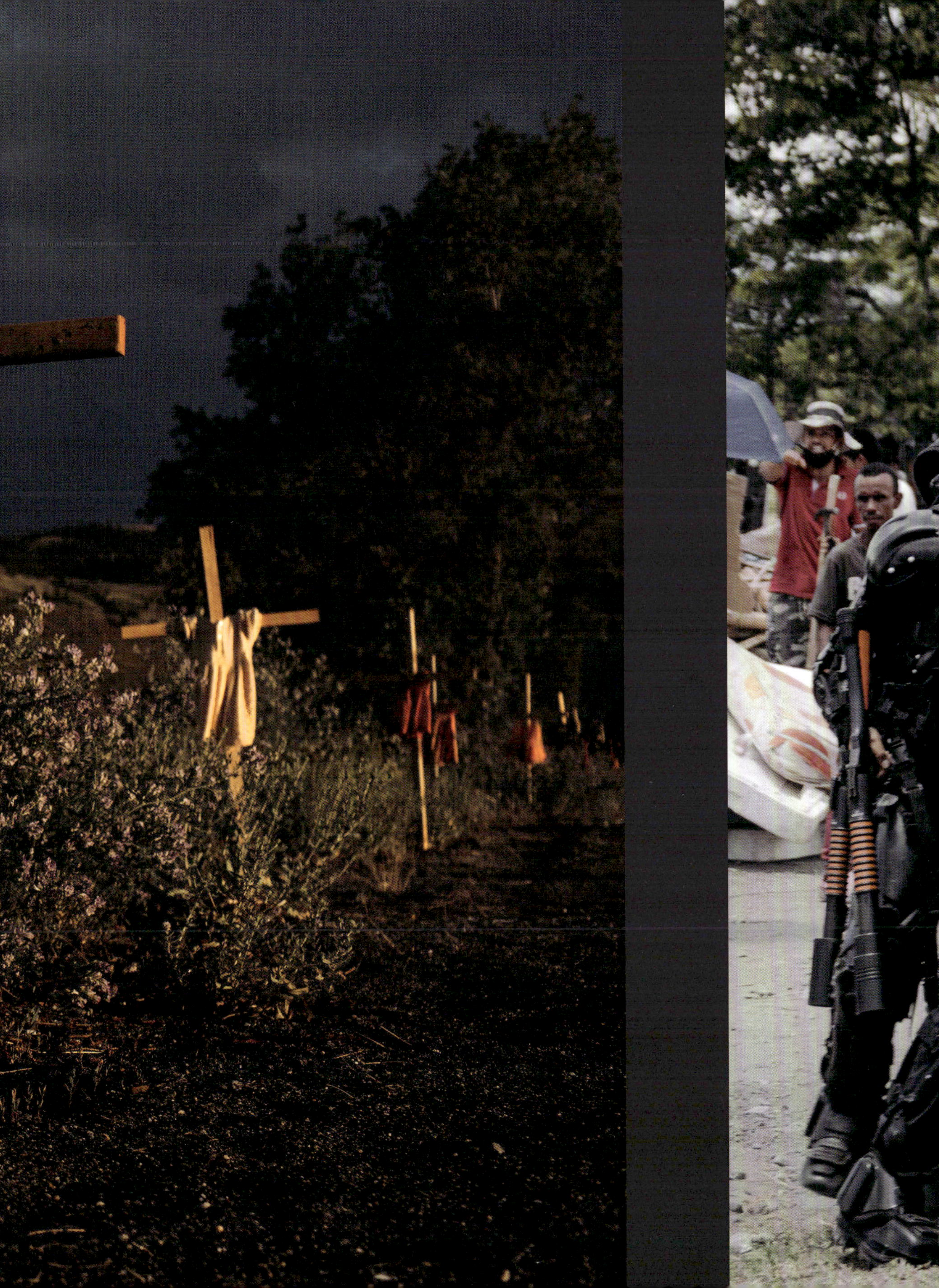

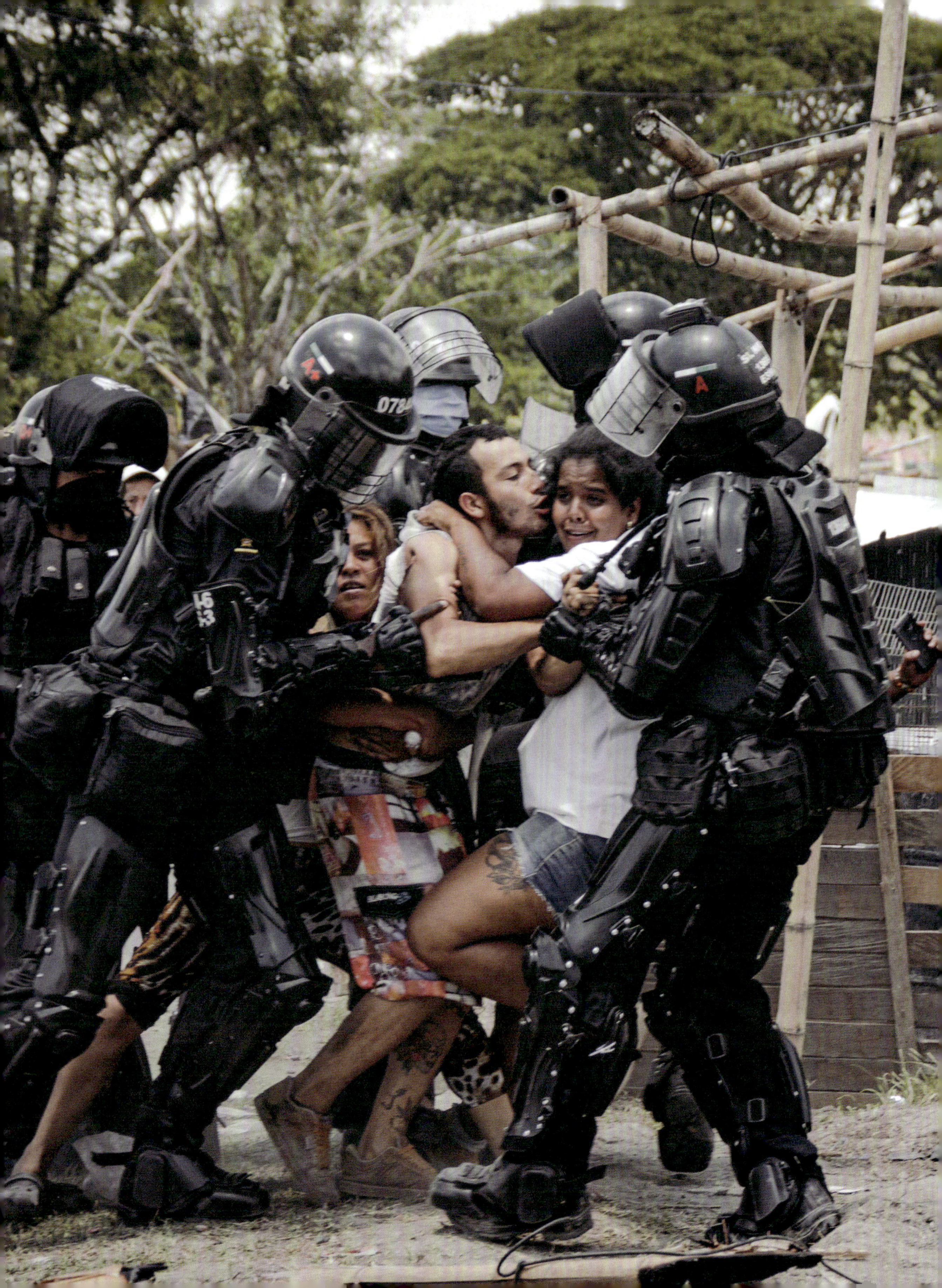

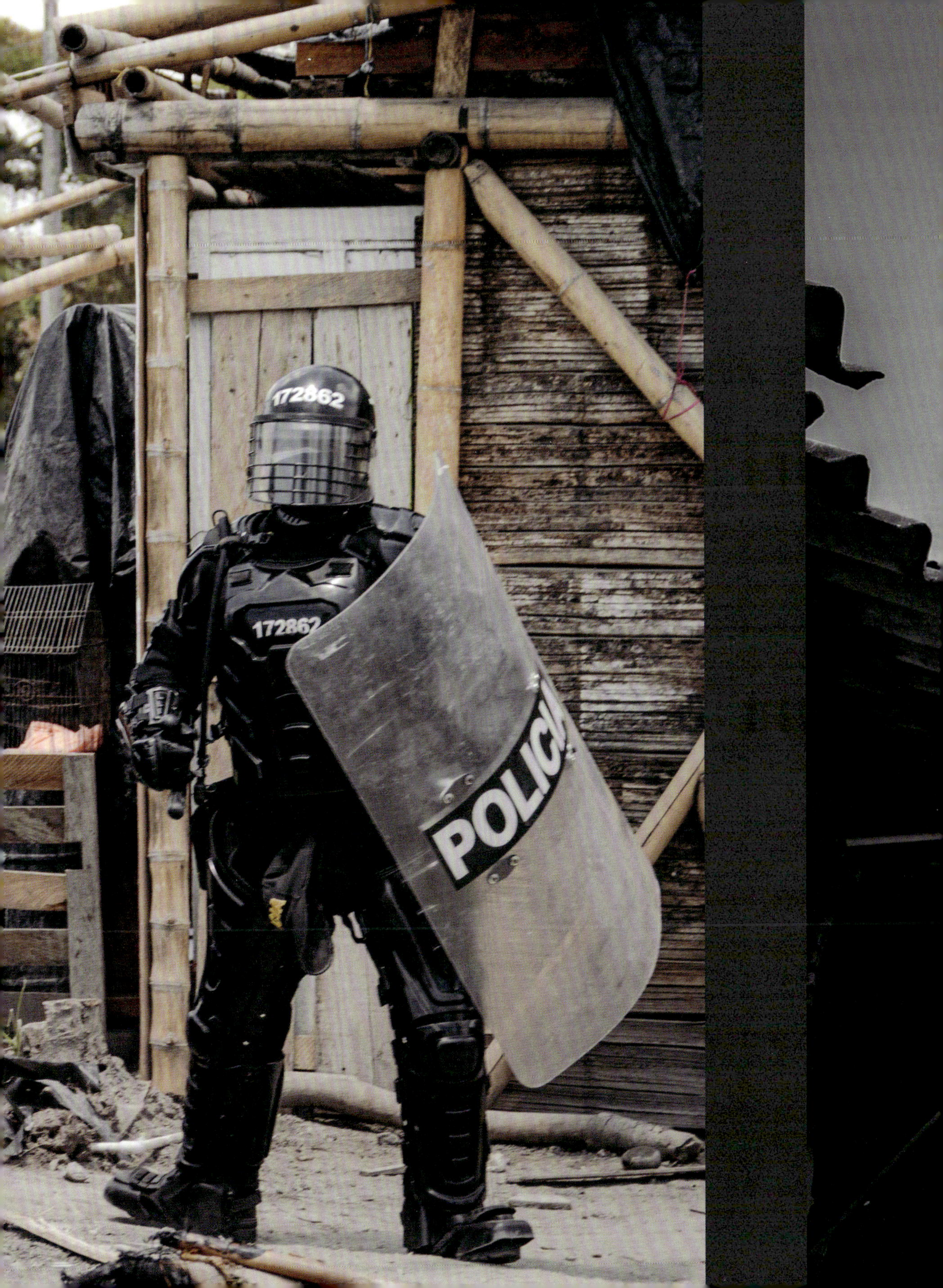
172862
172862
POLICIA

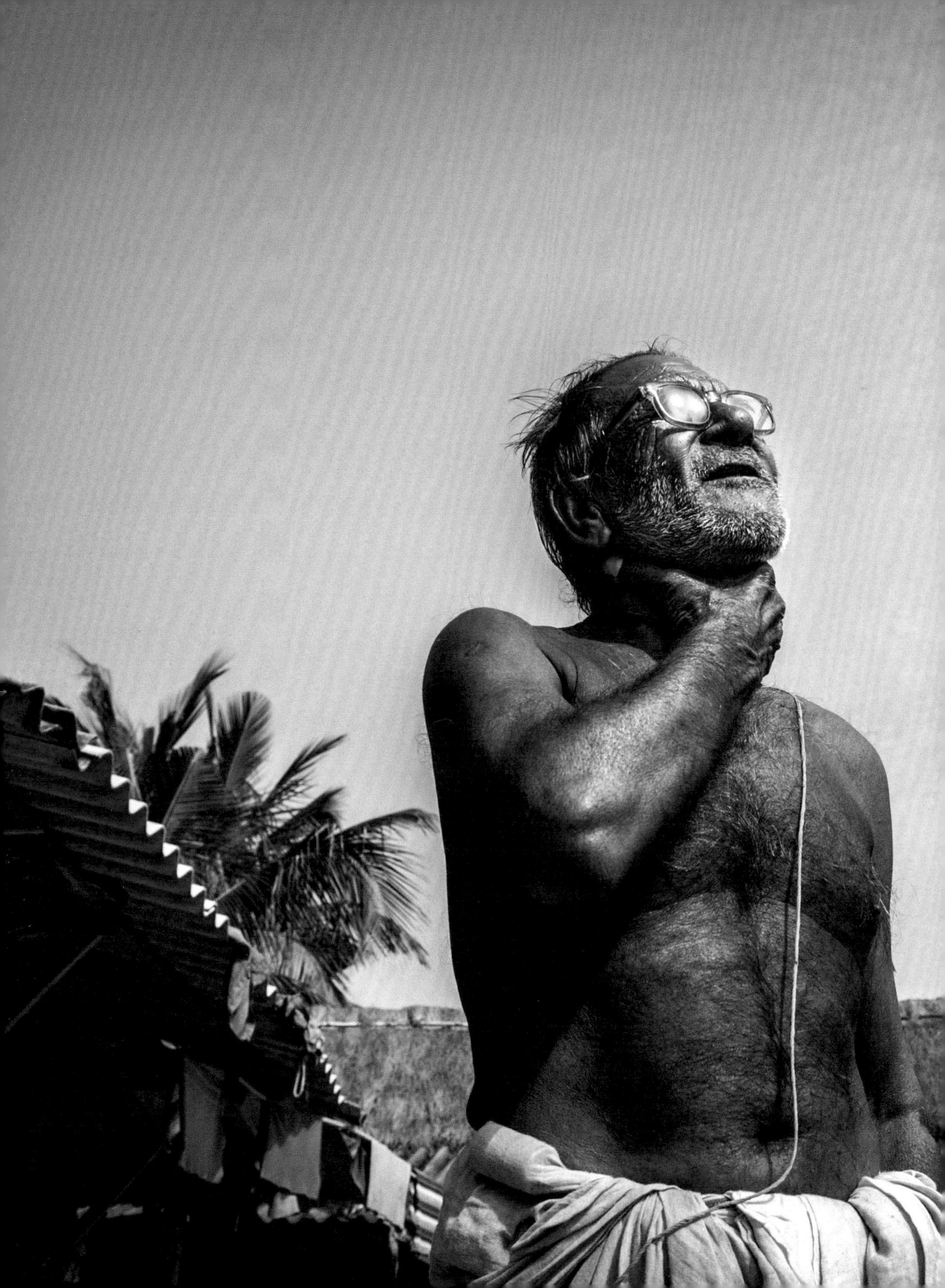

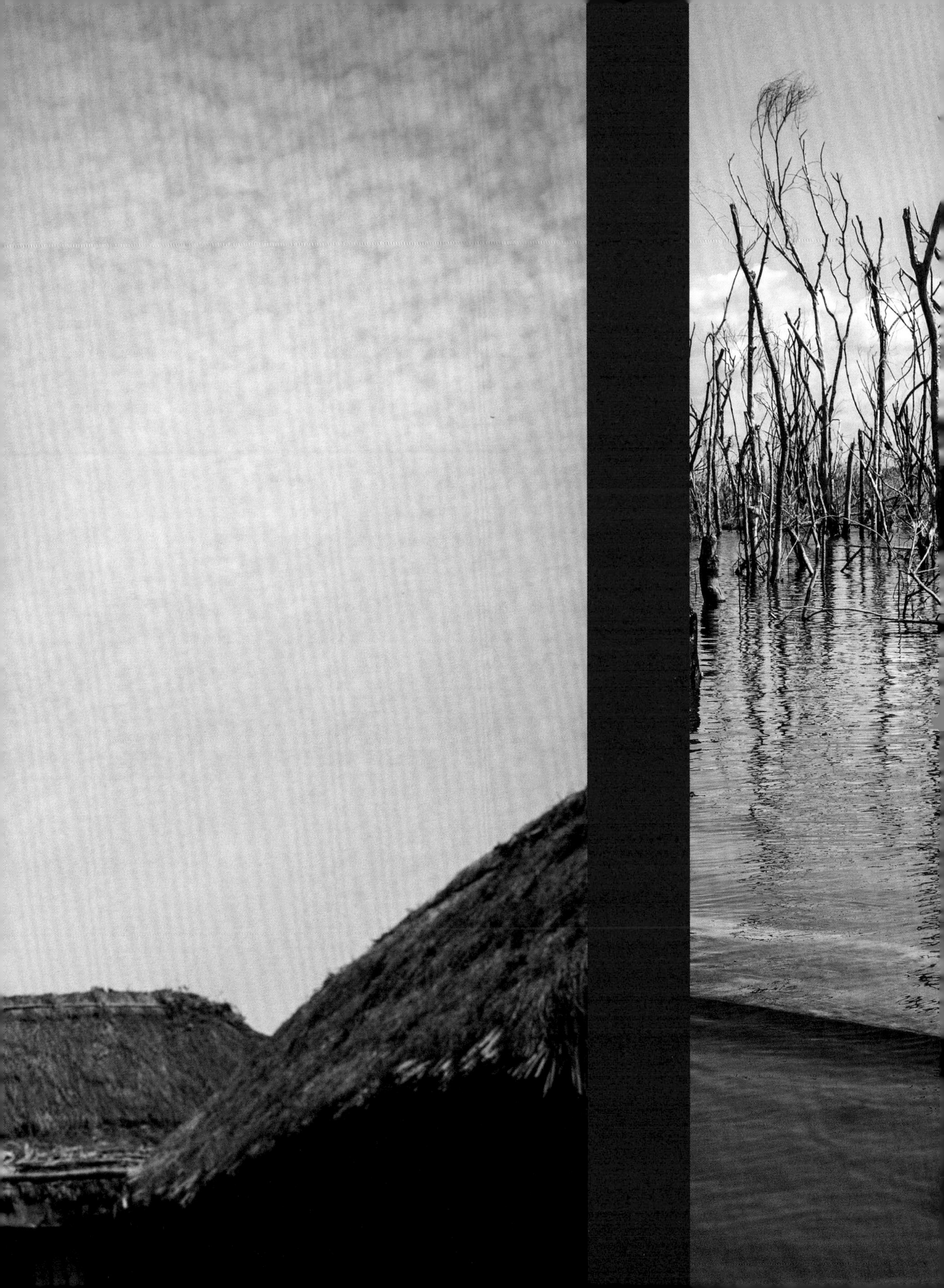

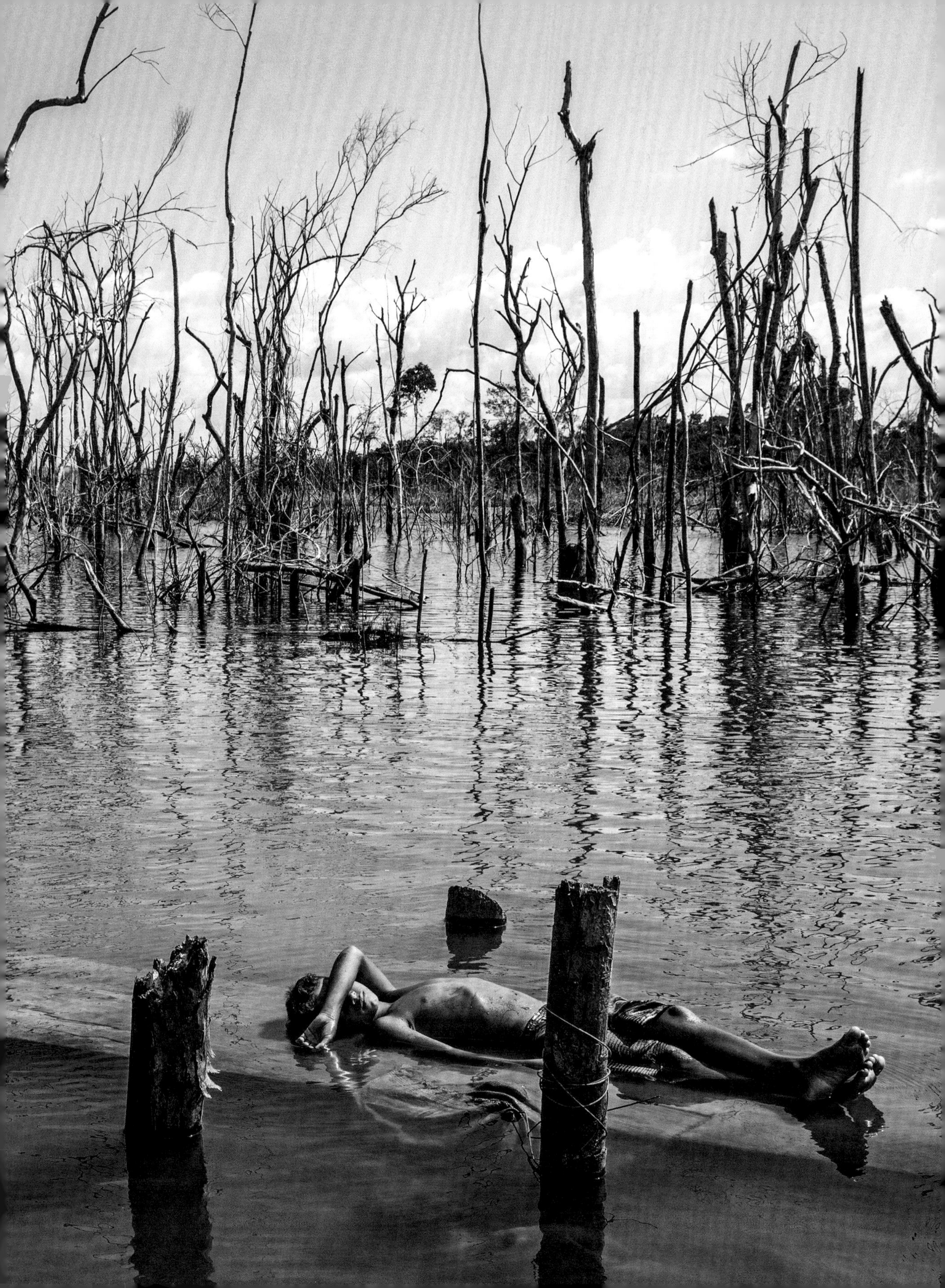

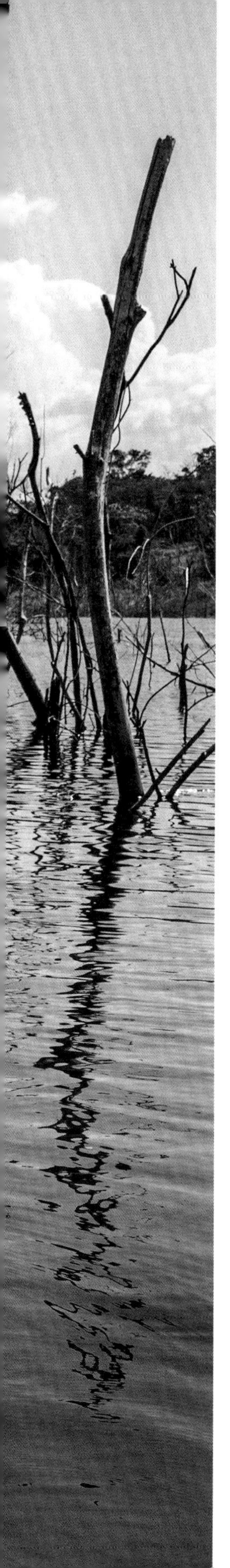

—

WORLD PRESS PHOTO 2022

—

Till Schaap Edition

INHALT

REGIONALE GEWINNERINNEN UND GEWINNER

GLOBALE GEWINNERINNEN UND GEWINNER

–

REGIONALE JURY UND PREISGEKRÖNTE FOTOGRAFINNEN UND FOTOGRAFEN

–

–

GLOBALE JURY UND PREISGEKRÖNTE FOTOGRAFINNEN UND FOTOGRAFEN

–

Der World Press Photo Wettbewerb 2022 wird in sechs Regionen weltweit durchgeführt: Afrika, Asien, Europa, Nord- und Mittelamerika, Südamerika sowie Südostasien und Ozeanien. Die Beiträge werden in der Region bewertet und ausgezeichnet, in der die Fotos und Fotoserien aufgenommen wurden, und nicht nach der Nationalität der Fotografin oder des Fotografen.

Jede Region hat vier formatbasierte Kategorien: Einzelfotos, Fotoserien, Langfristige Projekte und Offenes Format.

In diesen Kategorien können Beiträge eingereicht werden, die aktuelle Momente, Ereignisse und Nachwirkungen sowie soziale, politische und ökologische Themen oder Lösungen dokumentieren.

Einzelfotos
Einzelfotos aus dem Jahr 2021. Alle prämierten Einzelfotos kommen für die Auszeichnung World Press Photo Foto des Jahres infrage.

Fotoserien
Fotoserien mit drei bis zehn Einzelfotos, die entweder 2020 oder 2021 aufgenommen wurden, wobei mindestens ein Bild aus dem Jahr 2021 stammen muss. Alle prämierten Fotoserien kommen für die Auszeichnung World Press Photo Fotoserie des Jahres infrage.

Langfristige Projekte
Projekte zu einem einzigen Thema mit 24 bis 30 Einzelbildern, die in mindestens drei verschiedenen Jahren aufgenommen wurden, wobei mindestens vier Bilder im Jahr 2021 aufgenommen wurden. Alle Gewinnerprojekte kommen für die Auszeichnung World Press Photo Langfristige Projekte infrage.

Offenes Format
Projekte, die eine Reihe und / oder eine Mischung von Formaten verwenden, wie z. B. Polyptychen, Mehrfachbelichtungen, Fotocollagen, interaktive Dokumentationen und kurze Dokumentarvideos. Der wichtigste visuelle Inhalt des Projekts muss Fotografie sein, und das Projekt muss 2021 produziert oder erstmals veröffentlicht worden sein. Alle prämierten Projekte kommen für die Auszeichnung World Press Photo Offenes Format infrage.

—

Afrika

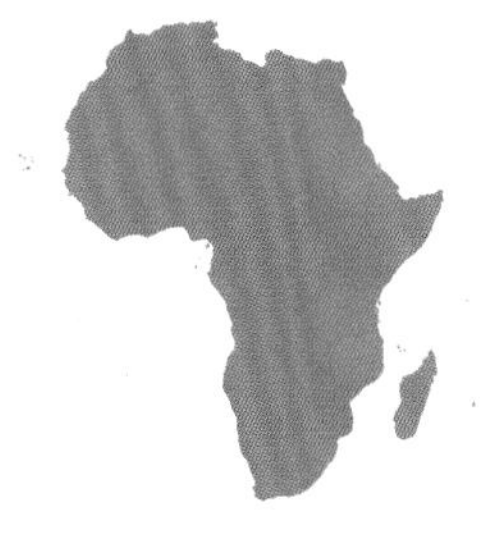

—

Asien

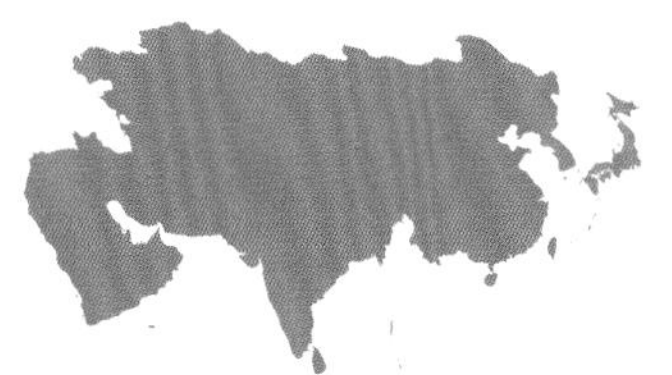

—

Europa

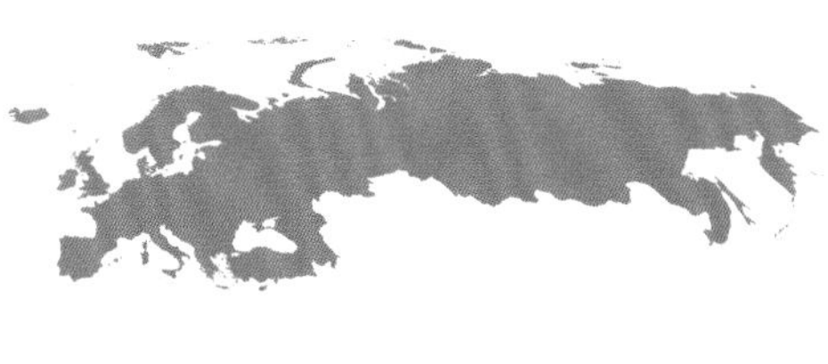

—

Nord- und Mittelamerika

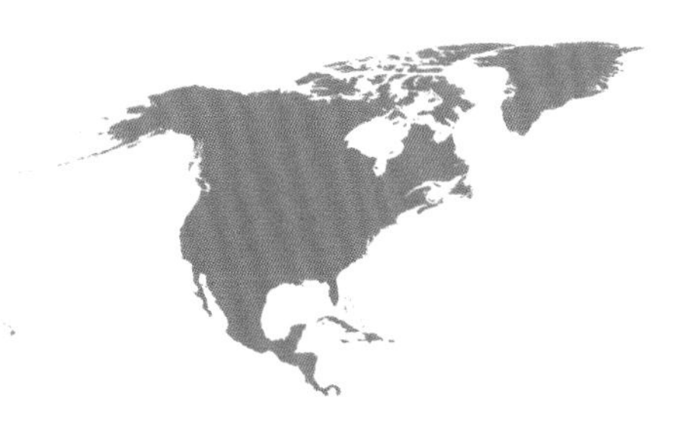

—

Süd-amerika

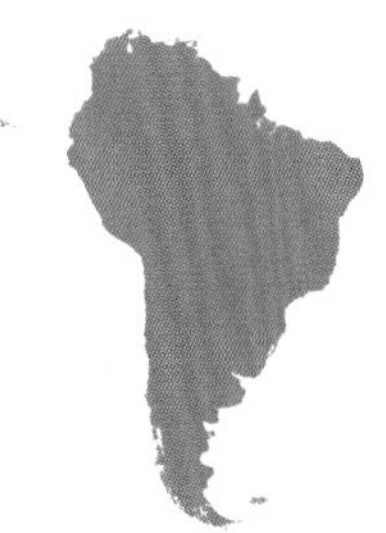

—

Südostasien und Ozeanien

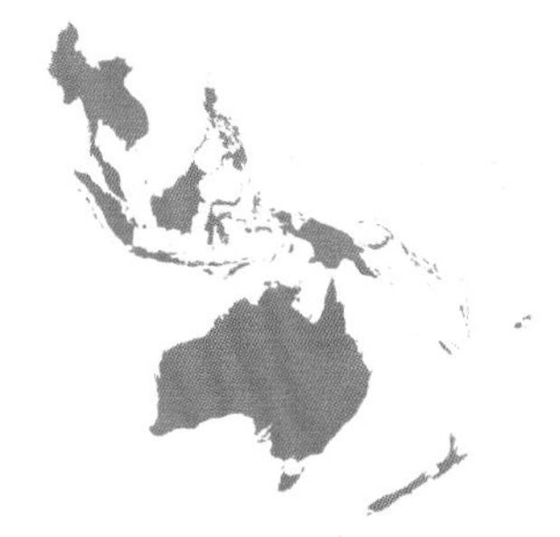

—

Die Reihenfolge der Regionen folgt der alphabetischen Reihenfolge im Deutschen.

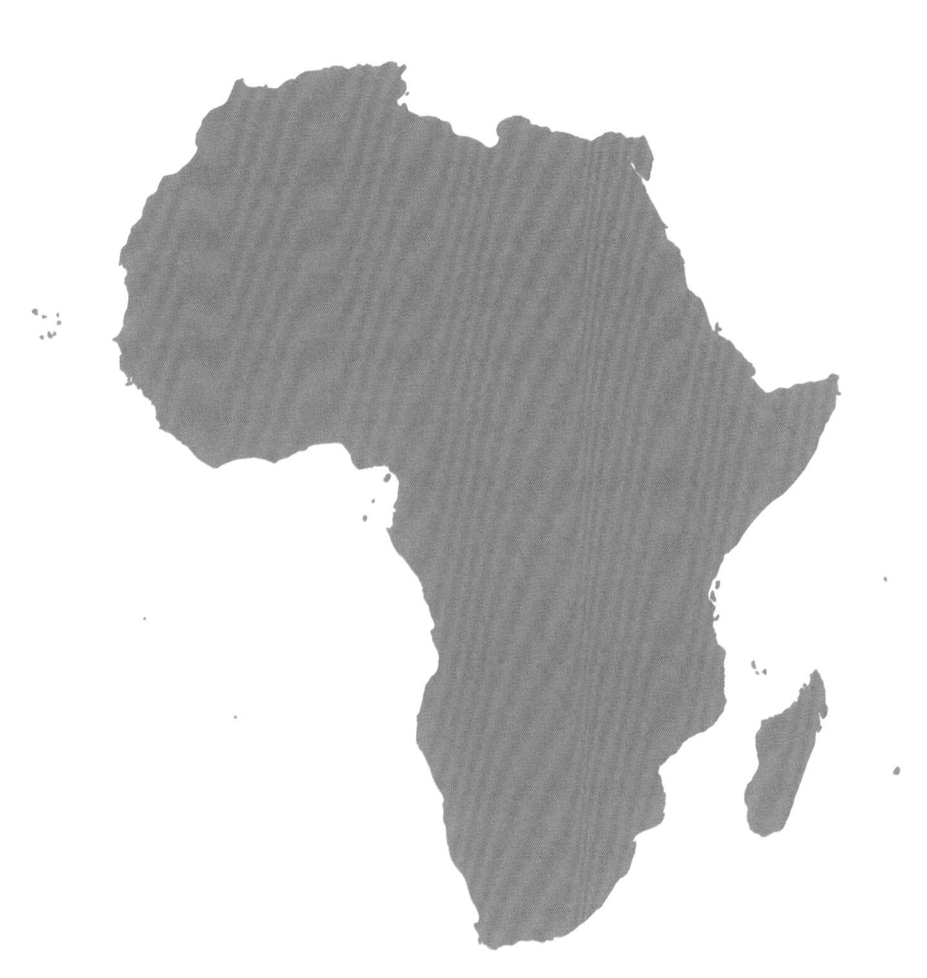

—

ein
ende
fordern

—

PROTESTE IM SUDAN

FAIZ ABUBAKR MOHAMED

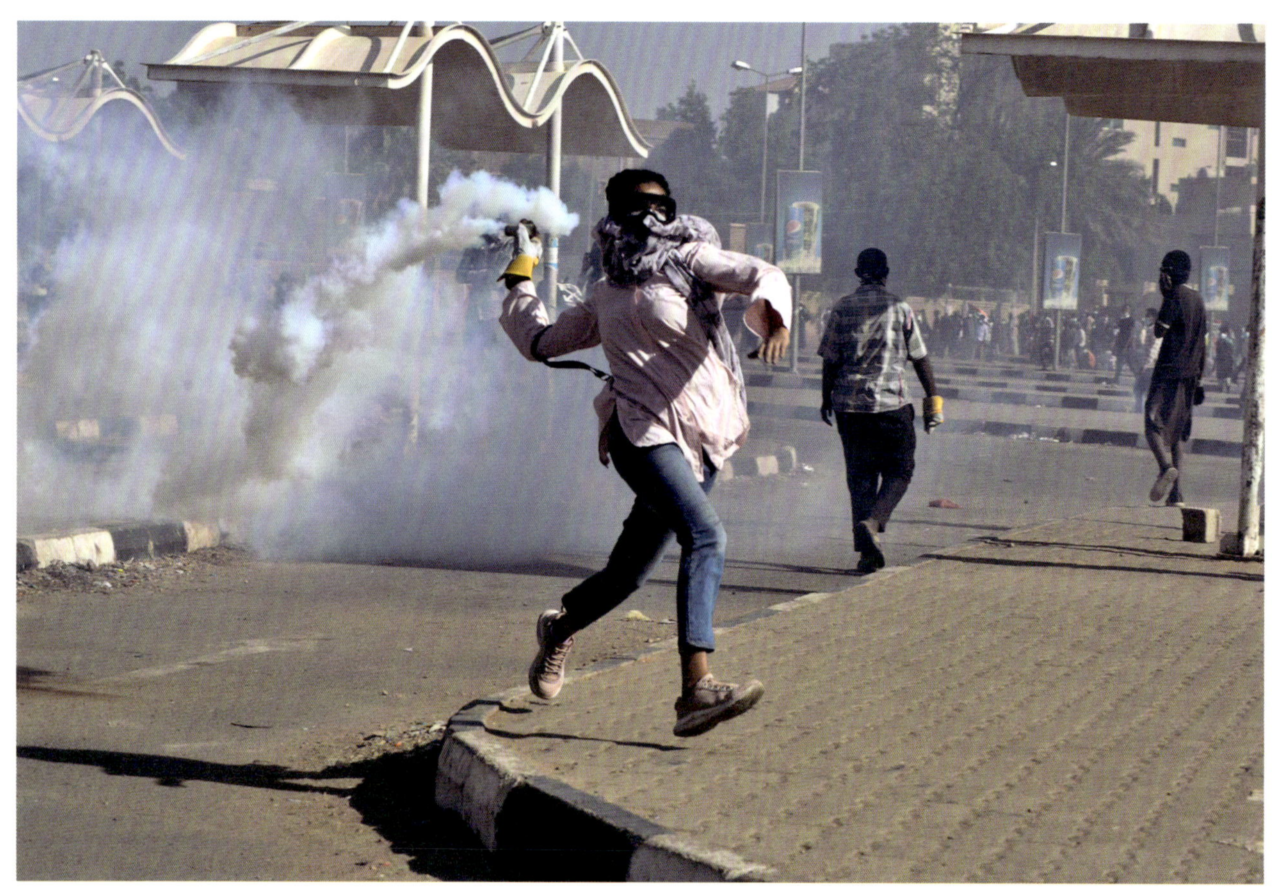

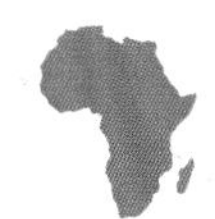

Am 30. Dezember zogen Demonstranten durch Khartum und die benachbarten Städte Omdurman und Bahri und forderten die Übergabe der politischen Macht an zivile Behörden. Die Proteste wurden brutal niedergeschlagen. Reuters berichtete, dass fünf Menschen bei den Protesten getötet wurden. Das Militär hatte am 25. Oktober mit einem Staatsstreich die Kontrolle übernommen, die Übergangsregierung aufgelöst und deren Premierminister Abdalla Hamdok inhaftiert. Der Fotograf ist Sudanese und nahm an den ersten Protesten nach dem Militärputsch teil, bevor er seine Aktivitäten auf den Fotojournalismus ausrichtete.

Eine Demonstrantin wirft einen Tränengaskanister zurück, der von Sicherheitskräften während eines Marsches für ein Ende der Militärherrschaft in Khartum, Sudan, am 30. Dezember 2021 abgefeuert wurde.

—

mehr
als
12
millionen
kinder

—

AFRIKA

FOTOSERIEN

ANGST, ZUR SCHULE ZU GEHEN

SODIQ ADELAKUN ADEKOLA

AGENCE FRANCE-PRESSE

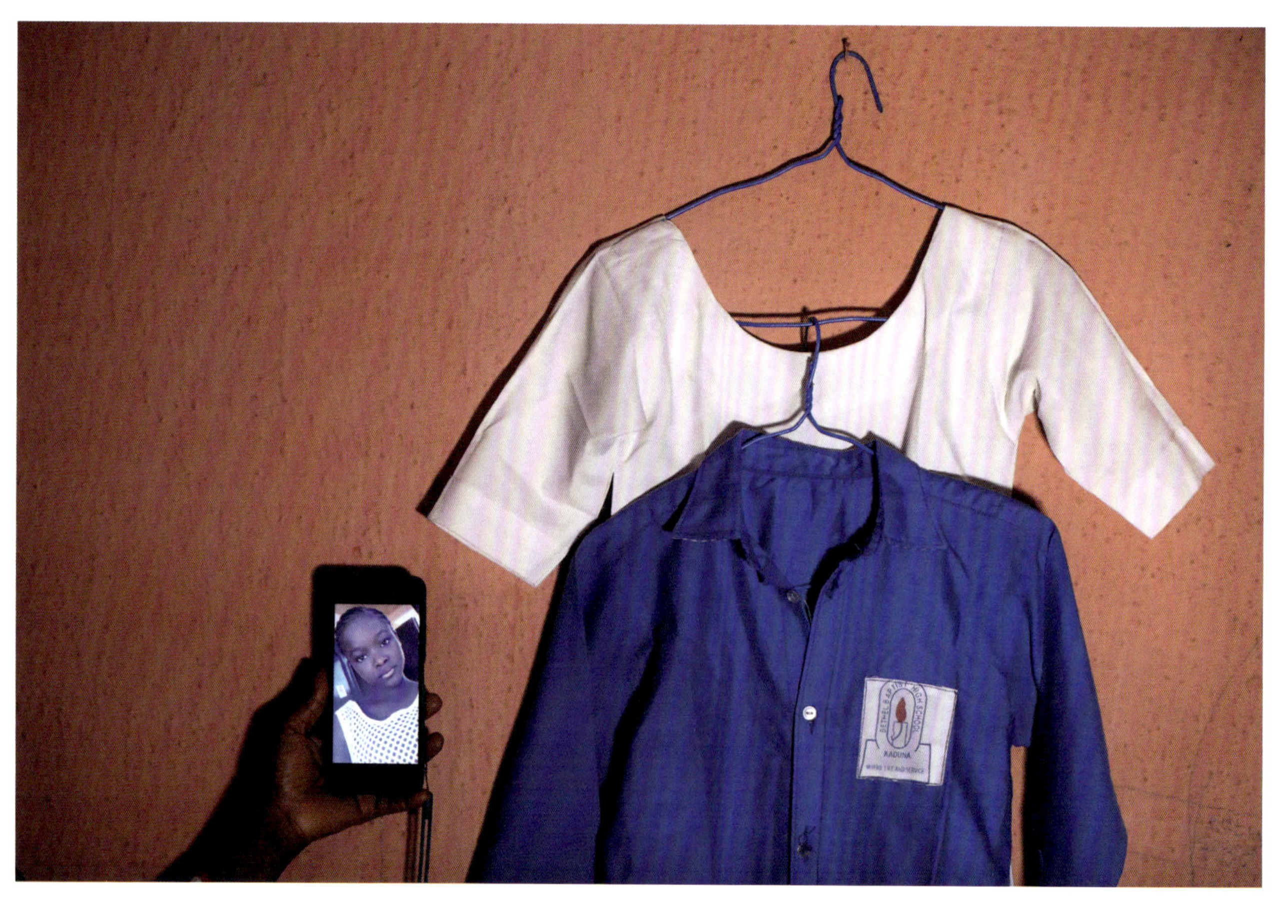

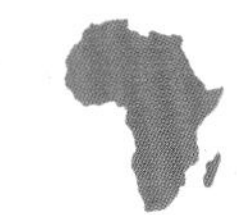

Entführungen von Schulkindern durch islamistische Gruppen und bewaffnete Banden haben weiterhin Auswirkungen auf Schulen in Nigeria. Diese Gruppen entführen die Mädchen und Jungen, um sich dem westlichen Säkularismus zu widersetzen und um Lösegelder oder die Freilassung von inhaftierten Boko-Haram-Mitgliedern zu erpressen. Im Jahr 2014 führte die Kampagne #BringBackOurGirls zu internationalen Protesten und breiteren Diskussionen über dieses Thema. Heute gehen die Entführungen jedoch ohne internationale Medienaufmerksamkeit weiter. Laut dem nigerianischen Präsidenten Muhammadu Buhari sind mehr als 12 Millionen Kinder – vor allem Mädchen – traumatisiert und haben Angst, zur Schule zu gehen. Die Namen der Personen auf den Fotos wurden aus Sicherheitsgründen geändert.

Hawa Munzali (nicht ihr richtiger Name) zeigt ein Foto ihrer 14-jährigen Tochter Faith (nicht ihr richtiger Name). Faith war eines von 140 Schulkindern, die zehn Tage zuvor, am 5. Juli 2021, aus der Bethel Baptist High School in Chikun im Bundesstaat Kaduna im Nordwesten Nigerias entführt wurden.

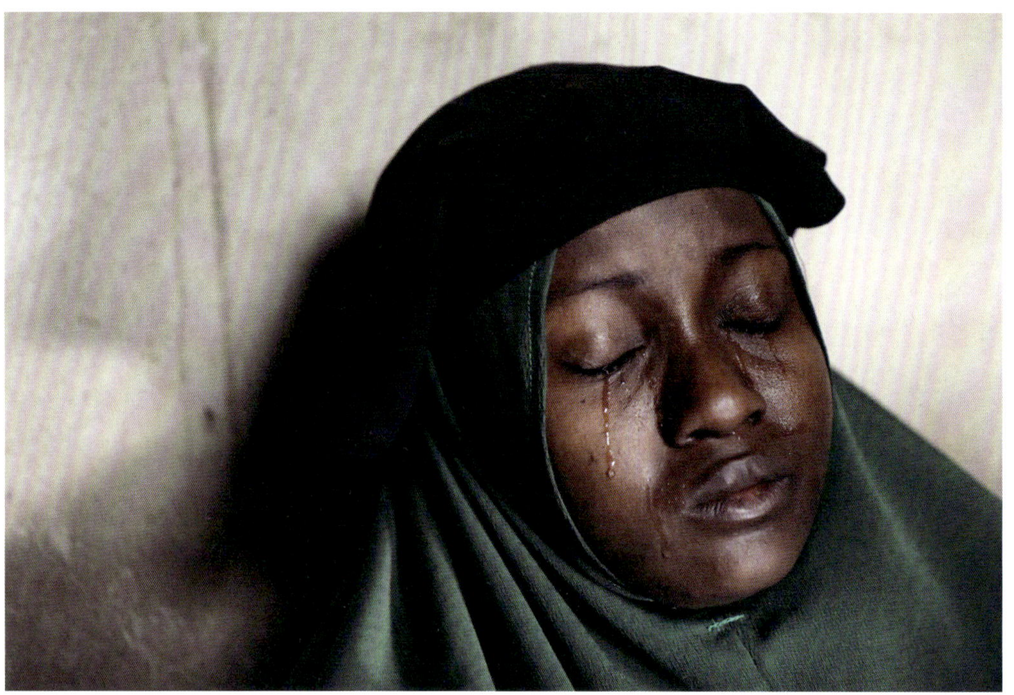

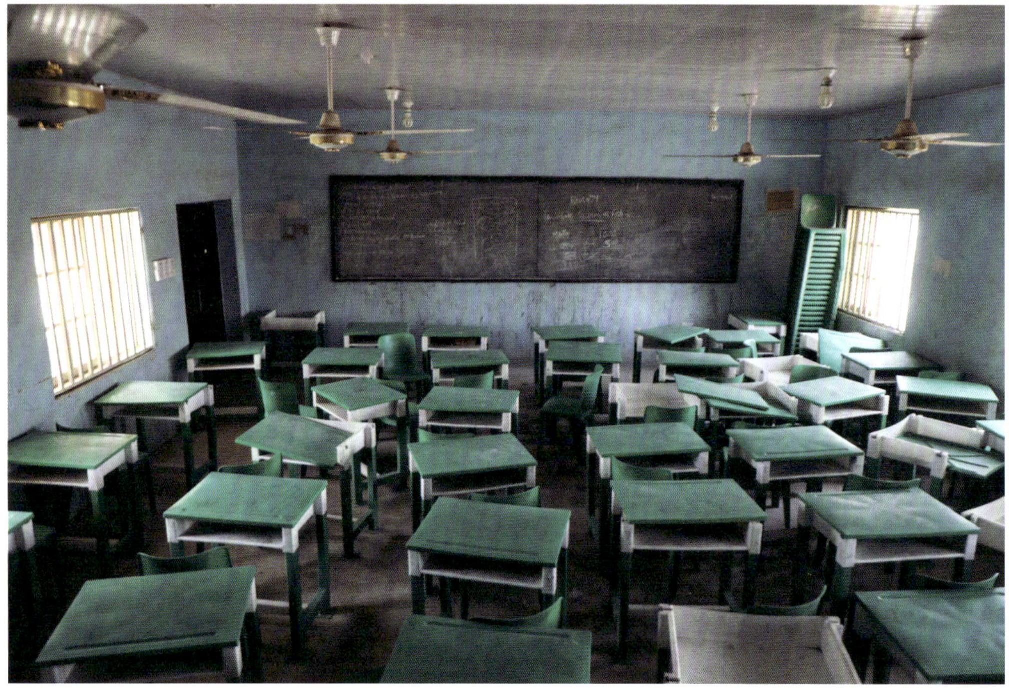

Aminah Labaran (nicht ihr richtiger Name) weint zu Hause in Jangebe im Bundesstaat Zamfara im Nordwesten Nigerias am 27. Februar 2021, nachdem ihre beiden Töchter entführt wurden. Bewaffnete Männer entführten mitten in der Nacht 279 Mädchen aus den Schlafsälen der Government Girls Secondary School im Dorf.

Ein Klassenzimmer in der Government Girls Secondary School in Jangebe im Bundesstaat Zamfara im Nordwesten Nigerias bleibt am 27. Februar verwaist.

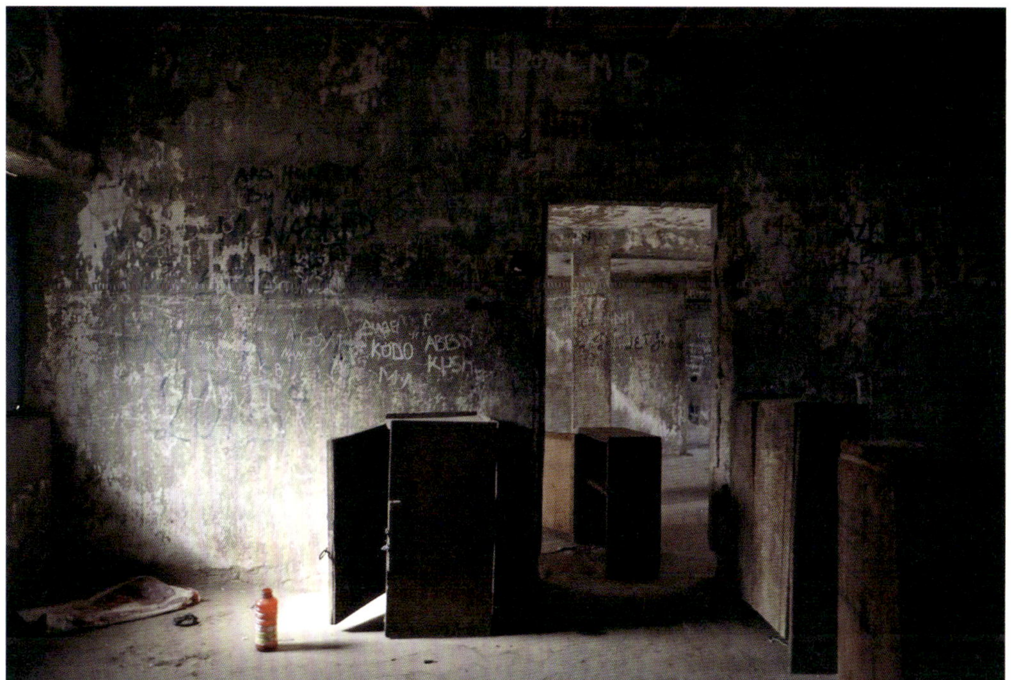

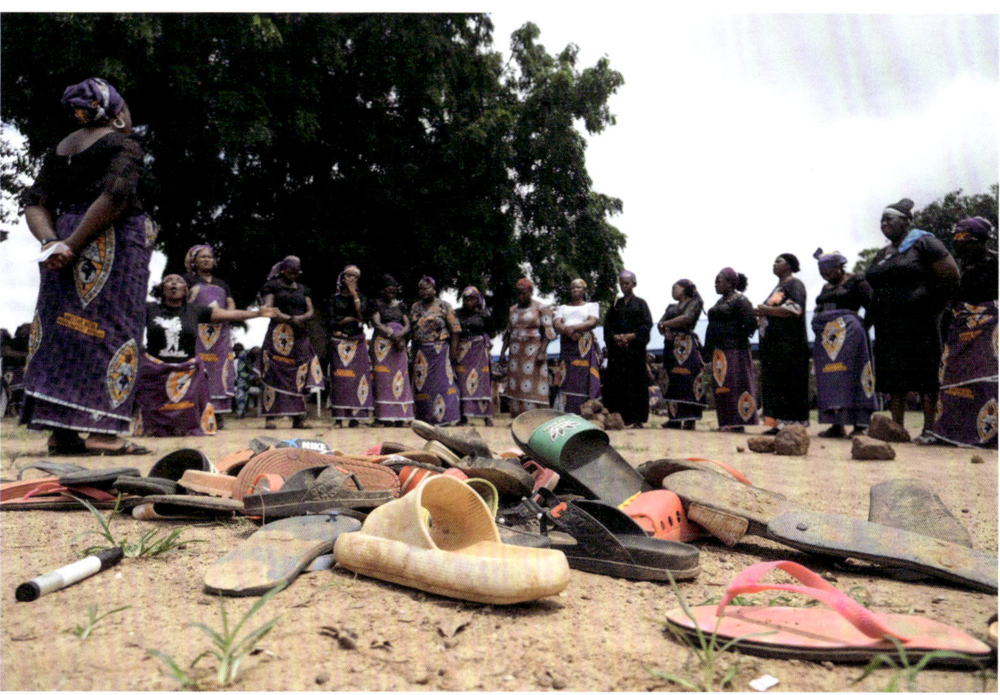

Verlassene Gegenstände nach einer Entführung in der Government Secondary Science School in Kagara, Nigeria, am 18. Februar 2021. Am Tag zuvor hatten bewaffnete Männer schätzungsweise 27 Schulkinder entführt.

Sandalen entführter Schulkinder liegen am 14. Juli 2021 in der Bethel Baptist High School in Chikun, Kaduna State, Nordwest-Nigeria, auf dem Boden.

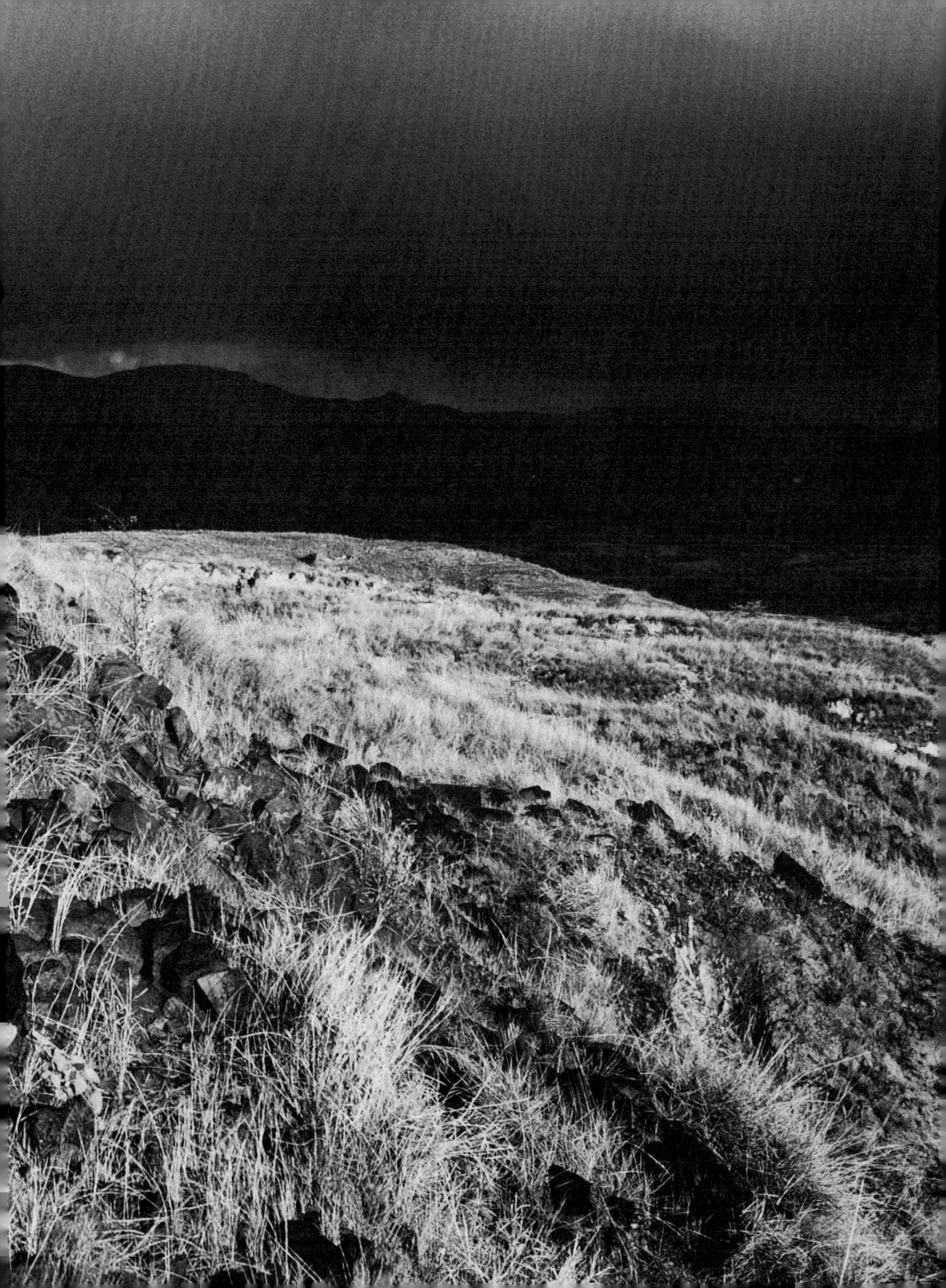

—

hoch
geschätzte
buckelrinder

—

DER ZEBU-KRIEG

RIJASOLO

RIVA PRESS

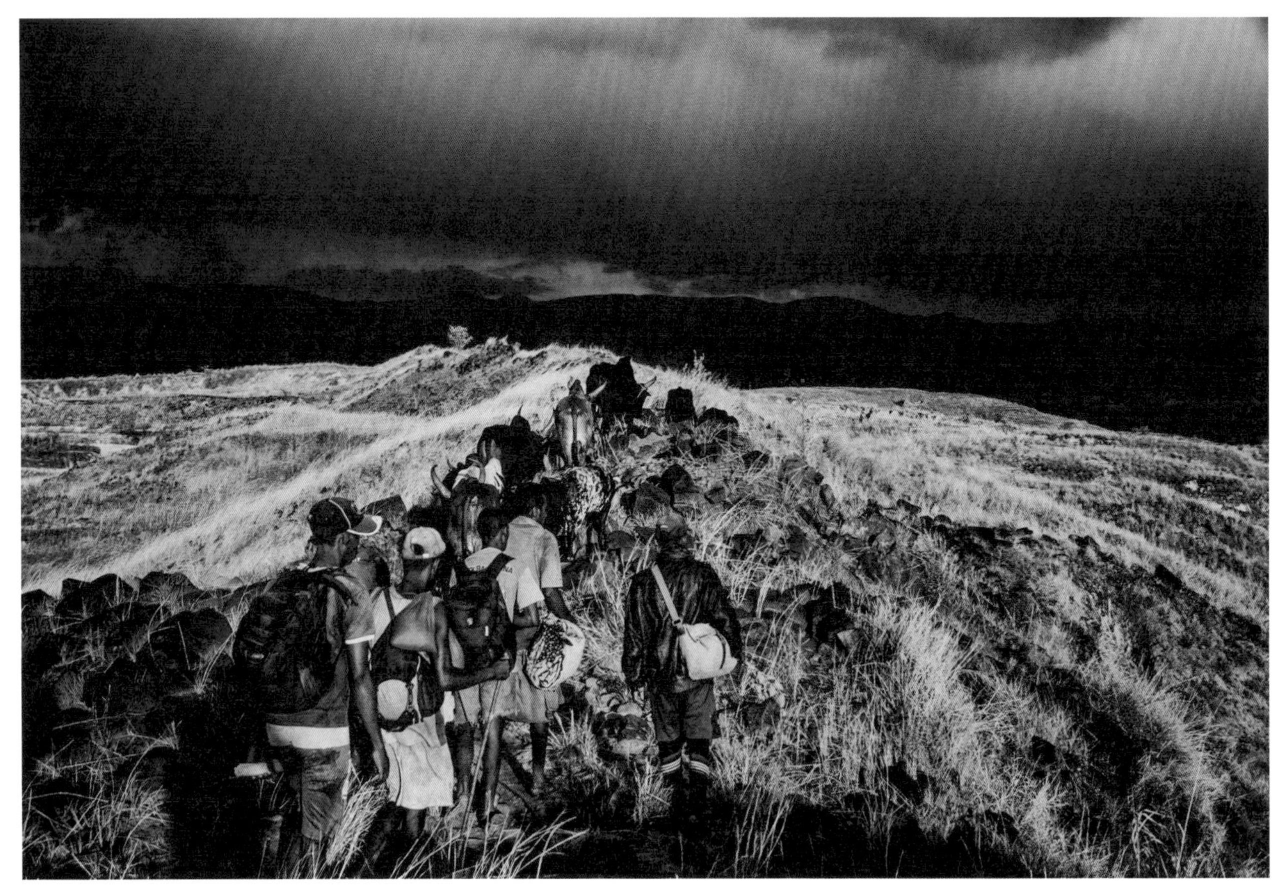

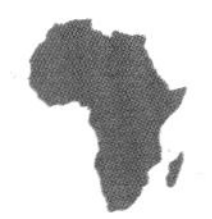

Seit Jahrzehnten ist die Landbevölkerung im Süden und Westen Madagaskars mit Gewalt und dem täglichen Diebstahl ihrer Zebus, hoch geschätzter Buckelrinder, durch Männergruppen, die *Dahalo* genannt werden (was grob übersetzt «Banditen» bedeutet), konfrontiert. Zebus werden für Mitgiftzahlungen und Rituale verwendet und sind wegen ihres Fleisches sehr wertvoll. Seit den 1970er-Jahren haben die zunehmende wirtschaftliche Ungleichheit und eine Nahrungsmittelkrise den Zebudiebstahl und die Gewalt verschärft, wobei es häufig zu tödlichen Zusammenstößen zwischen ländlichen Gemeinden und Gruppen von *Dahalo* kam. Die Regierung ist hart gegen den Zebudiebstahl vorgegangen, und 2014 beschuldigte Amnesty International die madagassischen Sicherheitskräfte, wahllos Gewalt auszuüben.

Louis Kasay, ein prominenter Zebu-Züchter, steigt am 24. November 2020 zusammen mit acht seiner Hirten und 13 Zebus den Osthang des Tsingy-Plateaus in Bemaraha, Madagaskar, hinunter, auf ihrer zehntägigen Wanderung zum Zebu-Markt in Tsiroanomandidy.

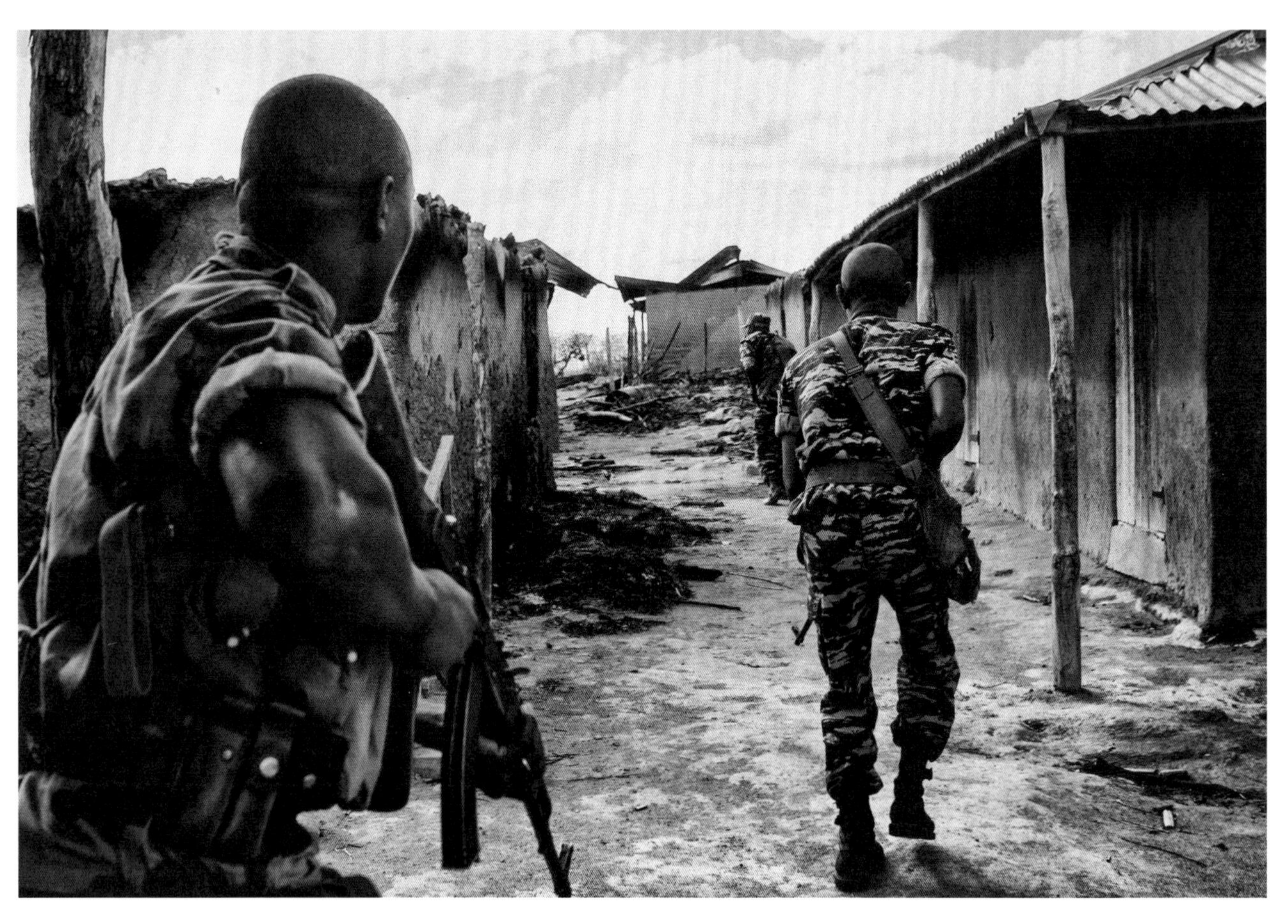

Sicherheitskräfte dringen am 1. Juni 2014 bei einem Einsatz gegen Viehdiebe in das Dorf Ambatotsivala in Madagaskar ein. Ambatotsivala und das Nachbardorf Andranondambo waren in zahlreiche Vergeltungsangriffe verwickelt, nachdem Männer aus Ambatotsivala am 7. Mai einen ersten Überfall verübt hatten, um Zebus zu stehlen. Nach Berichten lokaler Medien wurden bei den Angriffen etwa 22 Menschen getötet und 2.294 wurden obdachlos.

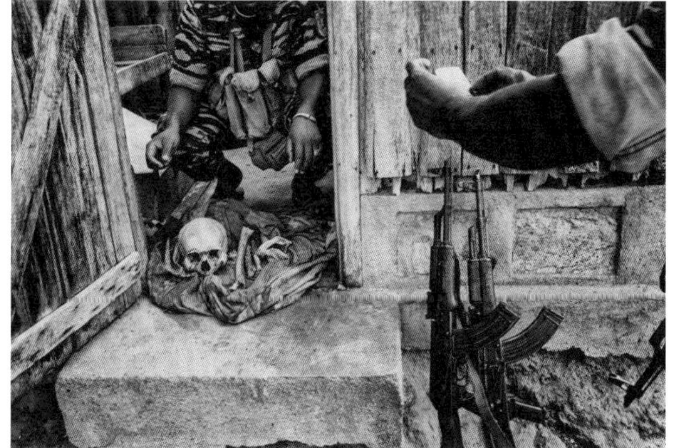

Sicherheitskräfte patrouillieren am 1. Juni 2014 in den Ruinen des Dorfes Andranondambo im Süden Madagaskars. Das Dorf war bei Angriffen von *Dahalo*-Zebu-Dieben aus dem Nachbardorf Ambatotsivala vollständig zerstört worden.

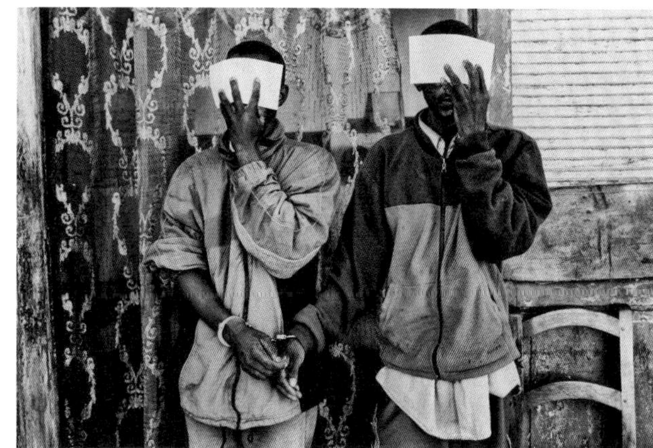

Etosoa Mihary (links) und Tsiry Tam (rechts), Bewohner des Dorfes Ambatotsivala, das von den Behörden als Zebu-Räuberdorf betrachtet wird, nach ihrer Verhaftung wegen des Verdachts auf Mord an einem Bewohner des Nachbardorfes Amboasary Sud, Madagaskar, am 3. Juni 2014.

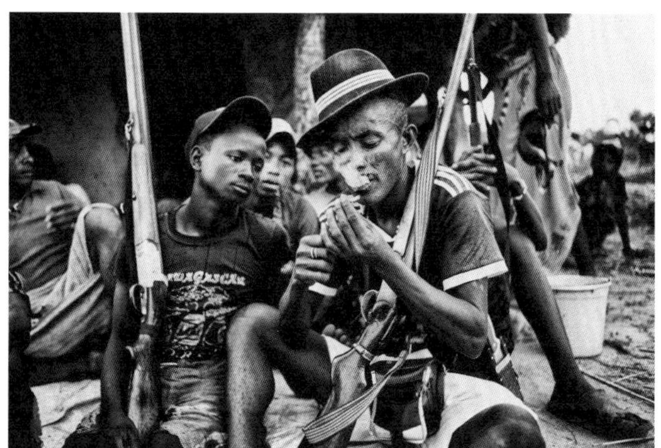

Männer rauchen am 28. November 2020 im Dorf Mataviakoho im westlichen Zentralmadagaskar Tabak aus lokalem Anbau. Das Dorf soll der Stützpunkt des berüchtigten Anführers einer Gruppe von Viehdieben sein.

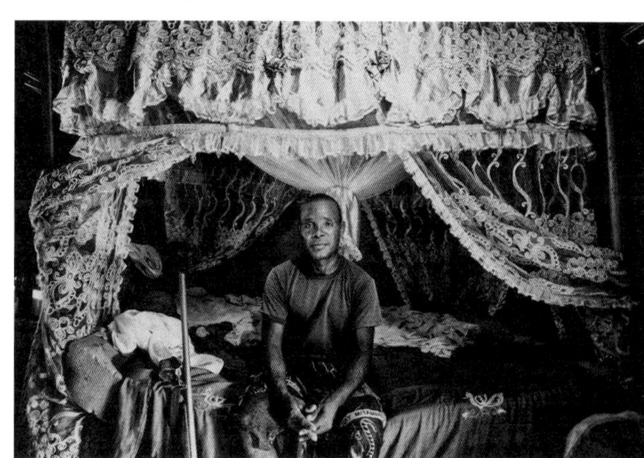

Jean Maximis Nonon sitzt in seinem Schlafzimmer in Mataviakoho, Nord-Menabe, Bongolava, Madagaskar, am 25. November 2020. Die Militärbehörden betrachten Nonon als einen der gefährlichsten *Dahalo*-Anführer in der Region. Nonon lehnt es ab, als *Dahalo* bezeichnet zu werden.

—

um
ihr
land
zu
schützen

—

AFRIKA
OFFENES FORMAT
DIE SEHNSUCHT DES FREMDEN, DEM DER WEG ABGESCHNITTEN WURDE
REHAB ELDALIL

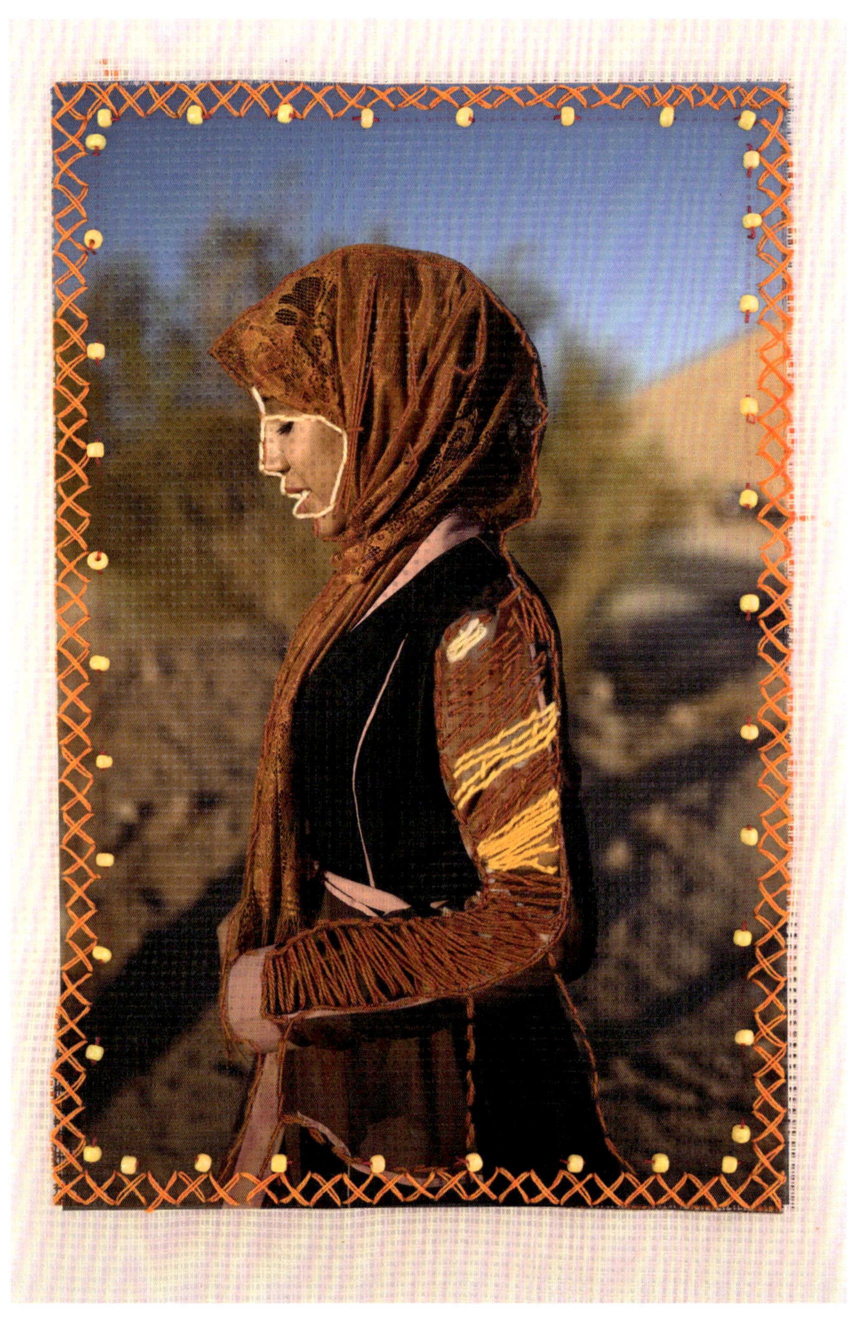

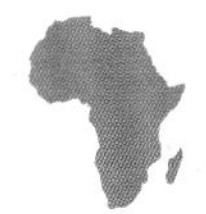

Die Beduinen leben seit Jahrhunderten auf der Sinai-Halbinsel und sind seit Langem mit Diskriminierung konfrontiert. Sie werden immer noch als Kollaborateure während der israelischen Besetzung des Sinai von 1967 bis 1982 angesehen, als die Beduinen blieben, um ihr Land zu schützen. Auch in den ägyptischen Medien werden Beduinenfrauen falsch dargestellt und stereotypisiert. Um diese Stereotypen infrage zu stellen, wurden auf Stoff gedruckte Porträts von Frauen aus der Gemeinschaft von den Frauen selbst bestickt, und Männer aus der Gemeinschaft trugen mit handgeschriebenen Gedichten bei. Die Fotografin ist Aktivistin und seit 15 Jahren ein aktives Mitglied der Gemeinschaft.

Ein Foto von Nadia (20), gestickt von ihr und ihrer Cousine Mariam (19), in St. Catherine, Süd-Sinai, Ägypten, am 8. Dezember 2019.

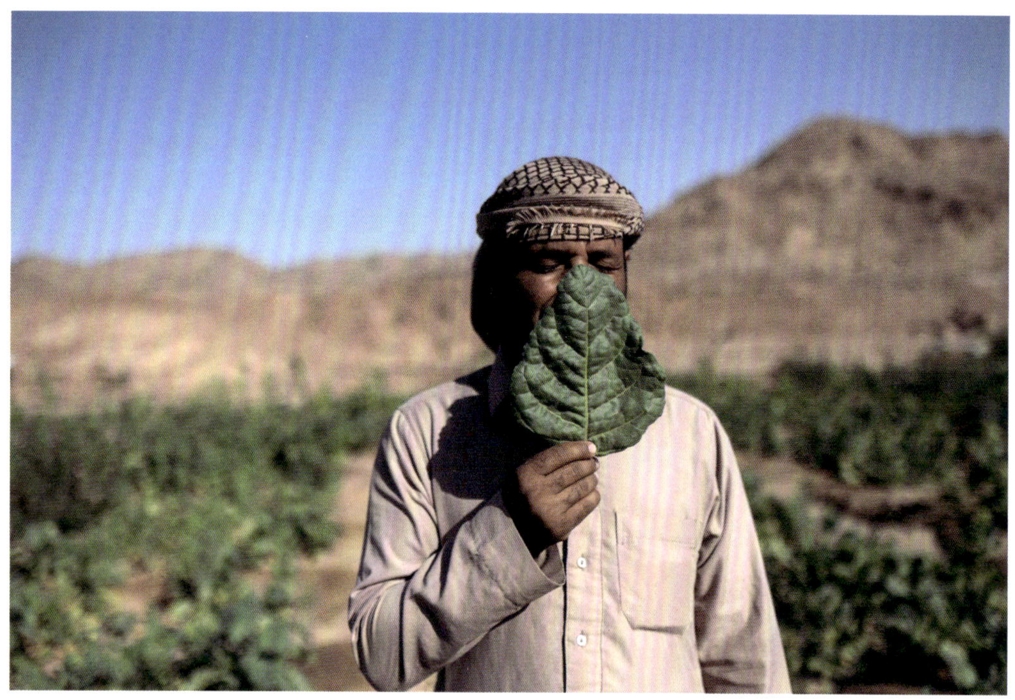

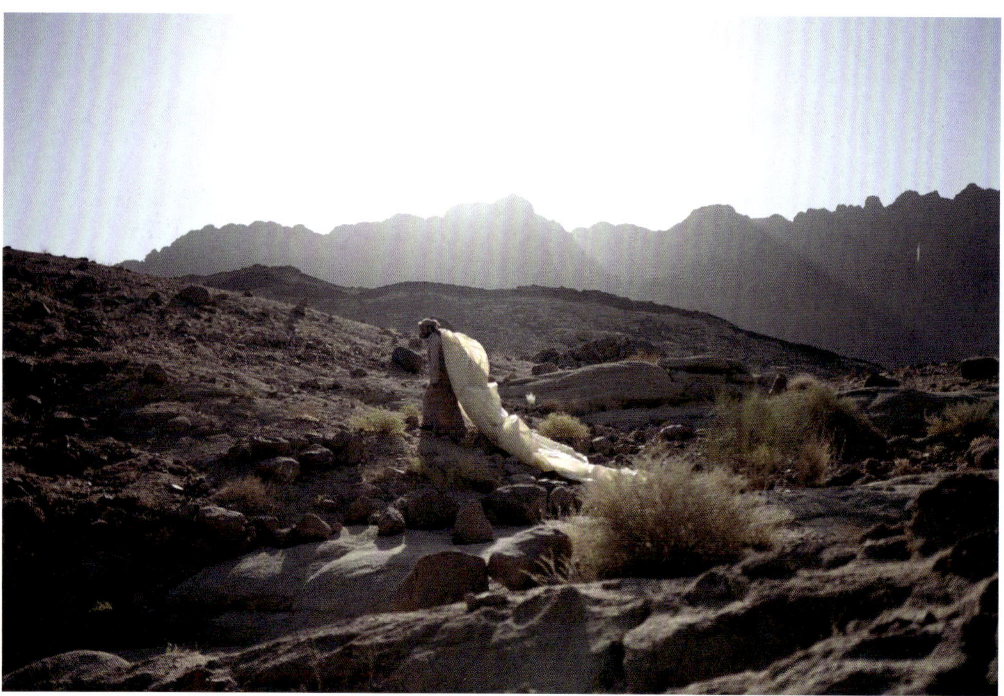

Seliman hält ein Khodary-Blatt *(Nicotiana rustica)* in seinem Garten im Gharba-Tal, Süd-Sinai, Ägypten, am 1. Oktober 2020. Seliman betreibt mit seinen Cousins eine Öko-Lodge im Tal. Aufgrund von COVID-19 hatte die Öko-Lodge weniger Gäste, sodass Seliman sich auf den Garten der Familie konzentrierte.

Seliman zieht eine Plastikplane über seine Ernte, damit die Pflanzen trocknen. In St. Catherine, Süd-Sinai, Ägypten, am 1. Oktober 2020.

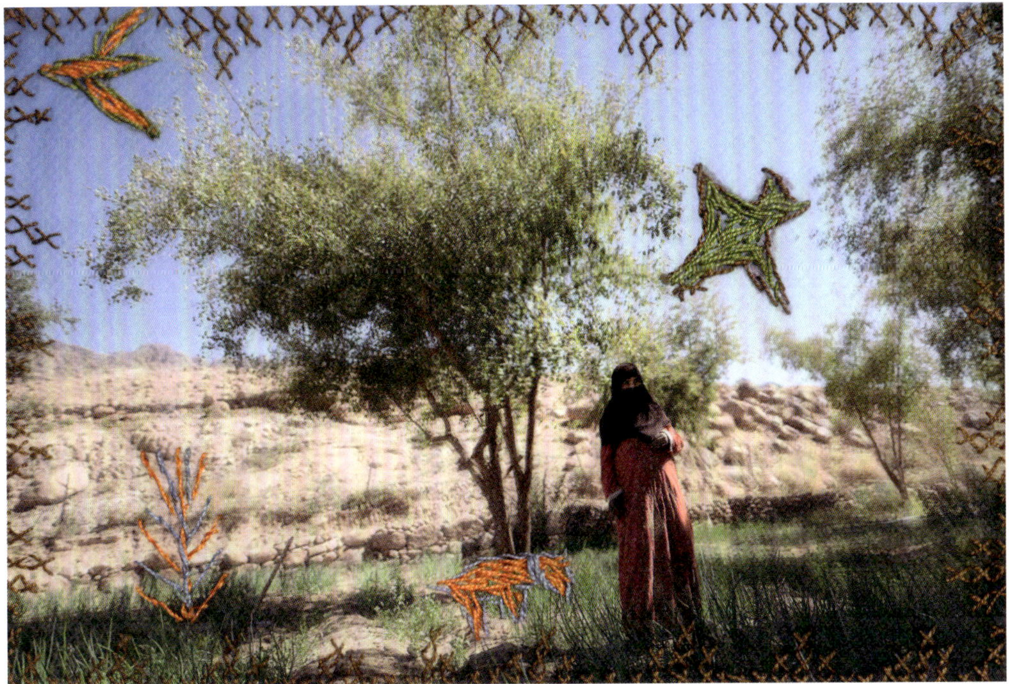

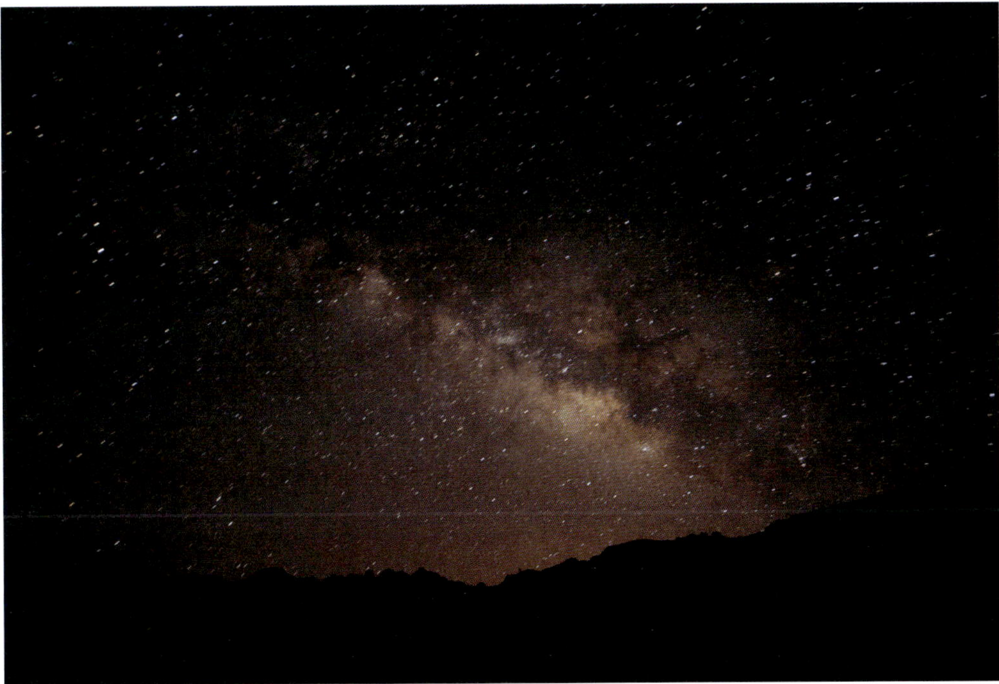

Hajja Oum Mohamed (53), die ihr eigenes Porträt gestickt hat, in ihrem Garten im Gharba-Tal, Süd-Sinai, Ägypten, am 7. April 2017.

Die Milchstraße ist in der Nacht des 7. April 2017 über dem Dorf Sheikh Awad zu sehen. Die Beduinen orientieren sich seit Langem an den Sternen, um sich in der Wüste zurechtzufinden.

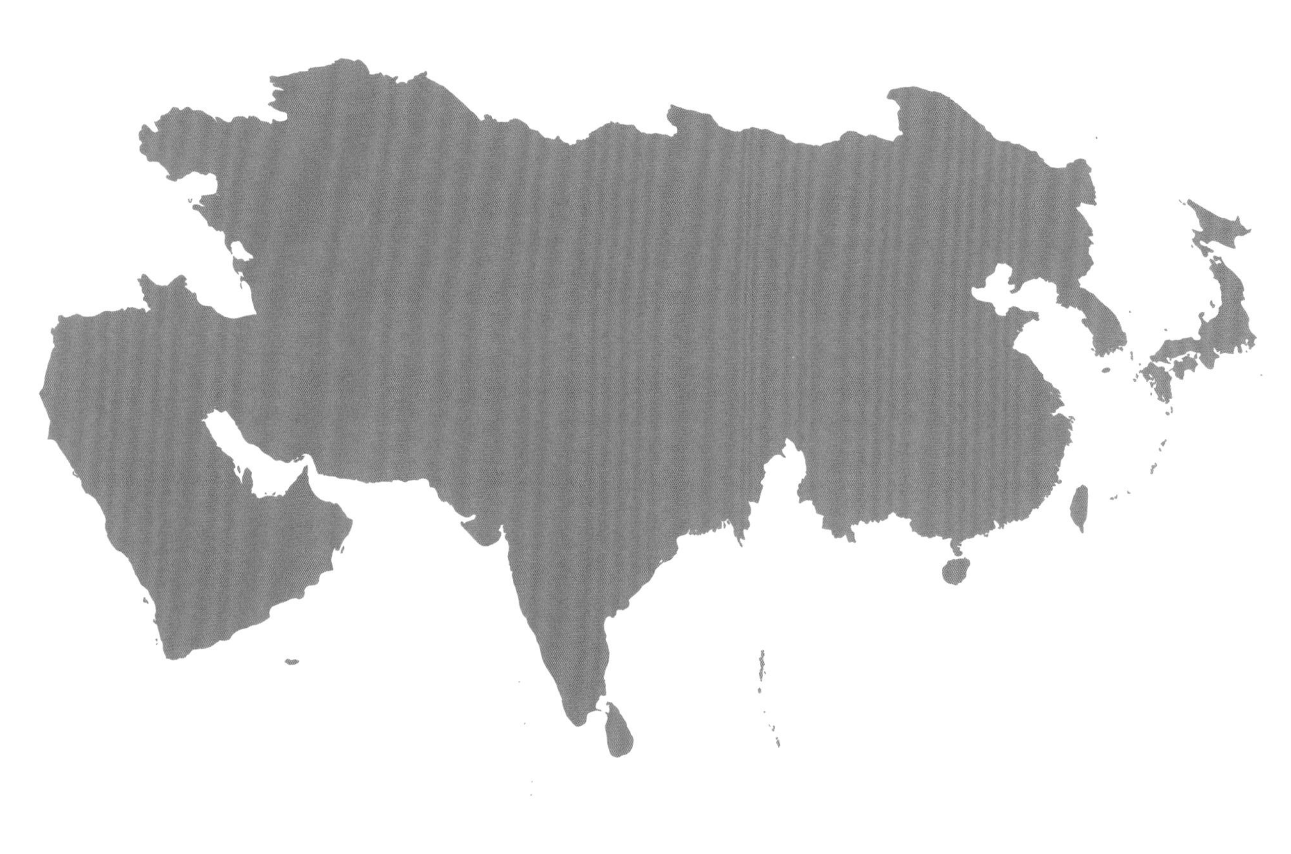

—

ein brüchiger waffenstillstand

—

ASIEN
EINZELFOTOS

PALÄSTINENSISCHE KINDER IN GAZA

FATIMA SHBAIR
GETTY IMAGES

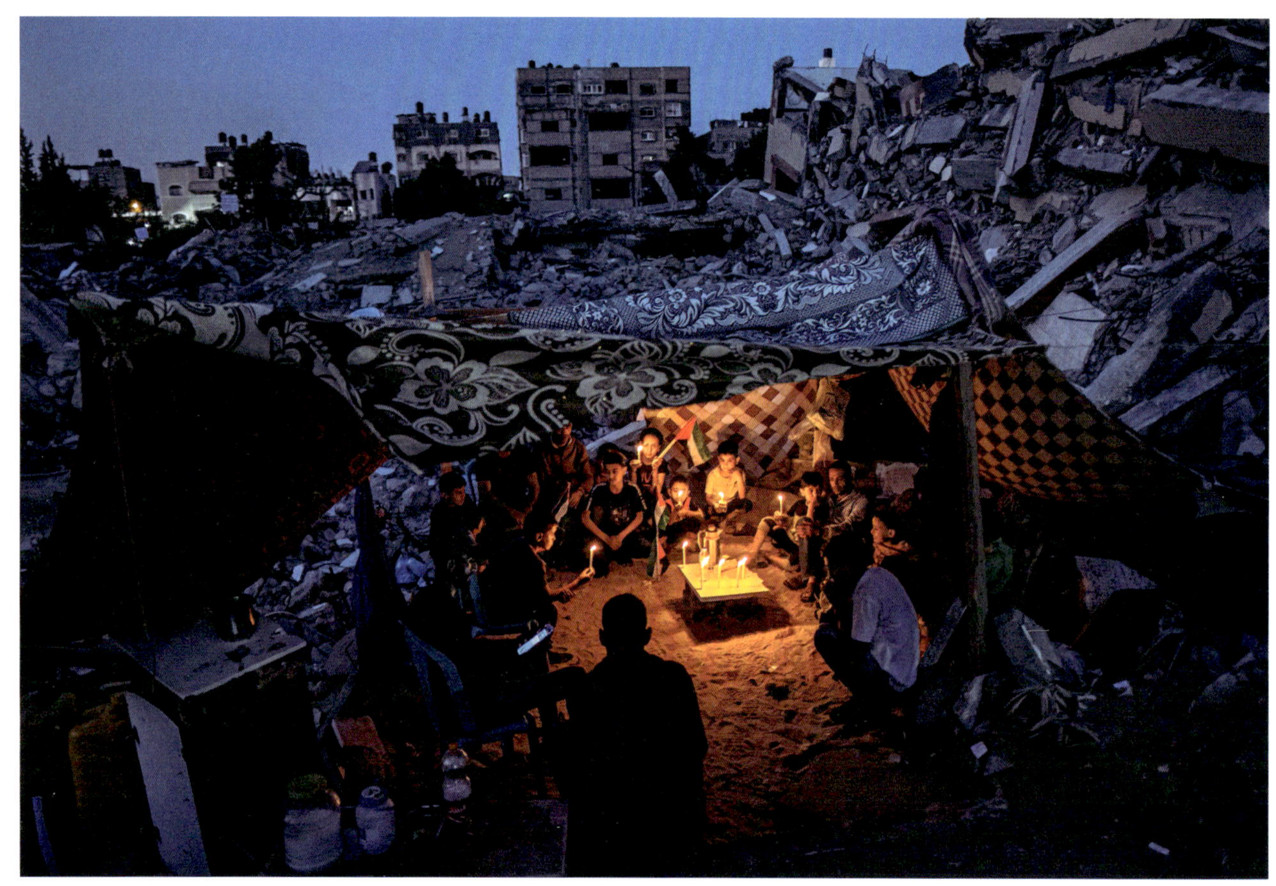

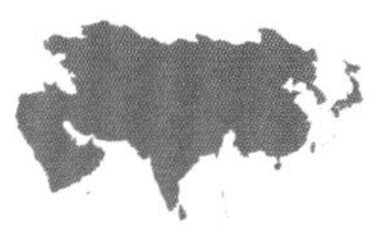

Am 10. Mai brach ein 11-tägiger Konflikt aus, nachdem die Spannungen wegen drohender Zwangsräumungen im umstrittenen Stadtteil Sheikh Jarrah in Ostjerusalem und Zusammenstößen auf dem Gelände der Al-Aqsa-Moschee – einer der heiligsten Stätten des Islam – in der Jerusalemer Altstadt zugenommen hatten. Der Konflikt weitete sich auf andere Städte in Israel und Palästina aus, und es wurden Raketen über die Grenzen zu Syrien und Libanon abgefeuert, was zum schwersten Ausbruch von Kämpfen seit dem Gaza-Krieg 2014 führte. UNICEF erklärte, dass rund 500.000 Kinder im Gazastreifen nach dem Konflikt 2021 psychologische Unterstützung benötigen könnten.

Palästinensische Kinder versammeln sich mit Kerzen in Beit Lahia, Gaza, Palästina, am 25. Mai 2021 nach einem Protest von Kindern in der Nachbarschaft gegen Angriffe auf Gaza während eines brüchigen Waffenstillstands nach einem 11-tägigen Konflikt.

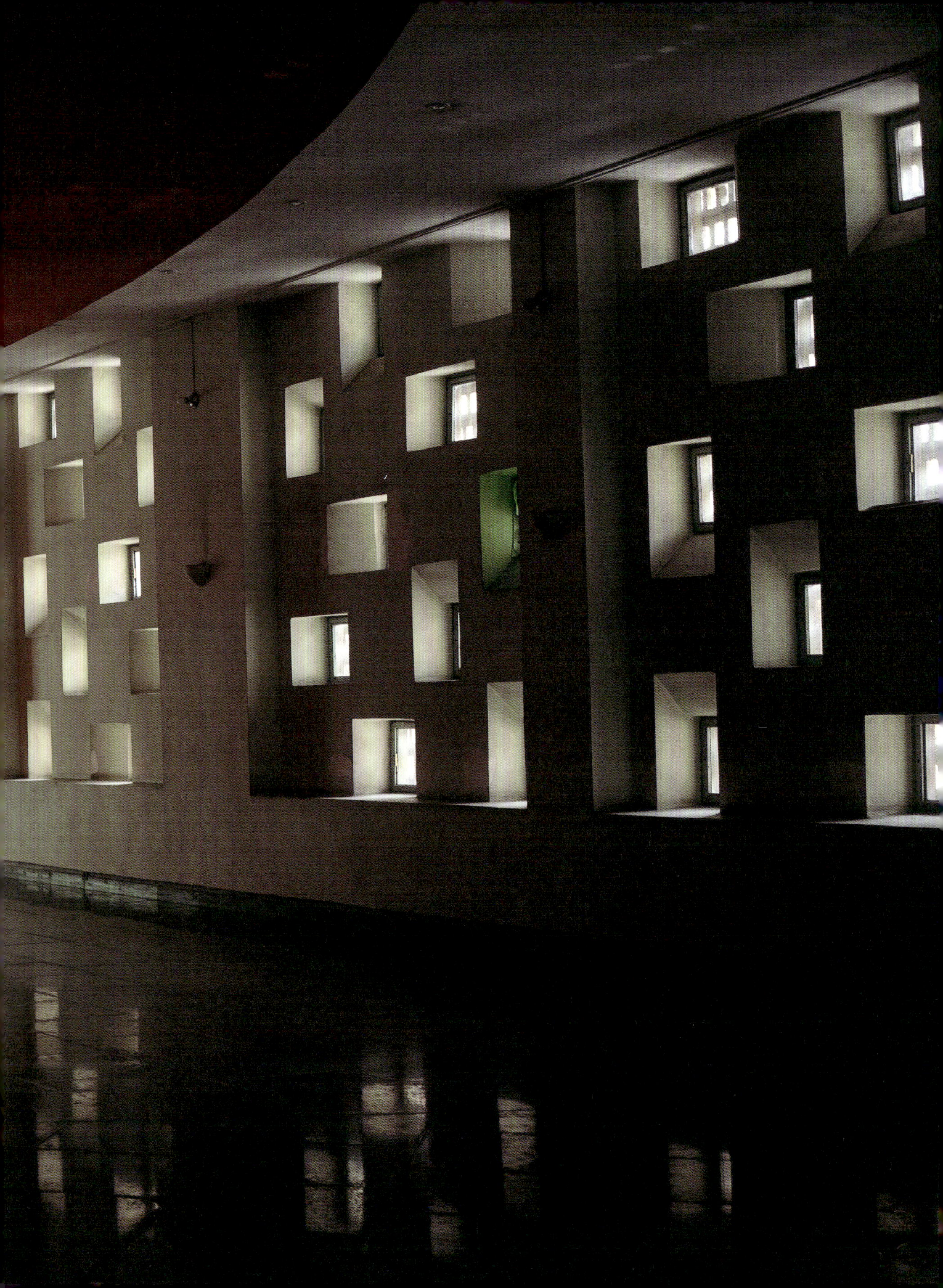

—

in der schwebe

—

DAS KINO VON KABUL

BRAM JANSSEN
THE ASSOCIATED PRESS

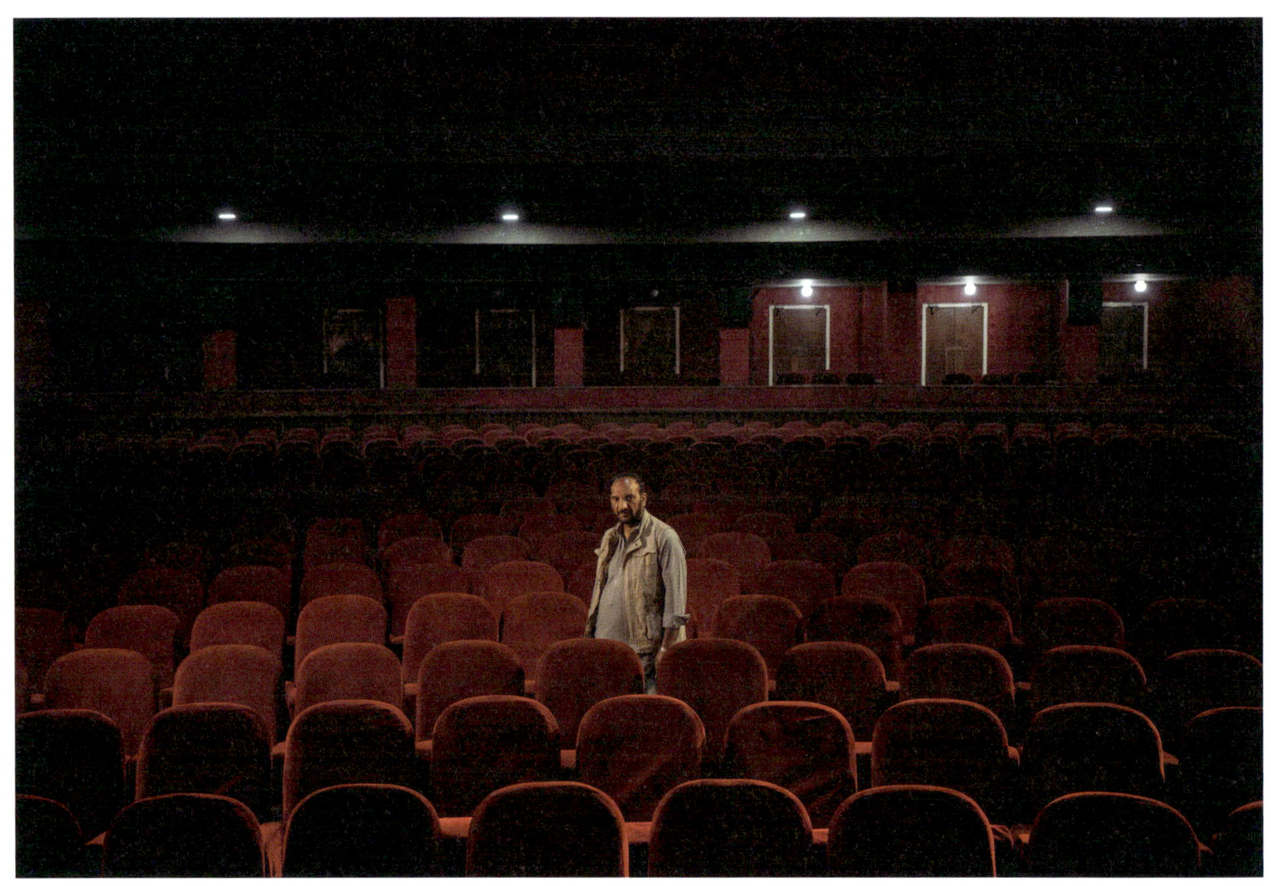

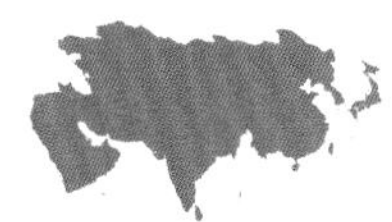

Auch die Kultur kann ein Opfer des Krieges werden. Nach der Übernahme Afghanistans durch die Taliban im August 2021 blieb das staatliche Ariana-Kino in Kabul geschlossen, und die Mitarbeiter warteten, in der Schwebe, ob die Taliban die Vorführung von Filmen erlauben würden. Die männlichen Mitarbeiter kommen nach wie vor täglich zur Arbeit, in der Hoffnung, dass sie endlich bezahlt werden, aber Asita Ferdous – die erste weibliche Direktorin des Kinos – wurde nicht eingelassen. Anfang 2022 blieb das Kino geschlossen, und Frauen durften dort nicht mehr beschäftigt werden.

Gul Mohammed, der als Platzanweiser im Ariana-Kino in Kabul, Afghanistan, arbeitet, posiert am 4. November 2021, fast drei Monate nach der Schließung des Kinos durch die Taliban, für ein Foto.

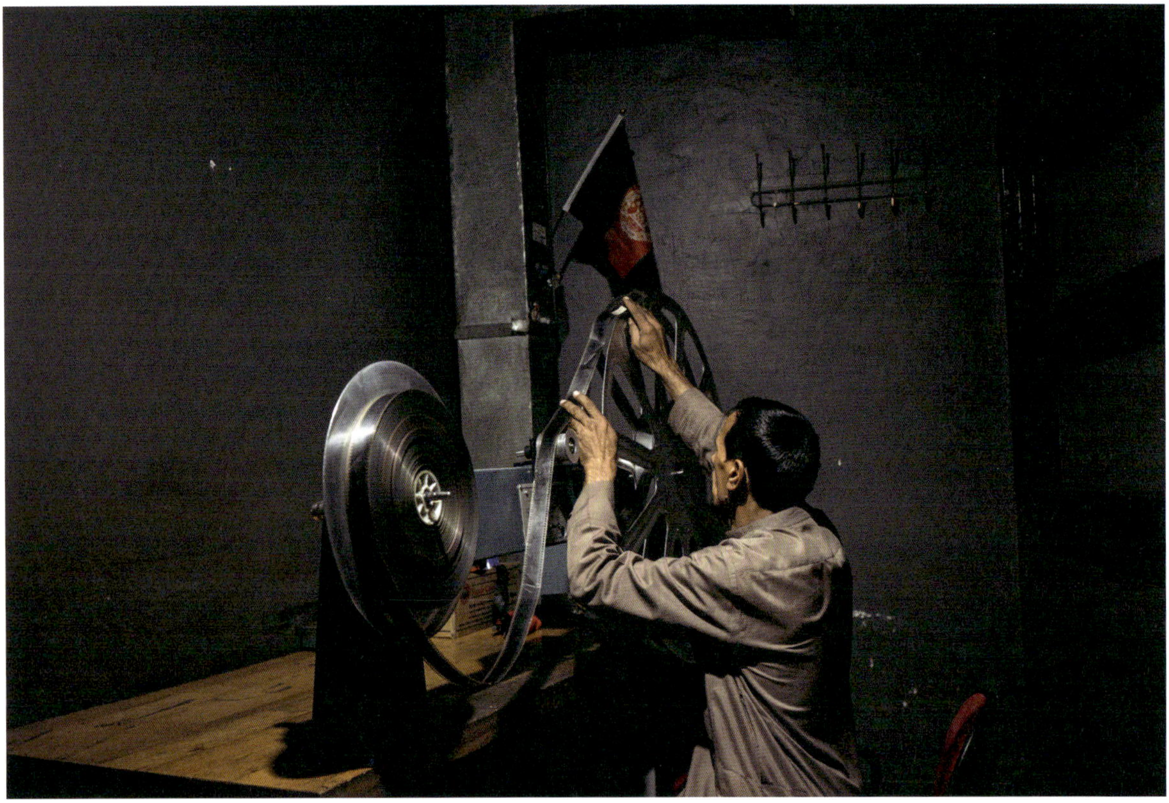

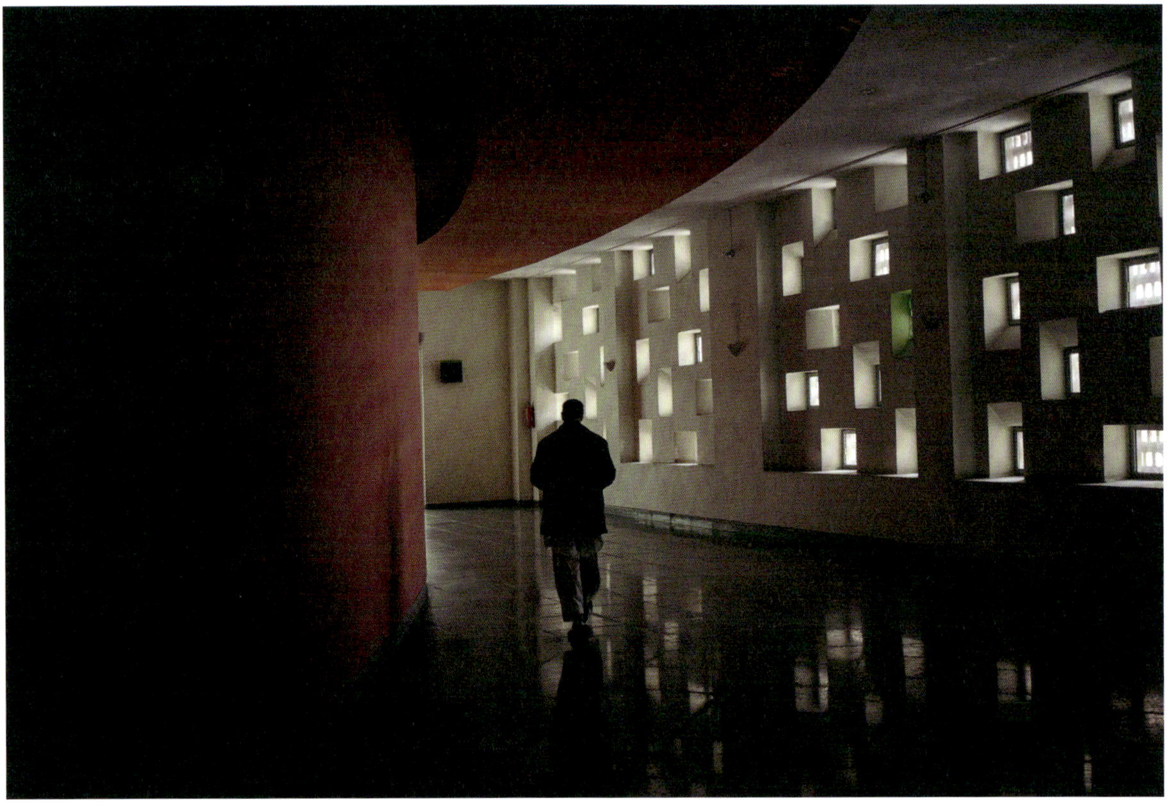

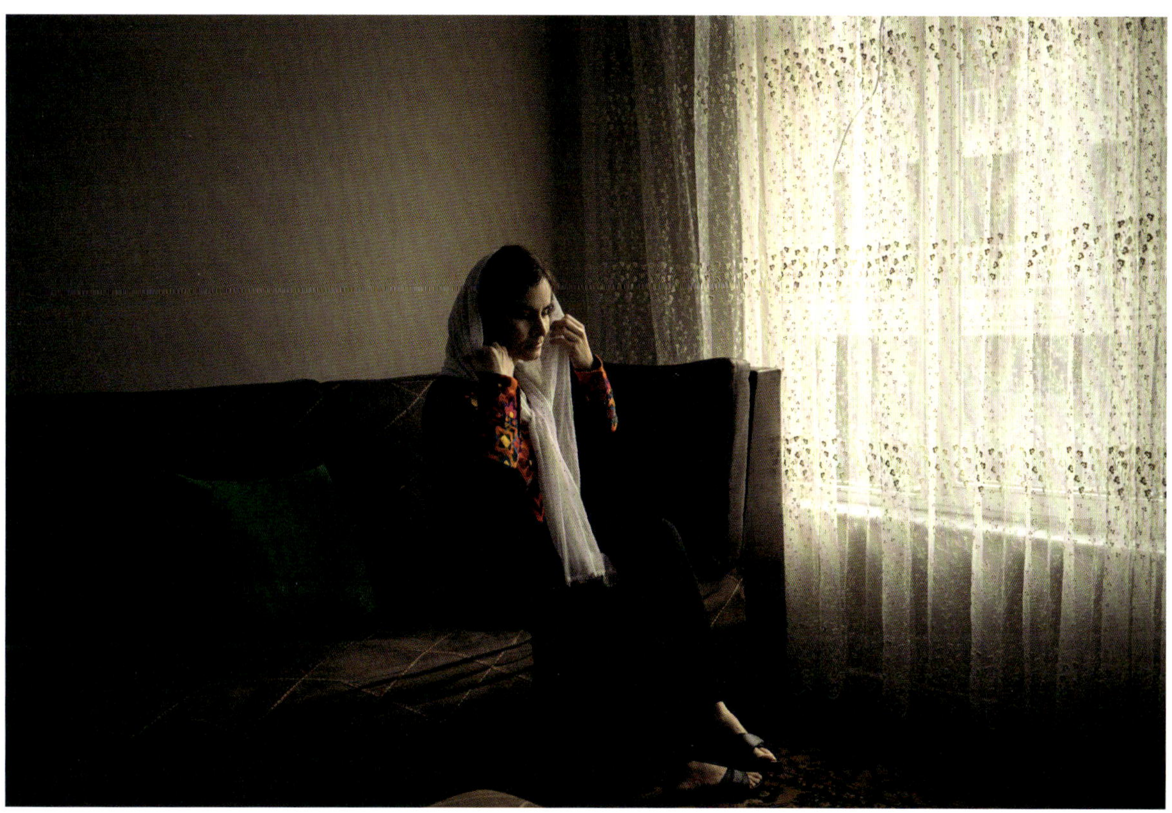

Rahmatullah Ezati prüft am 8. November 2021 im Vorführraum des Ariana-Kinos in Kabul, Afghanistan, eine Filmrolle auf Beschädigungen.

Asita Ferdous, Direktorin des staatlichen Ariana-Kinos in Kabul, Afghanistan, sitzt am 10. November 2021 zu Hause, fast drei Monate nachdem die Taliban weiblichen Regierungsangestellten befohlen haben, von ihrem Arbeitsplatz fernzubleiben.

Ein Mitarbeiter geht durch die leeren Gänge des Ariana-Kinos in Kabul, Afghanistan, am 4. November 2021.

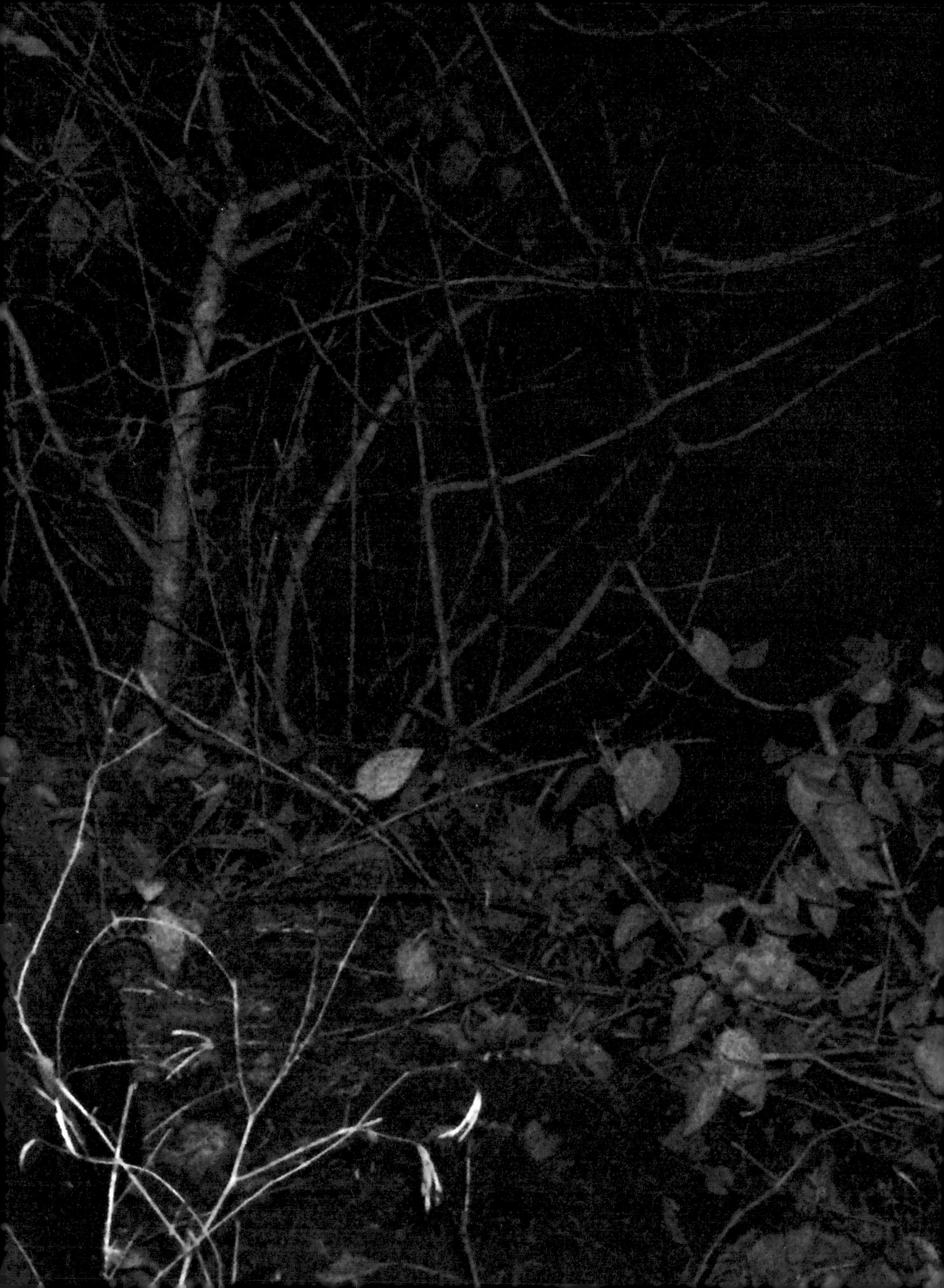

—

überleben in der wildnis

—

GRENZEN: MENSCH-TIGER-KONFLIKT

SENTHIL KUMARAN

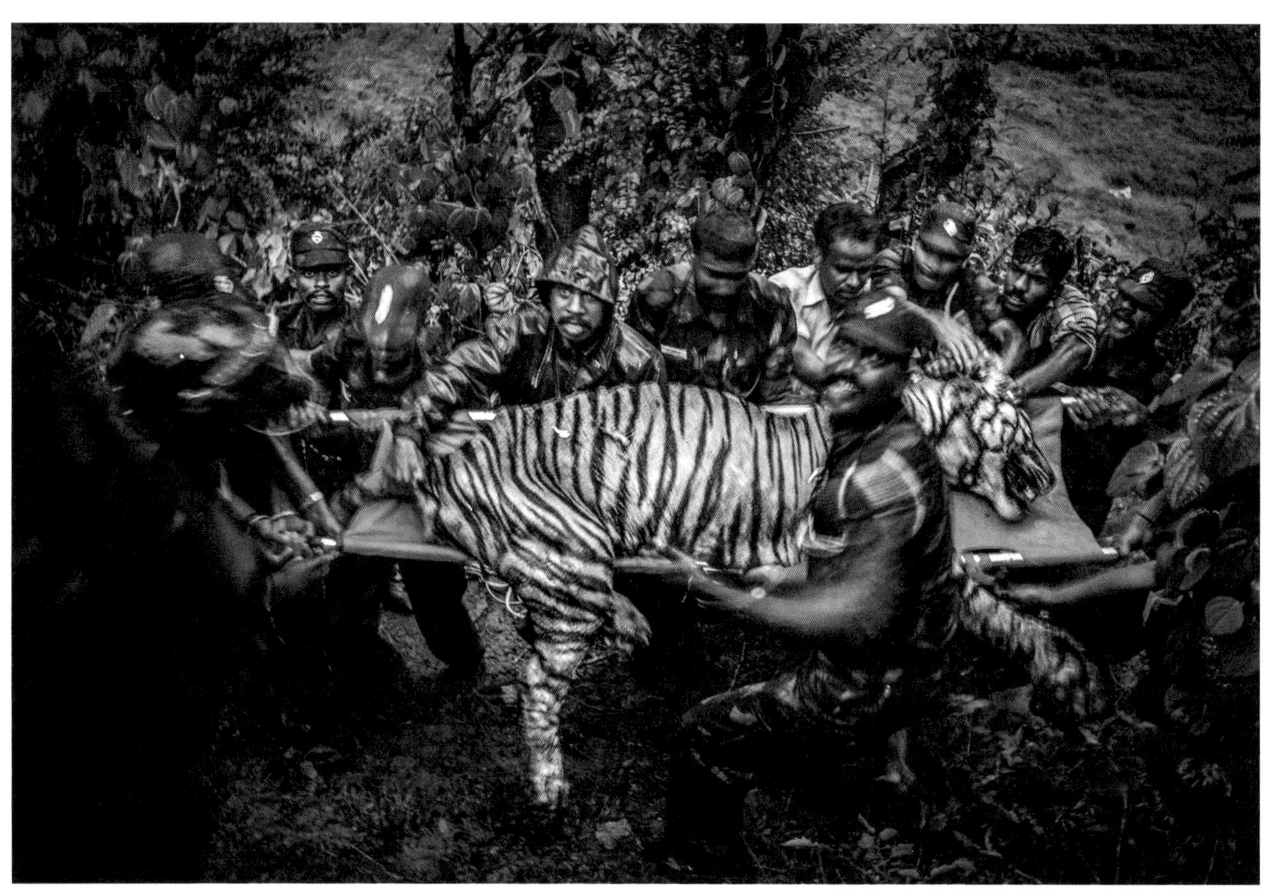

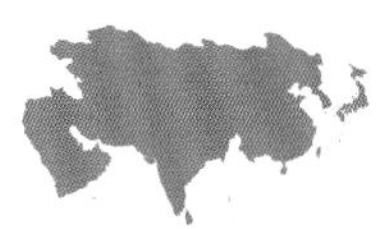

In Indien gilt der Bengalische Tiger (*Panthera tigris tigris*) als gefährdet; in freier Wildbahn leben nur noch bis zu 3.000 Exemplare. Menschliche Siedlungen, Ackerbau und Stadtentwicklung dringen immer weiter in den natürlichen Lebensraum der Tiger vor und reduzieren deren Beutebasis. In Dörfern am Rande von Tigerschutzgebieten und Reservaten leben oft indigene Gemeinschaften, deren Lebensunterhalt von Viehzucht, Landwirtschaft oder dem Wald abhängt. Zu Konflikten kommt es, wenn Tiger Vieh und gelegentlich auch Menschen töten, was zwar selten vorkommt, aber für gewöhnlich geschieht, wenn Gruppen wütender Einwohner Tiger umzingeln, die in Siedlungen eingedrungen sind.

Ein zehn Jahre alter männlicher Tiger liegt betäubt auf einer Bahre, nachdem er in ein Dorf eingedrungen ist und Rinder getötet hat, in der Nähe der Stadt Valparai, in der Nähe des Anamalai-Tigerreservats, Tamil Nadu, Indien, am 27. April 2012.

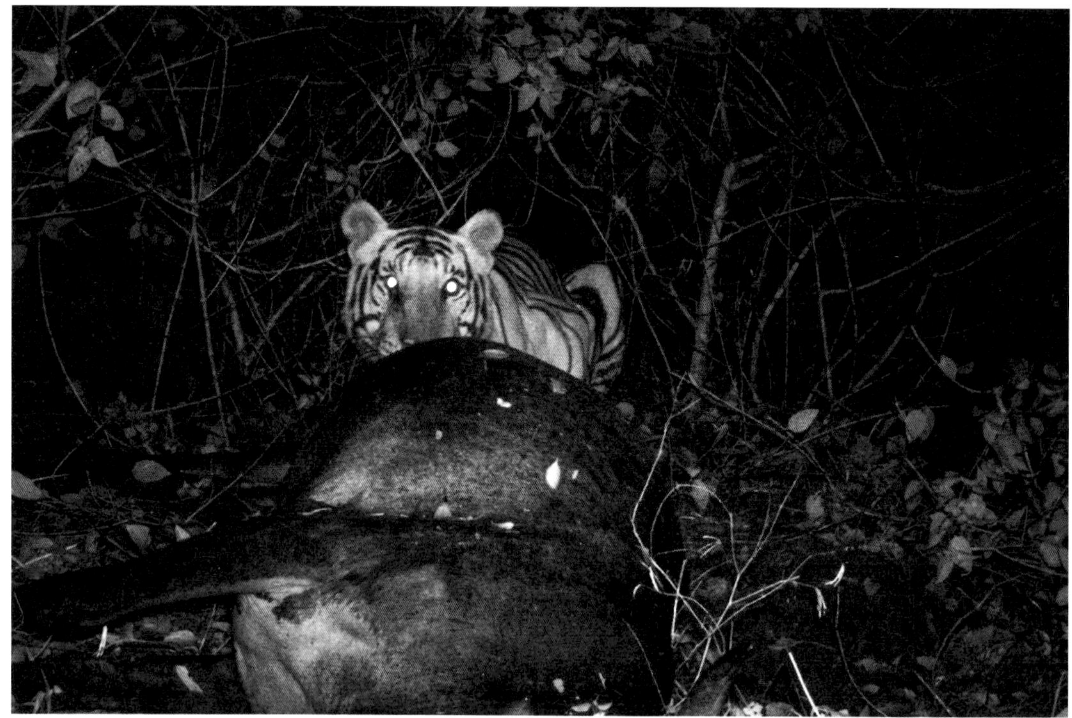

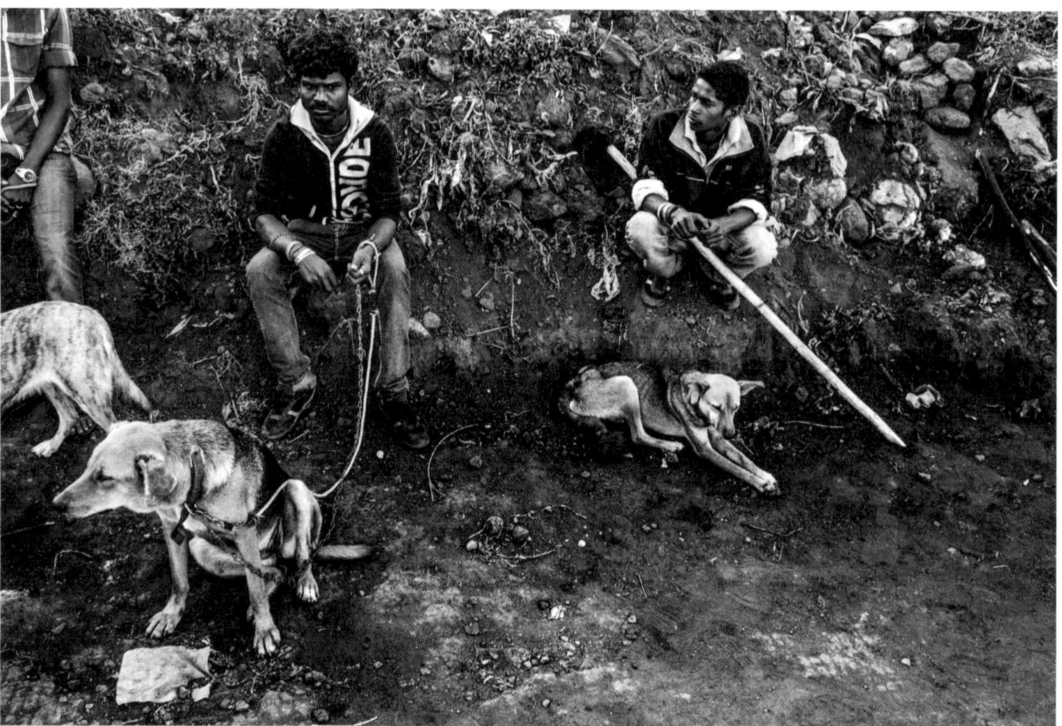

Eine Bewegungssensor-Kamera nimmt das Bild eines Tigers auf, der in ein Dorf eingedrungen ist und Vieh getötet hat, in Tamil Nadu, Indien, 28. Juni 2018.

Mitglieder einer lokalen Gemeinschaft suchen nach einem Tiger, der innerhalb einer Woche drei Menschen in einem Dorf in der Nähe von Ooty, in Tamil Nadu, Indien, getötet hat, 12. Januar 2014. Der Tiger wurde schließlich erschossen.

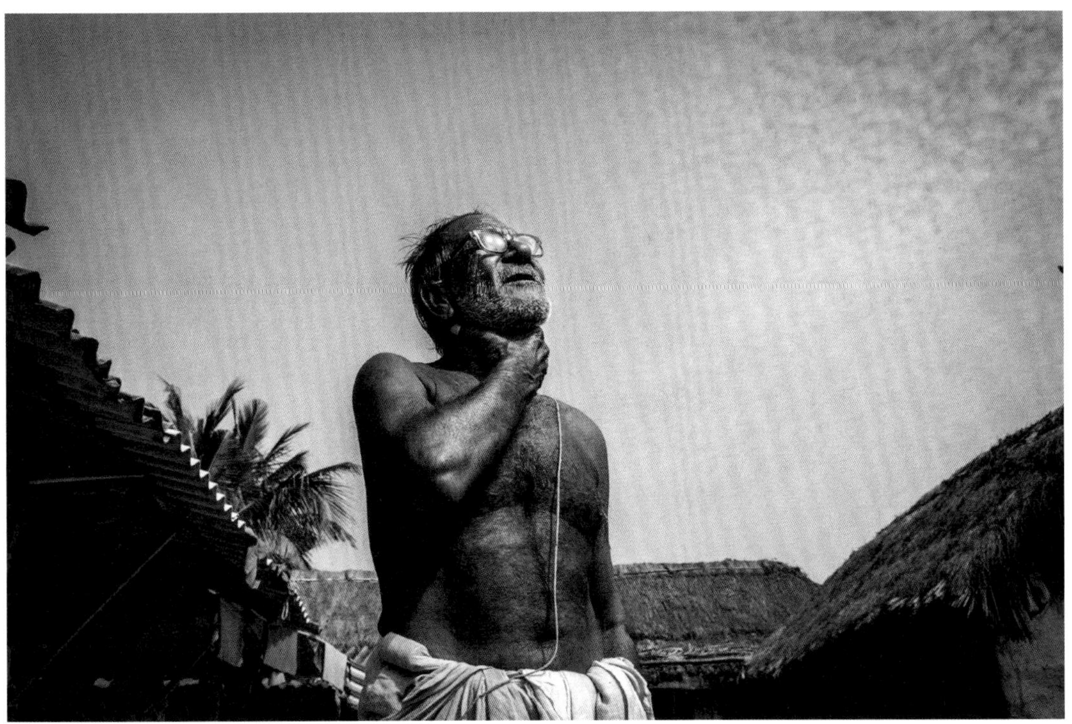

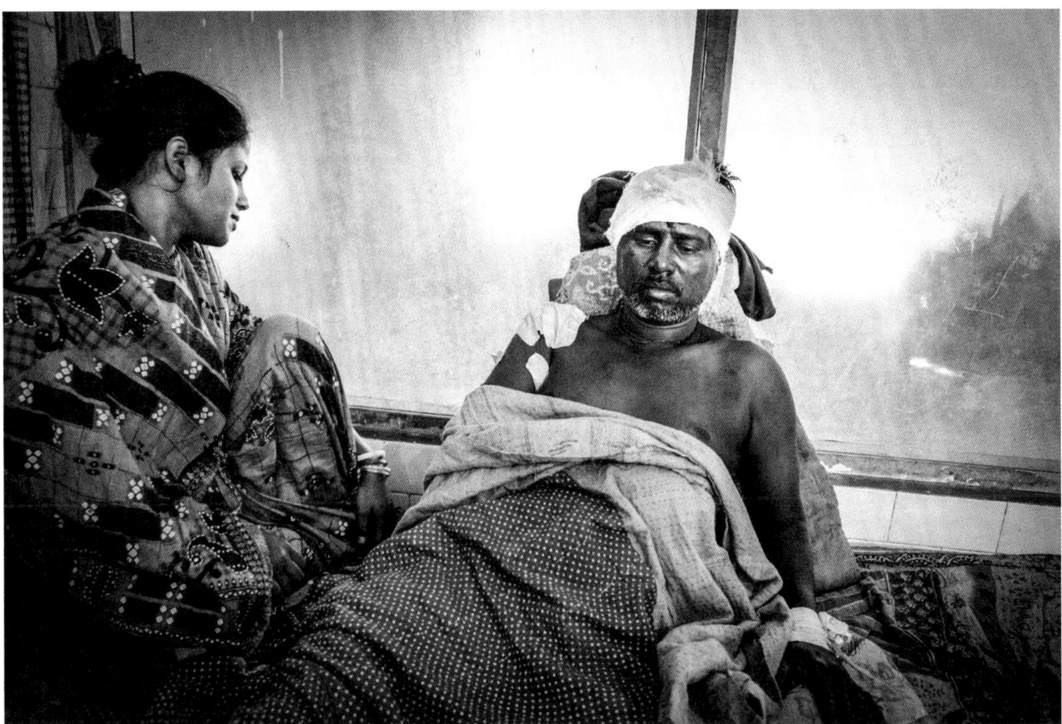

Bhuthari, ein Fischer, erklärt, wie er beim Sammeln von Krabben in der Waldschutzzone um das Sundarban-Tigerreservat in einer Flussmündung in Westbengalen, Indien, am 4. Dezember 2012 von einem Tiger angegriffen wurde.

Manoranjan Biwas wurde am 3. Dezember 2012 schwer verletzt, nachdem er von einem Tiger angegriffen wurde, als er im Waldgebiet des Sundarban-Tigerreservats in einer Deltaregion in Westbengalen, Indien, Krabben sammelte.

—

erinnerungen
durchdringen
träume

—

EINE BLAUE ANGELEGENHEIT

KOSUKE OKAHARA

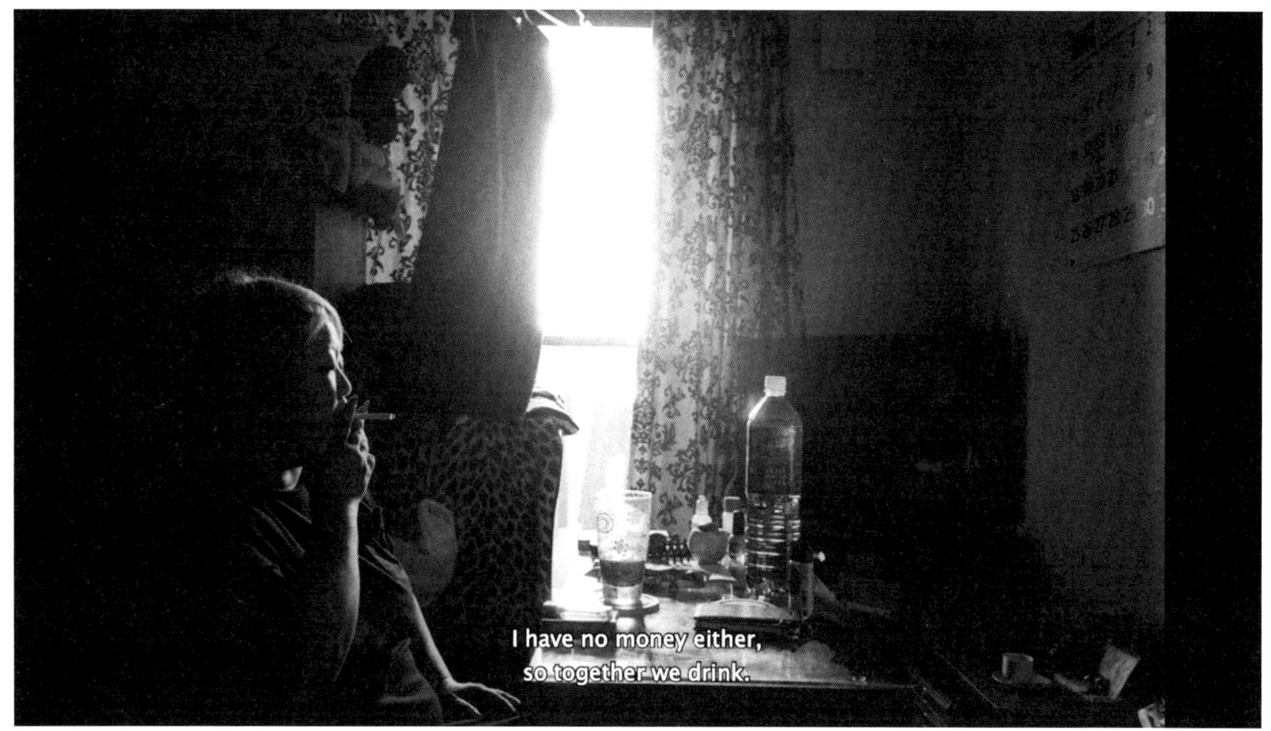

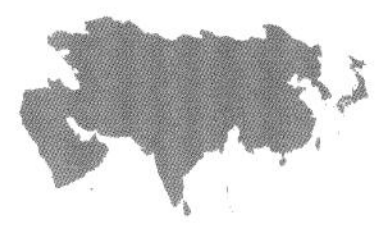

Eine blaue Angelegenheit ist ein kontemplativer, experimenteller Dokumentarfilm, der auf den Erfahrungen des Fotografen bei einem Besuch in Koza (offiziell Okinawa City), Japan, basiert und darauf, wie ihm Orte und Menschen in wiederkehrenden Träumen wiederbegegnen. Der Dokumentarfilm basiert auf diesen Träumen und setzt sich aus Standbildern zusammen, die Okahara im Laufe von drei Jahren in Koza aufgenommen hat und die von dem Fotografen erzählt werden. Das Video untersucht, wie die Erinnerungen in die Träume eindringen, und fordert uns auf, die Beziehung zwischen Träumen und gelebter Realität neu zu überdenken.

Scannen Sie diesen QR-Code, um das Video zu sehen.

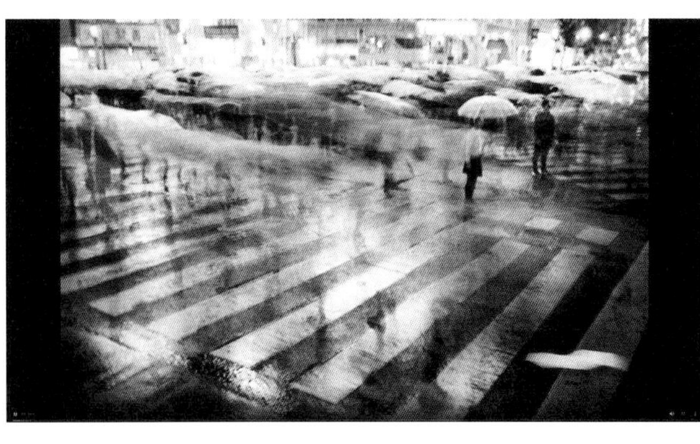

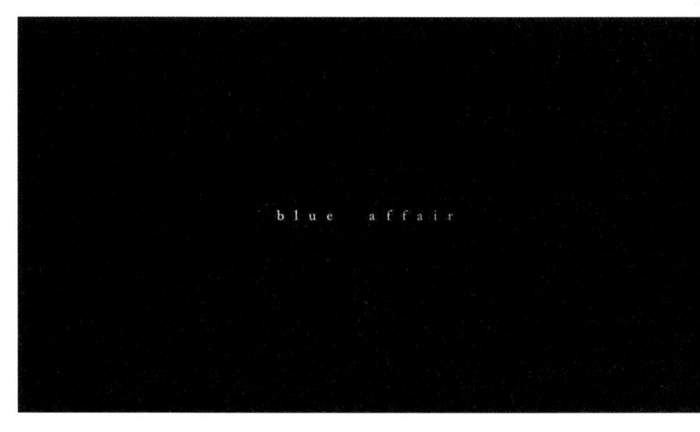
blue affair

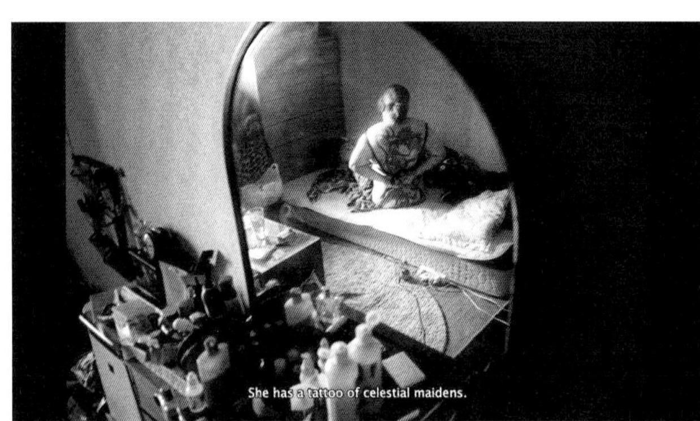
She has a tattoo of celestial maidens.

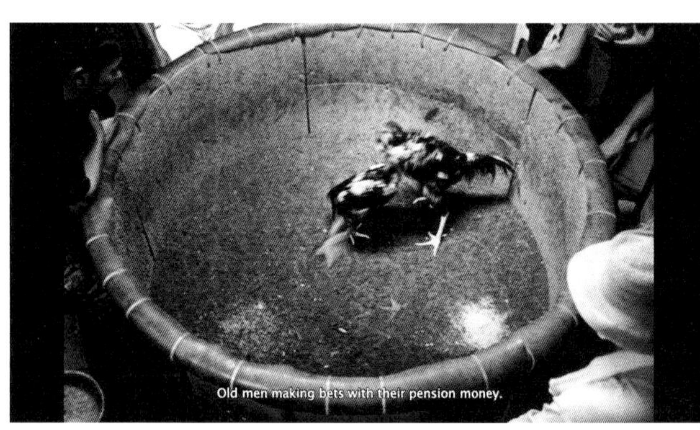
Old men making bets with their pension money.

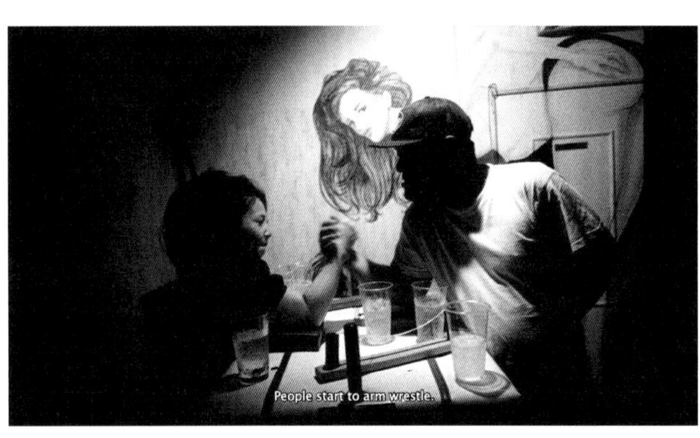
People start to arm wrestle.

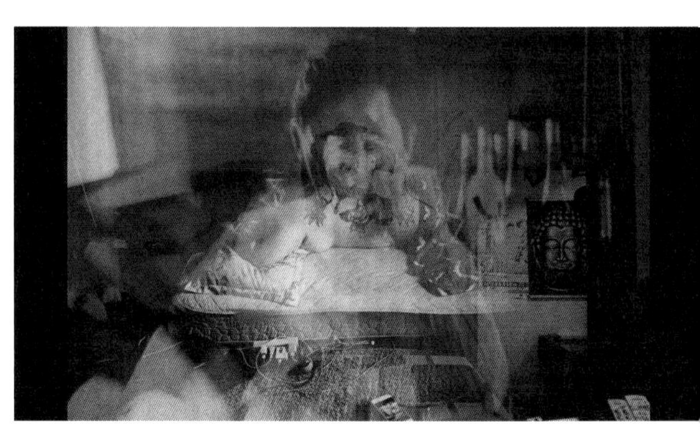

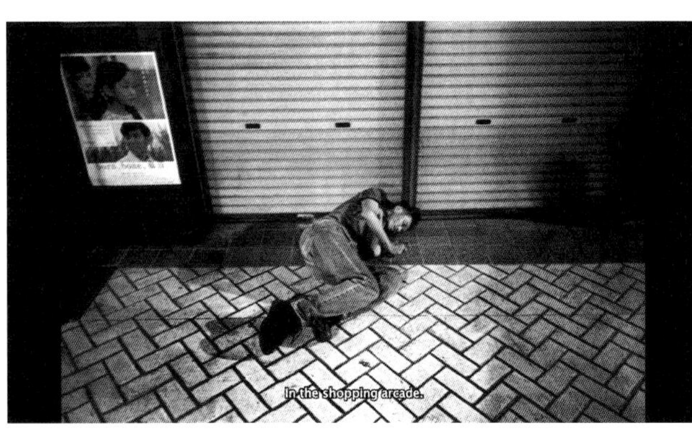
In the shopping arcade.

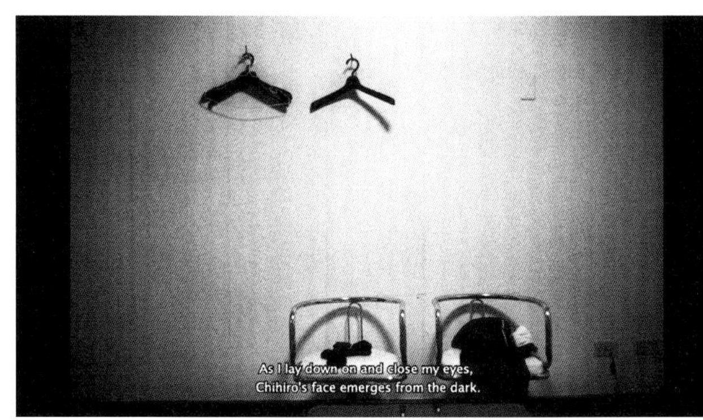
As I lay down on and close my eyes,
Chihiro's face emerges from the dark.

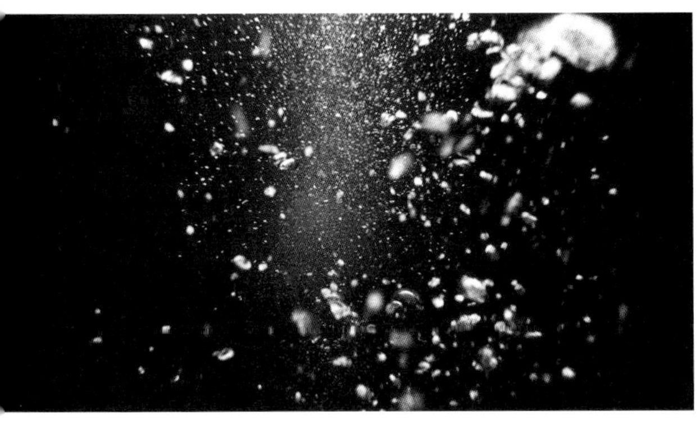

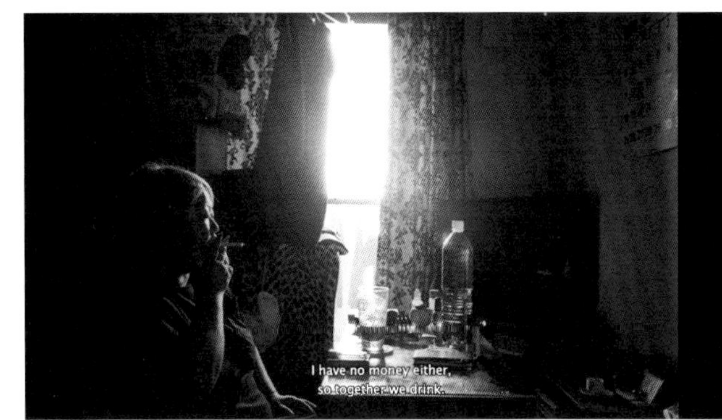
I have no money either,
so together we drink.

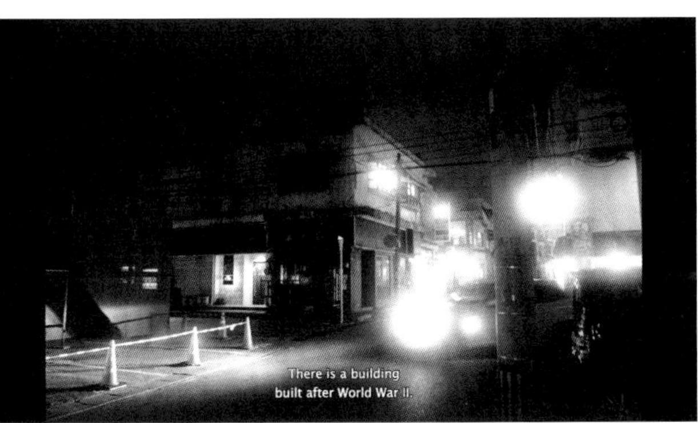
There is a building
built after World War II.

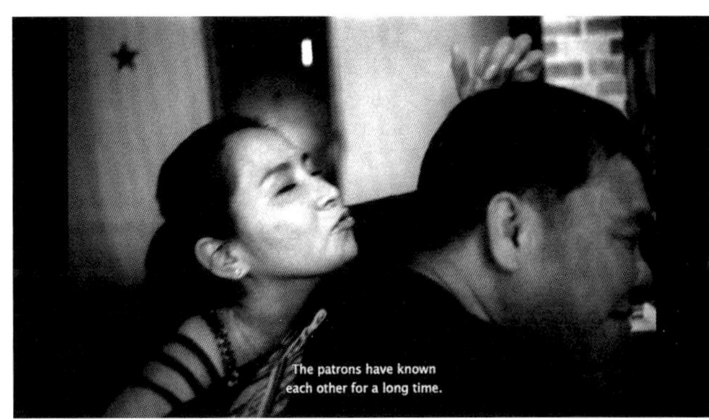
The patrons have known
each other for a long time.

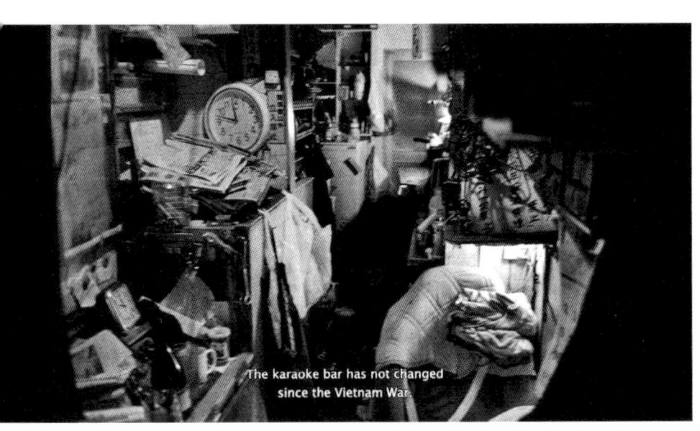
The karaoke bar has not changed
since the Vietnam War.

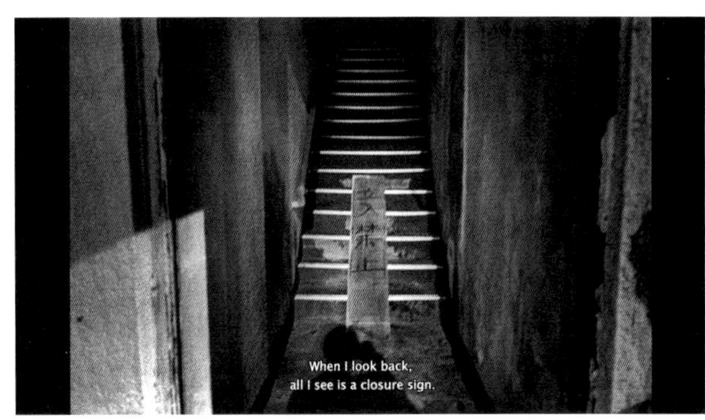
When I look back,
all I see is a closure sign.

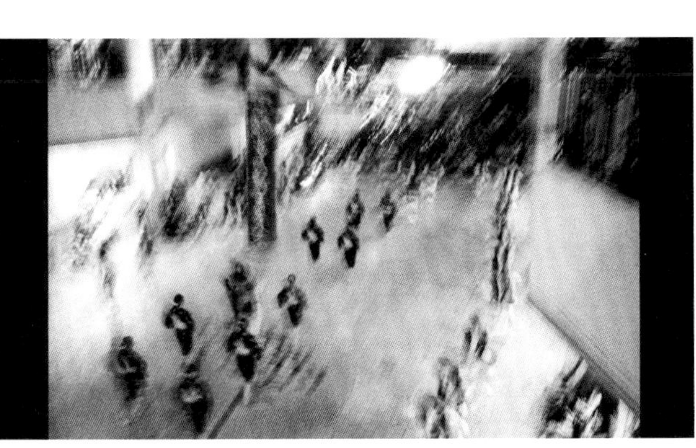

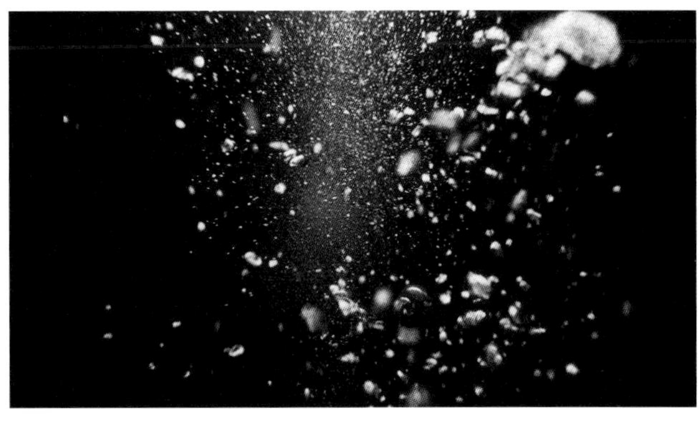

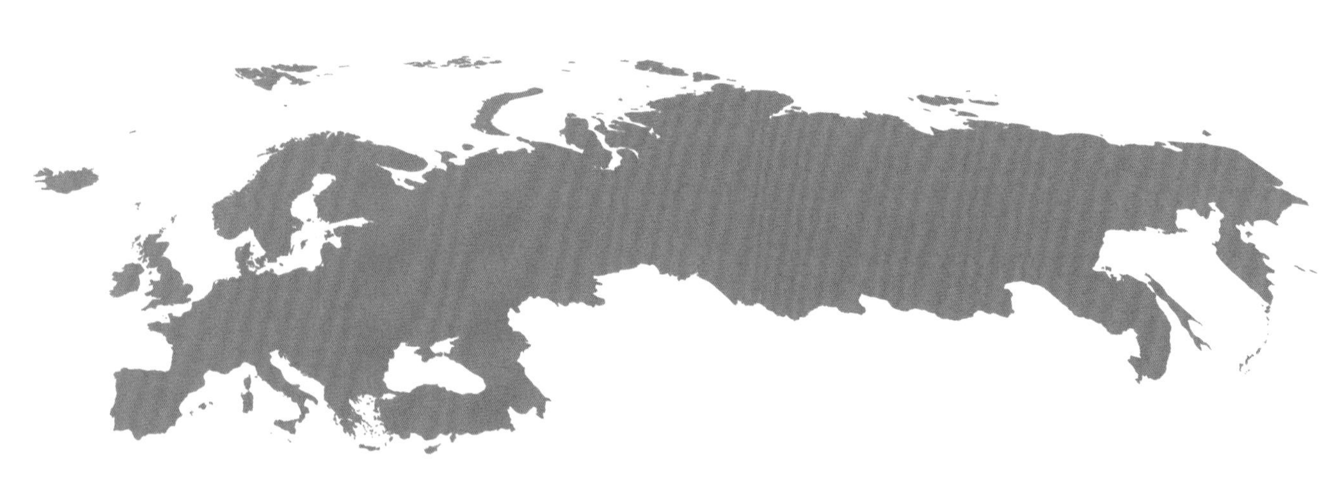

—

für
das
ganze
dorf

—

WALDBRAND AUF DER INSEL EVIA

KONSTANTINOS TSAKALIDIS
FÜR BLOOMBERG NEWS

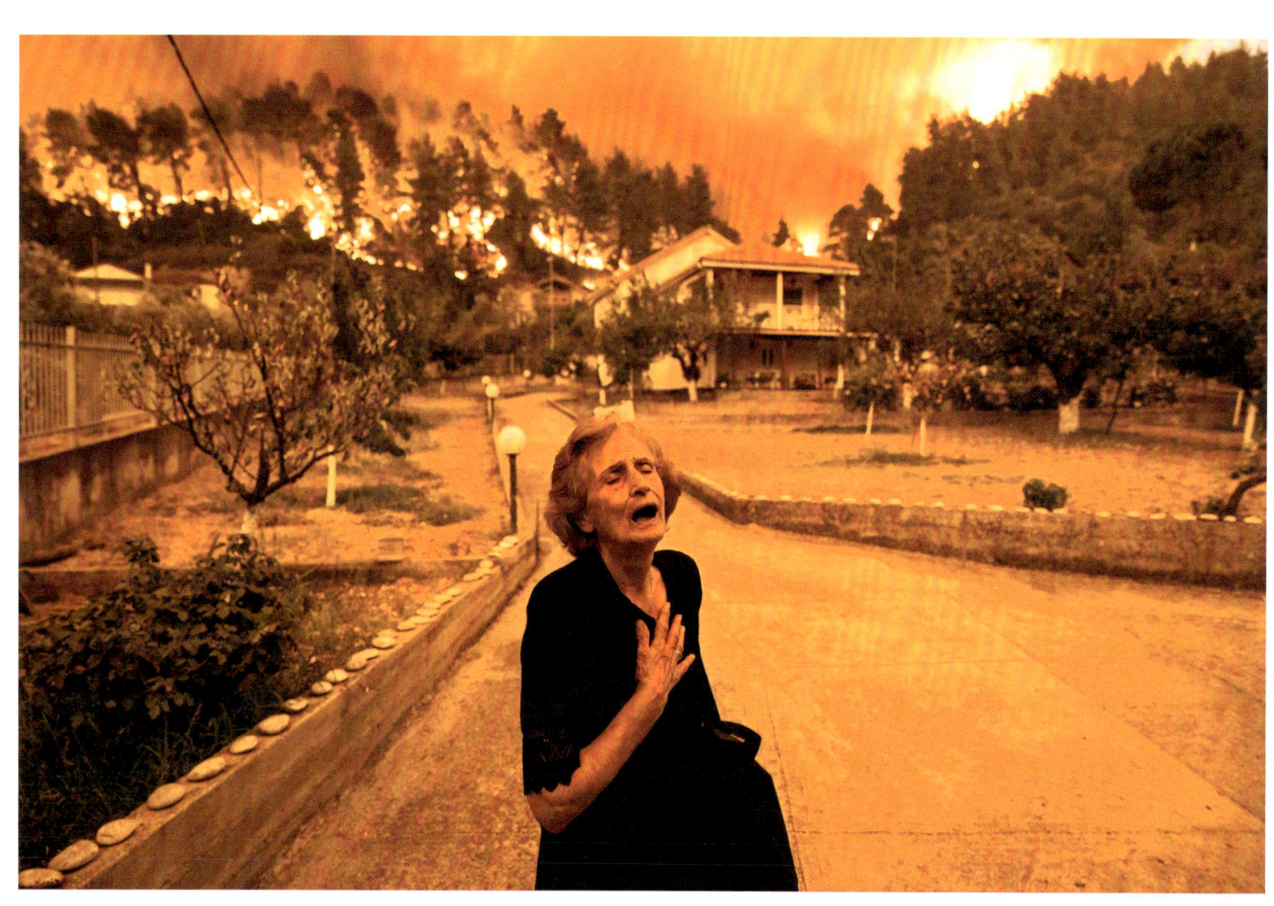

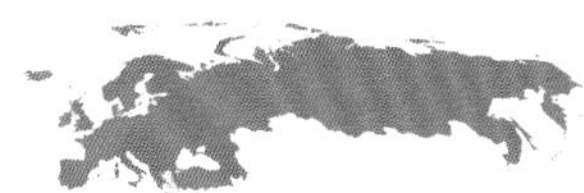

Im Juli und August brachen auf Evia – der nach Kreta größten Insel Griechenlands – Waldbrände aus, nachdem Griechenland die heißesten Wetterbedingungen seit 30 Jahren erlebt hatte. Es dauerte fast zwei Wochen, um den Großbrand unter Kontrolle zu bringen. Lokale Berichte wiesen auf die globale Erwärmung und andere Faktoren wie die Landflucht, Haushaltskürzungen bei der Feuerwehr und Änderungen der Brandbekämpfungsstrategien hin. Kritsiopi wird mit den Worten zitiert: «In diesem Moment schrie ich nicht nur für mich selbst. Sondern für das ganze Dorf.» Am Ende blieb ihr Haus unversehrt.

Panayiota Kritsiopi schreit auf, als sich ein Waldbrand ihrem Haus im Dorf Gouves auf der Insel Evia, Griechenland, nähert, am 8. August 2021.

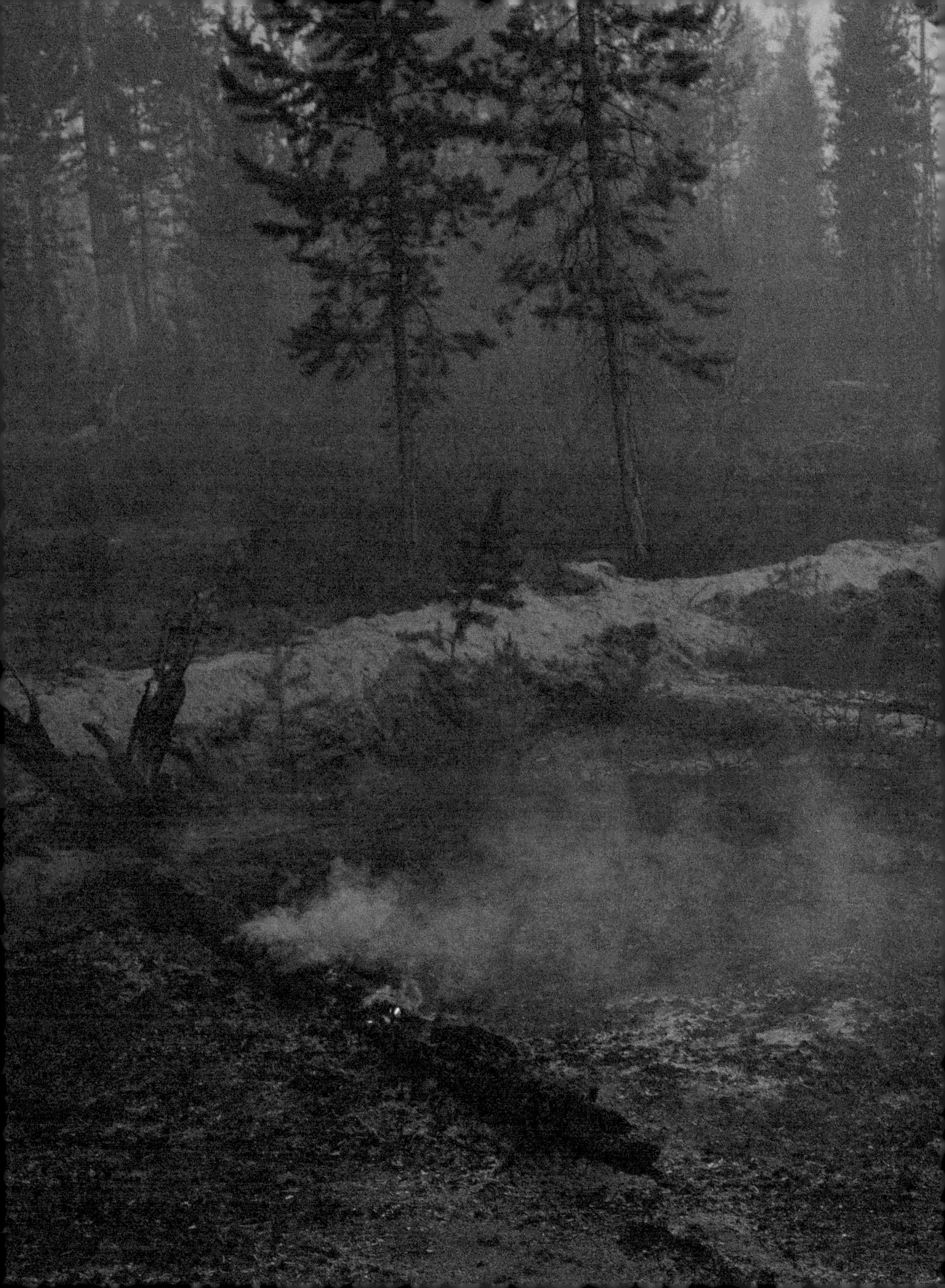

—

dreimal
so
schnell

—

WENN GEFRORENES LAND BRENNT

NANNA HEITMANN
MAGNUM PHOTOS

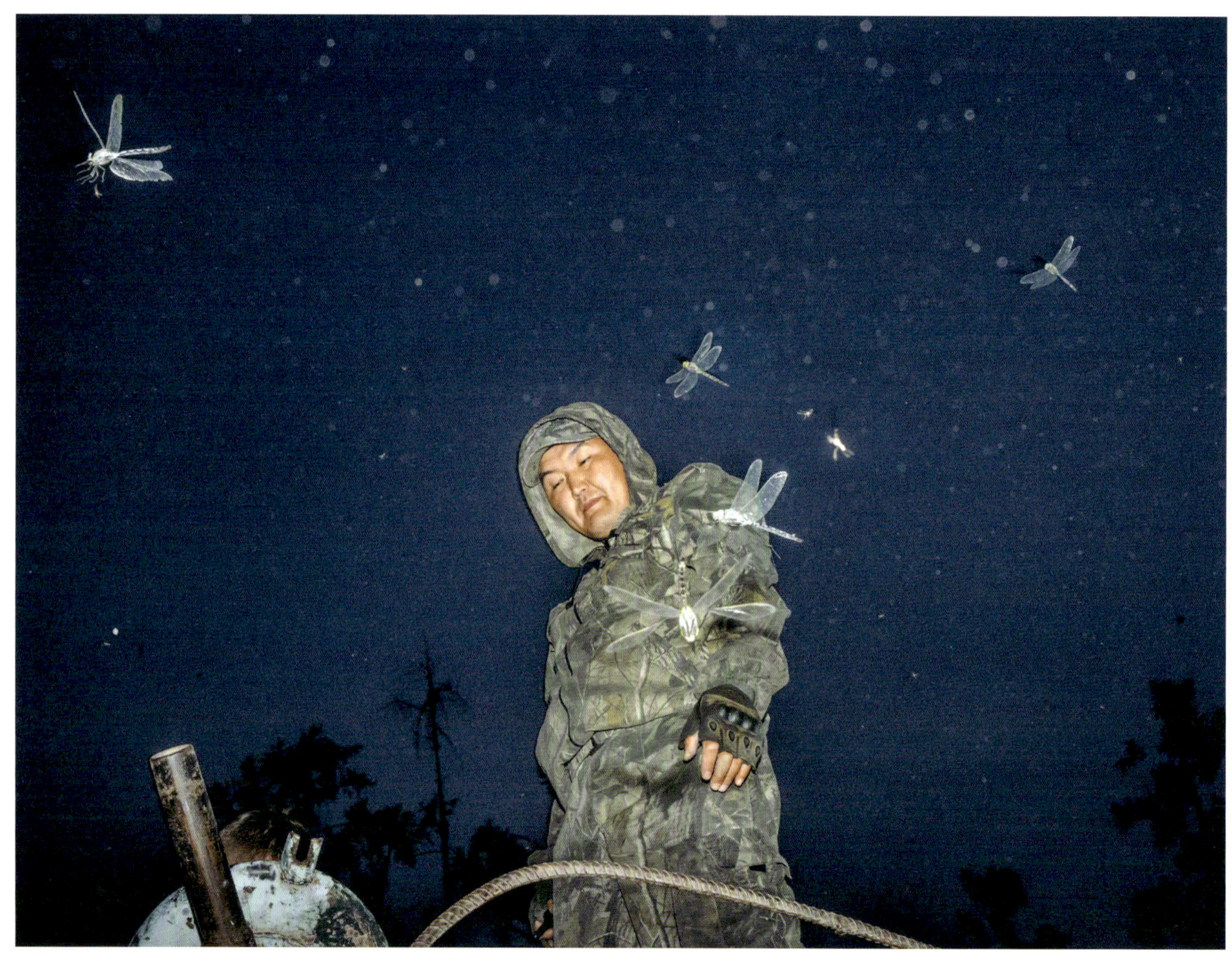

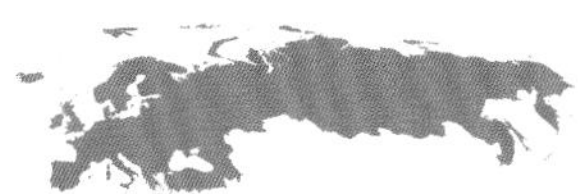

Sacha, auch bekannt als Jakutien, das sich über mehr als drei Millionen Quadratkilometer im äußersten Nordosten der Russischen Föderation erstreckt, erlebte im Jahr 2021 verheerende Waldbrände, starke Rauchentwicklung und das Schmelzen des Permafrosts. Bis Mitte August waren nach Angaben von Greenpeace Russland mehr als 17,08 Millionen Hektar durch Feuer verwüstet worden – eine Fläche, die größer ist als die von Bränden verwüsteten Gebiete in Griechenland, der Türkei, Italien, den USA und Kanada zusammen. Das Arctic Monitoring and Assessment Programme berichtet, dass sich die Arktis dreimal schneller erwärmt als der globale Durchschnitt.

Libellen fangen Moskitos, während ein örtlicher freiwilliger Feuerwehrmann Wasser aus einem See ineinen Wasserwagen pumpt, bevor er zu einem Waldbrand in der Nähe von Bulgunnyakhtakh fährt, Sacha, Sibirien, Russland, 9. Juli 2021.

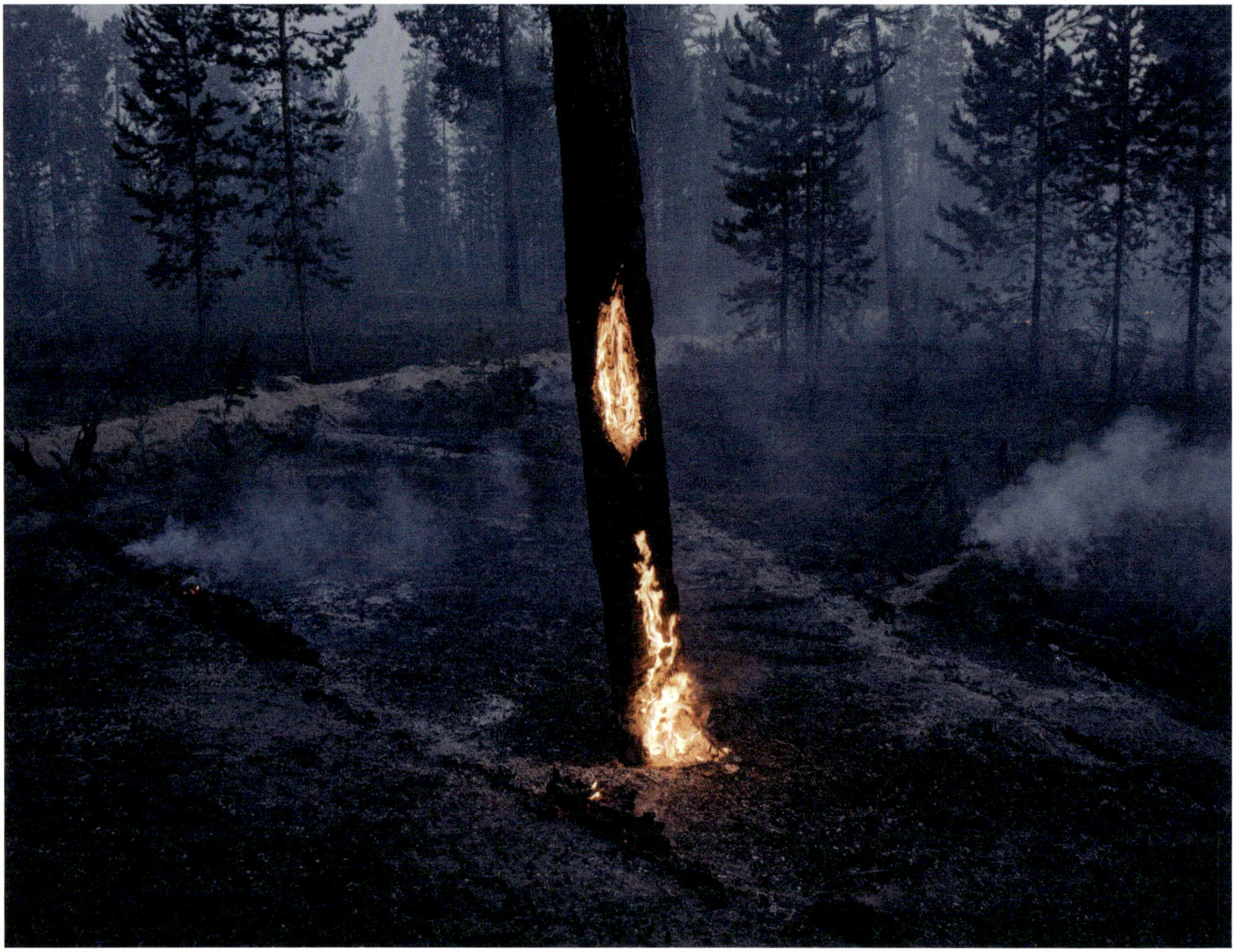

Bäume brennen bei einem Waldbrand in der Nähe von Kürelyakh, Sacha, Sibirien, Russland, 5. Juli 2021.

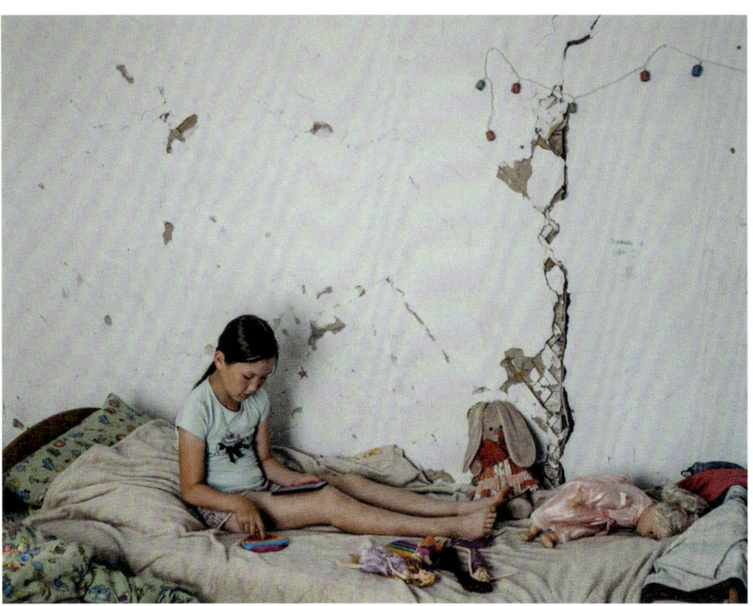

Veronika in ihrem Zimmer in Yunkyur, in Süd-Sacha, Sibirien, Russland, am 27. Juni 2021. Wie bei anderen Dorfhäusern wird auch das Fundament des Hauses ihrer Familie durch den auftauenden Permafrost untergraben. Der Boden sinkt ein, Risse ziehen sich durch die Wände, und der Keller, in dem die Familie Kartoffeln lagerte, ist eingestürzt.

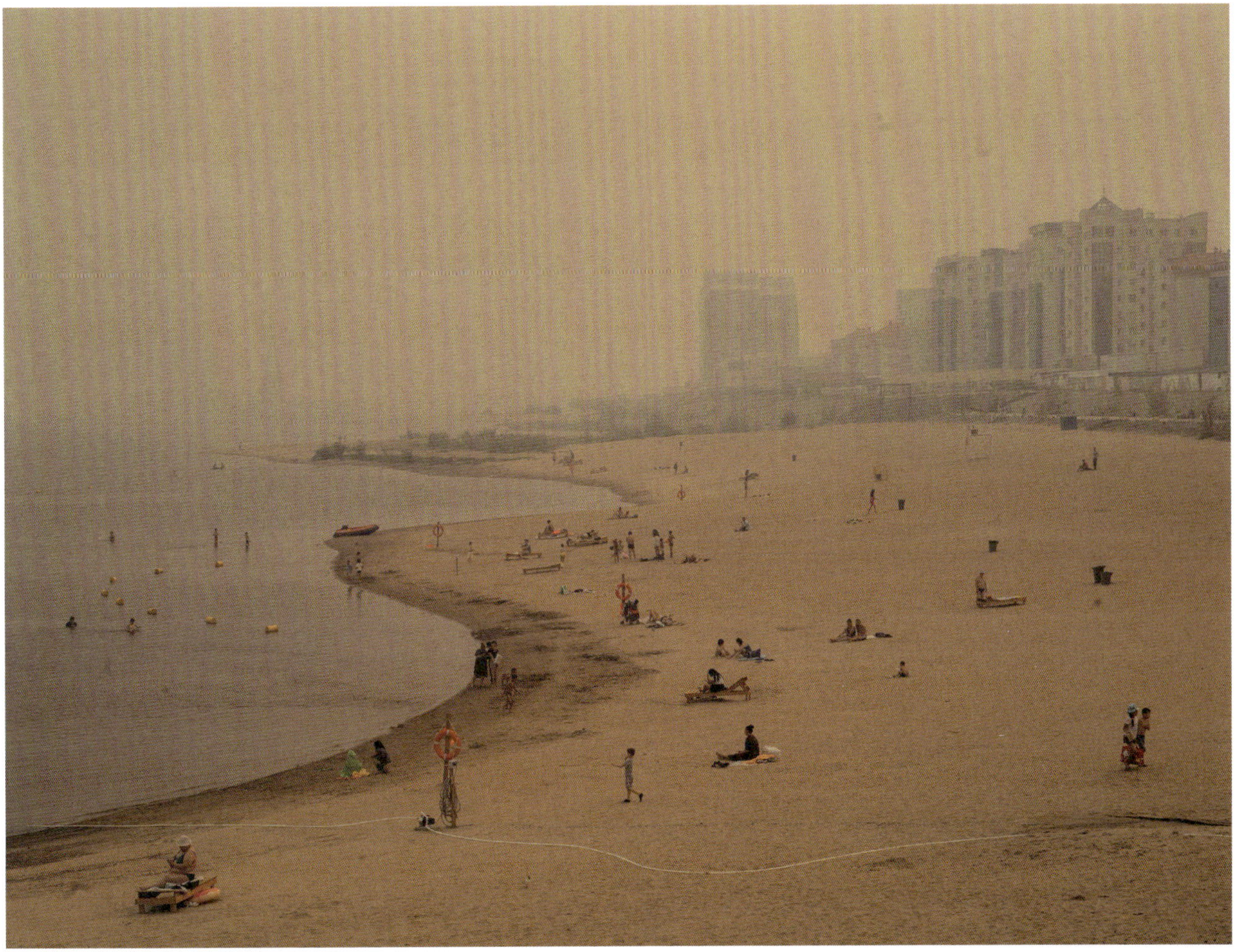

Trotz einer Warnung von örtlichen Behörden, die Häuser nicht zu verlassen, um giftige Dämpfe zu meiden, vertreiben sich einige Menschen in der Hauptstadt Jakutsk die Zeit am Strand, Jakutsk, Sacha, Sibirien, Russland, 17. Juli 2021.

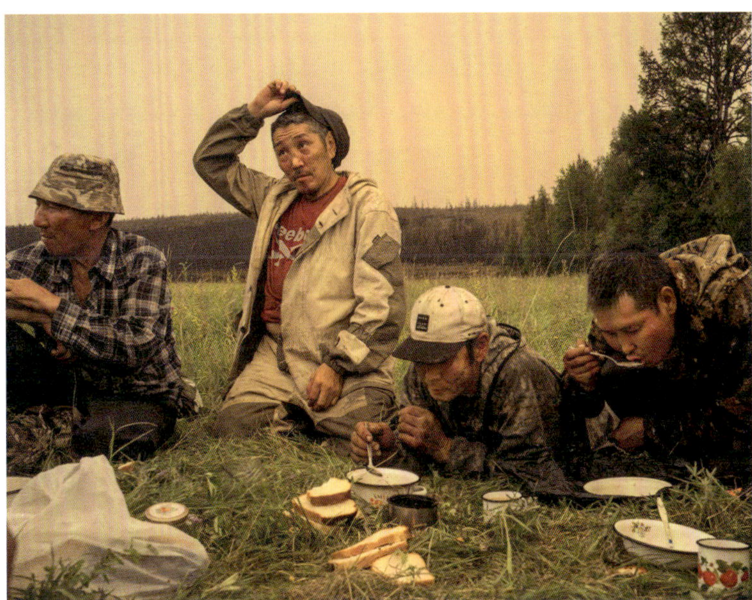

Freiwillige Feuerwehrleute machen eine Essenspause in Magaras, Zentral-Sacha, Sibirien, Russland, am 1. Juli 2021.

—

eine brisante situation

—

EUROPA
LANGFRISTIGE PROJEKTE
UKRAINE-KRISE
GUILLAUME HERBAUT
AGENCE VU'

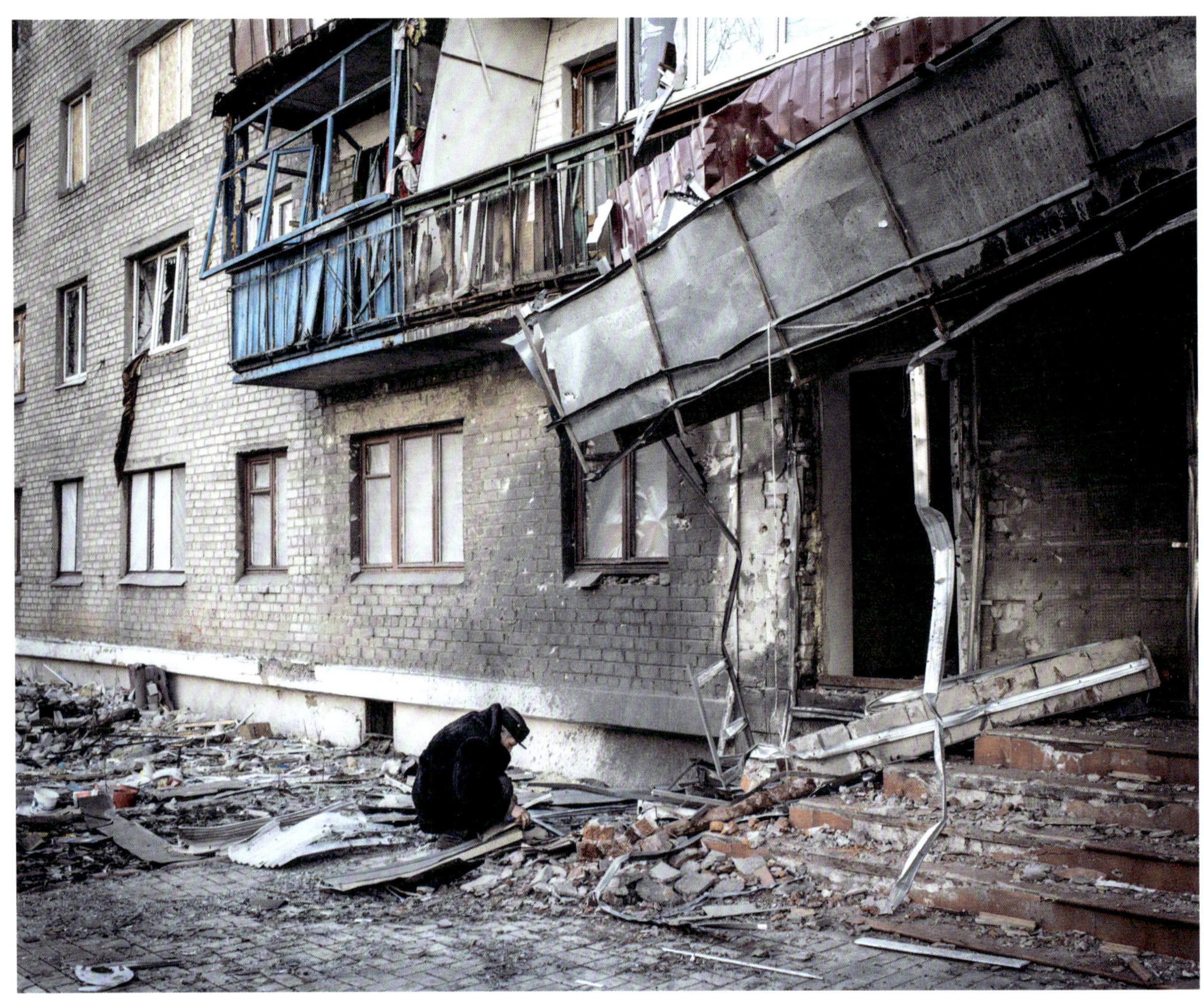

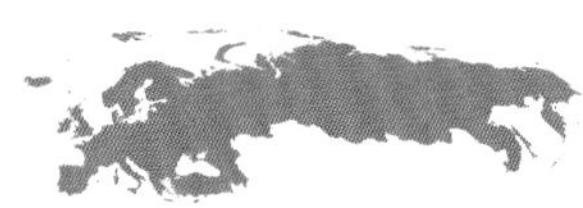

Dieses von 2013 bis 2021 fotografierte Projekt befasst sich mit dem längerfristigen Kontext, der zum Krieg in der Ukraine im Jahr 2022 führte. Die Spannungen zwischen dem Osten und dem Westen der Ukraine verschärften sich 2014, als die vom Kreml unterstützten Streitkräfte die Halbinsel Krim besetzten und Separatisten in den östlichen Regionen Donetsk und Luhansk selbst ernannte Volksrepubliken gründeten, deren Status von den meisten internationalen Organisationen nicht offiziell anerkannt wird. Die Spannungen hielten an, und im April 2021 begann Russland, seine Streitkräfte an den Grenzen der Ukraine zu verstärken. Im Dezember stellte der russische Präsident Wladimir Putin eine Reihe sicherheitspolitischer Forderungen, zu denen auch der dauerhafte Ausschluss der Ukraine vom NATO-Beitritt gehörte, und die ohnehin schon instabile Lage verschärfte sich. Am 21. Februar erkannte Präsident Putin die Unabhängigkeit der Donetsker Volksrepublik (DNR) und der Luhansker Volksrepublik (LNR) förmlich an. Drei Tage später startete Russland eine groß angelegte Invasion in der Ukraine.

Alexi Stipanowitsch hockt vor dem Gebäude, in dem er wohnt und das bei Kämpfen zwischen ukrainischen und pro-Russischen Truppen von Granaten getroffen wurde, in Debalzewe, Donbas, Ukraine, am 11. März 2015.

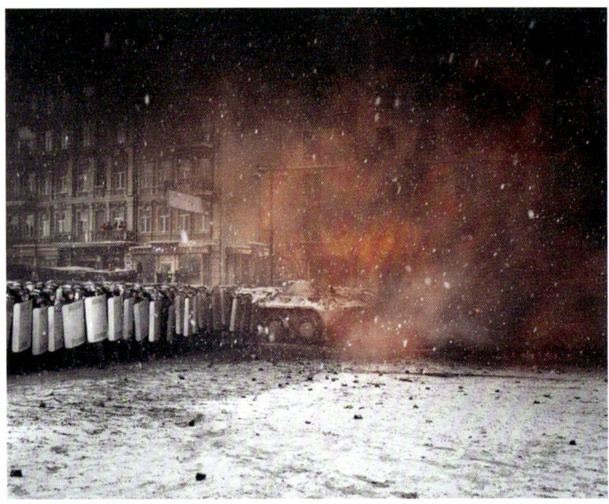

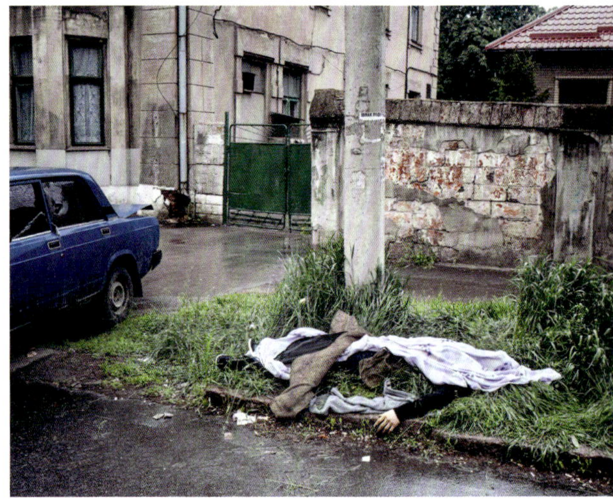

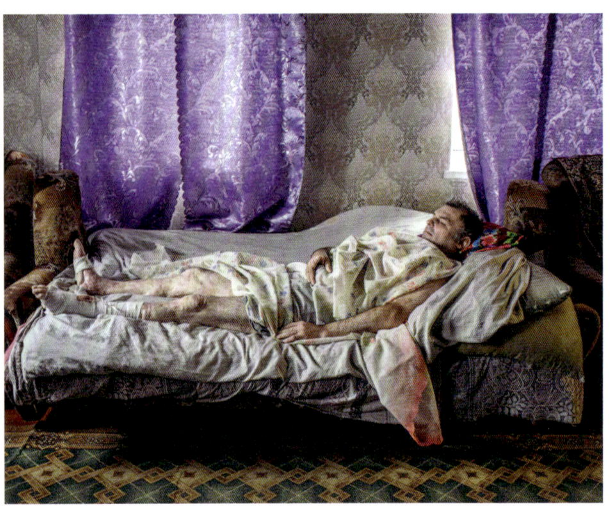

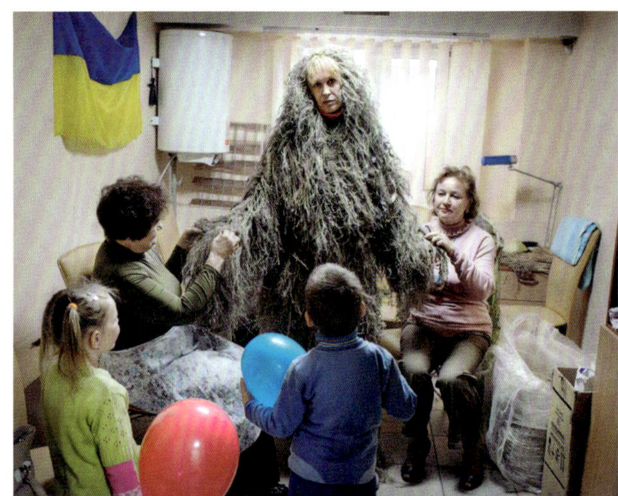

Anti-Demonstrationskräfte bilden eine Absperrung in der Hruschewskoho-Straße in Kiew, Ukraine, am 22. Januar 2014. Seit dem Vortag war es zu gewaltsamen Auseinandersetzungen zwischen Aufstandsbekämpfungseinheiten und EU-Befürwortern gekommen, bei denen mindestens vier Menschen getötet und Hunderte verletzt wurden.

Die Leiche eines Mannes liegt vor einer Polizeistation in Mariupol, Ukraine, nach einem Kampf zwischen separatistischen Milizen und der ukrainischen Nationalgarde, am 9. Mai 2014.

Vassili Kissilow liegt in Kodema, Donetsk, Ukraine, am 26. November 2019 im Bett. Kissilow fuhr am 24. April 2015 mit seinem Traktor auf einem Feld in der Nähe seines Dorfes, als er auf eine Landmine traf. Seine Beine wurden schwer verbrannt, und er verlor zwei Finger und zwei Zehen.

Frauen fertigen im Novy Mariupol Center, einer Organisation, die Ausrüstung für ukrainische Soldaten sammelt, in Mariupol, Ukraine, am 26. September 2014 Tarnkleidung für Scharfschützen an.

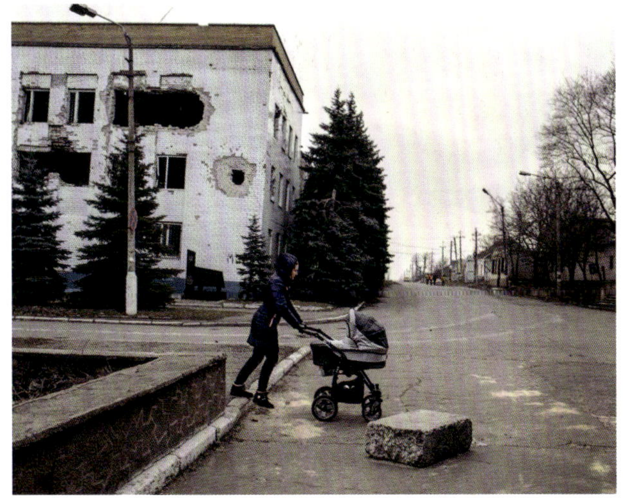

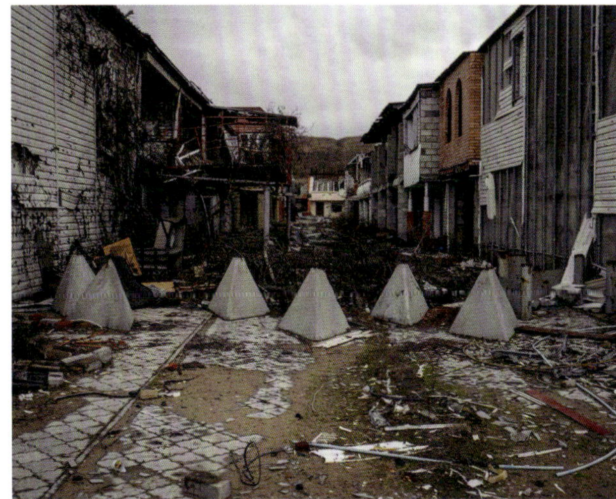

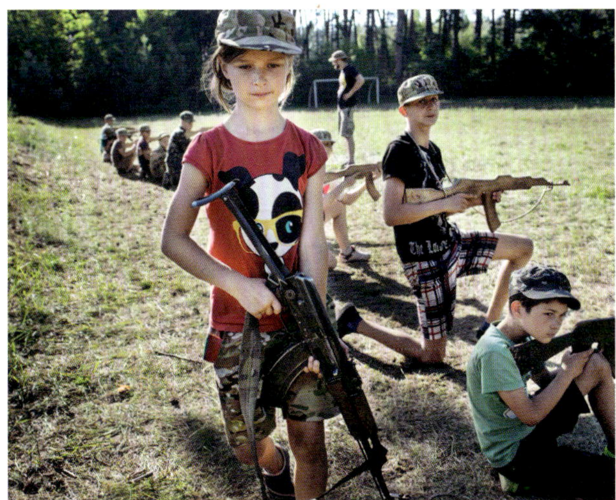

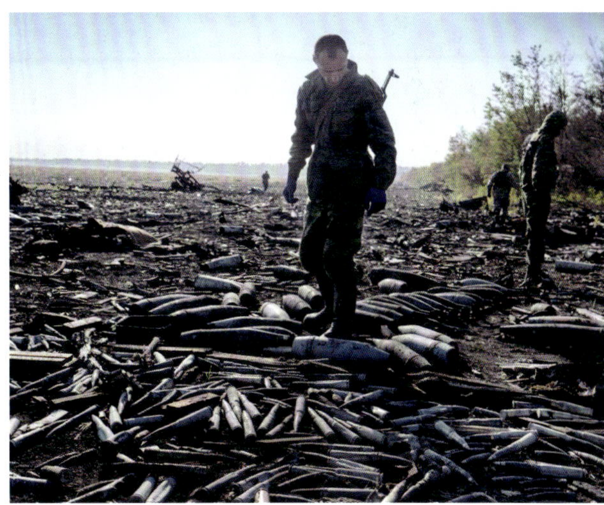

Eine Frau schiebt am 22. Februar 2018 in Marinka, Donbas, Ukraine, einen Kinderwagen über die Leninstraße, vorbei an einer Polizeistation, die während der Kämpfe im Jahr 2014 zerstört wurde.

Befestigungspoller liegen am 29. November 2021 quer über einer Straße in Shyrokyne, Donetsk, Ukraine. Shyrokyne war einst ein beliebter Urlaubsort am Asowschen Meer und wurde während des Konflikts zwischen Separatisten und ukrainischen Streitkräften 2014–2015 zum Schlachtfeld.

Kinder absolvieren eine militärische Ausbildung in einem Sommerlager für Kinder im Alter von sieben bis 18 Jahren in einem Vorort von Kiew, Ukraine, am 14. Juli 2016. Das Lager ist eines von mehreren, die vom Asow-Bataillon organisiert werden, einer radikalnationalistischen Miliz, die jetzt Teil der Nationalgarde ist und den Kampf gegen pro-Russische Separatisten in der Ostukraine anführt.

DNR-Soldaten durchsuchen ein Schlachtfeld nach scharfer Munition, die ukrainische Truppen nach Zusammenstößen mit Separatisten im August zurückgelassen haben, in Amwrosiwka, Donbas, Ukraine, am 6. Oktober 2014.

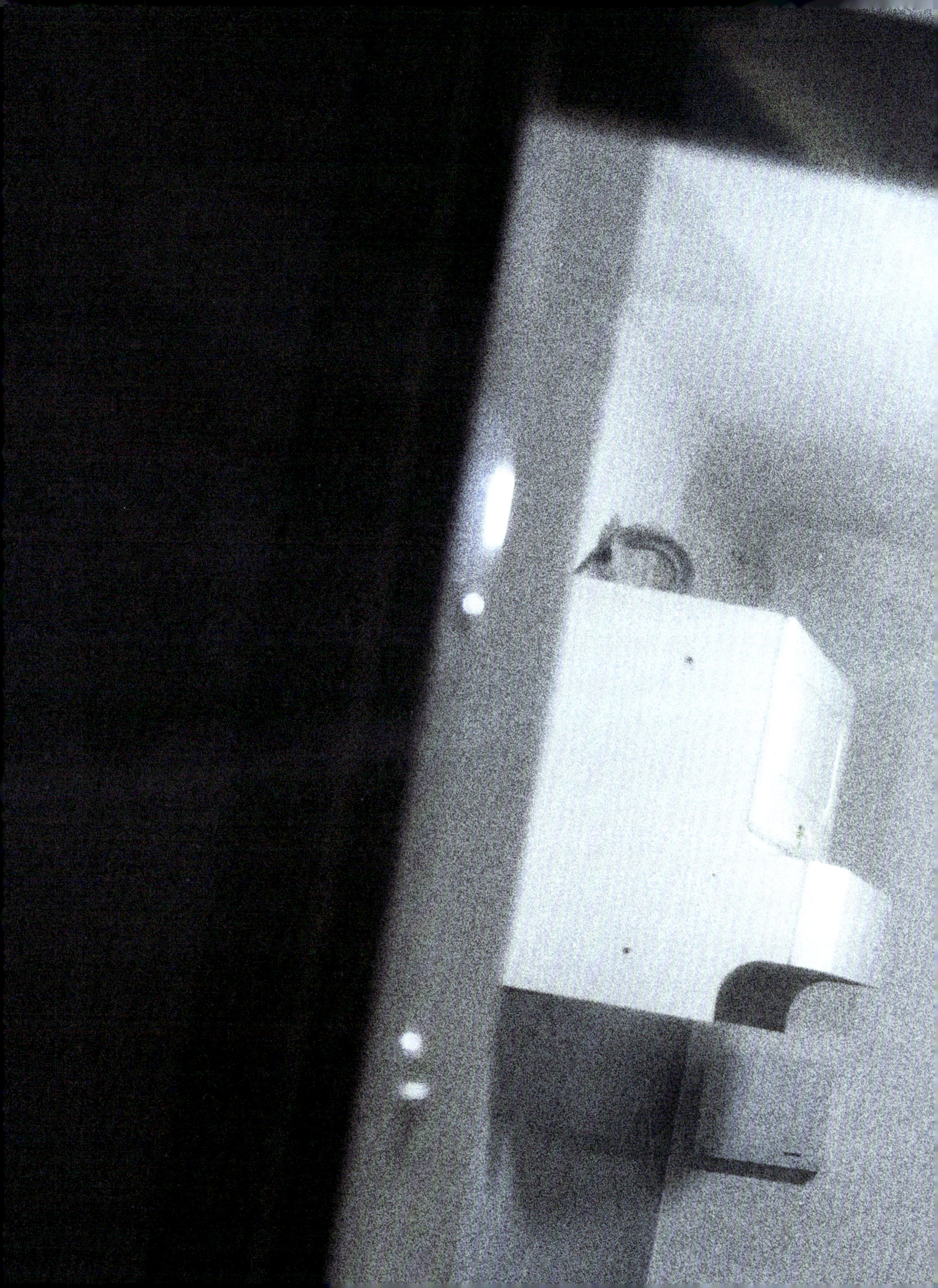

epizentrum für fake news

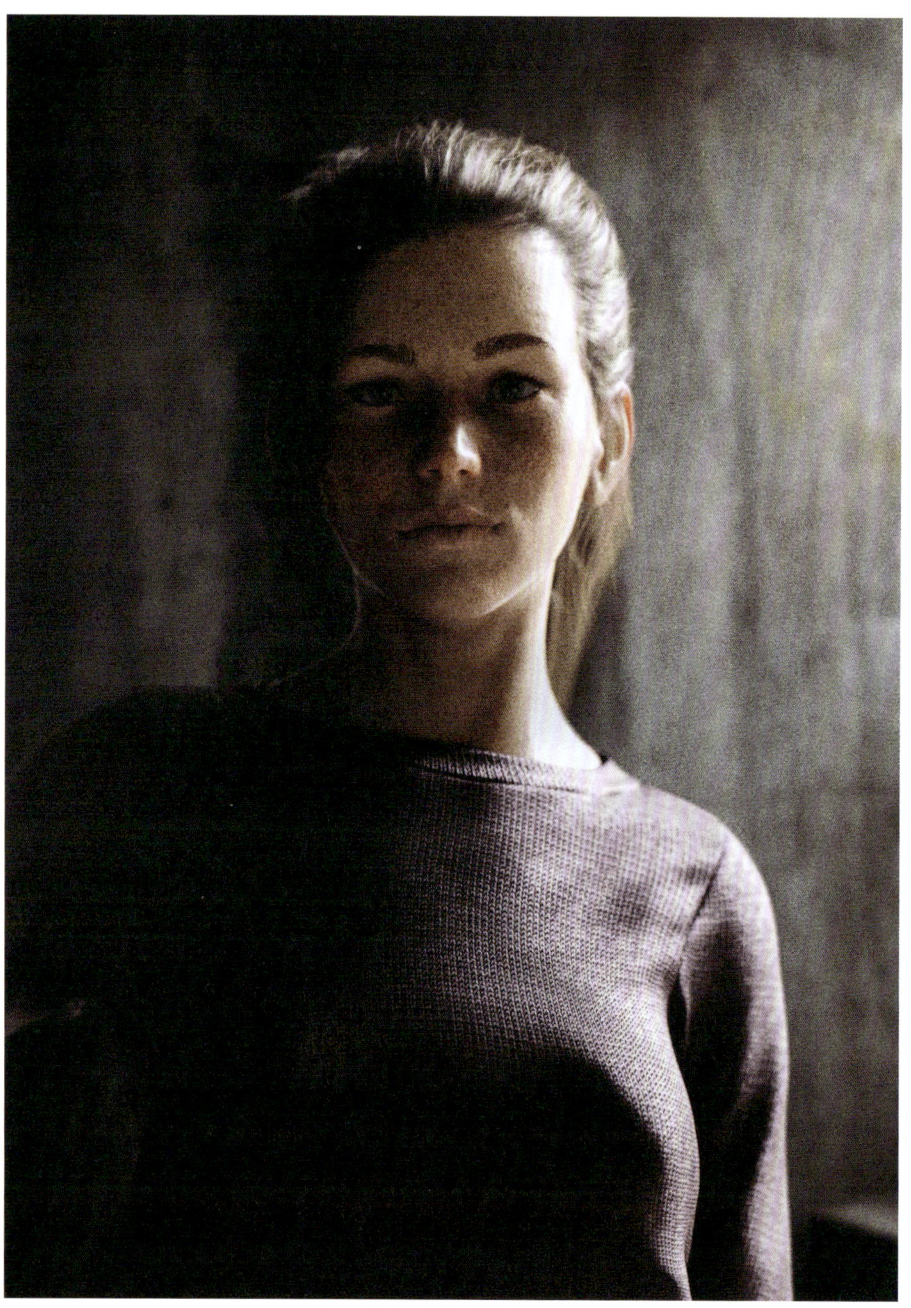

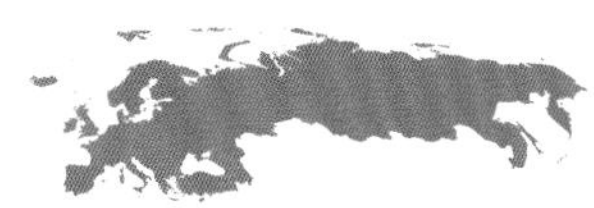

Das Buch von Veles wurde im April 2021 als Dokumentarprojekt über die Produktion von Fake News in Veles veröffentlicht, einer nordmazedonischen Provinzstadt, die 2016 als Epizentrum für die Produktion von Fake News auf die Weltkarte kam. Sechs Monate nach der Veröffentlichung des Projekts enthüllte Bendiksen, dass es sich um eine Fälschung handelte. Alle abgebildeten Personen sind computergenerierte 3D-Modelle. Die Hintergründe der Bilder wurden durch Fotografieren von leeren Räumen in Veles erstellt und dann in 3D-Räume umgewandelt. Das Projekt hinterfragt die Leichtigkeit, mit der Fake News produziert, verbreitet und geglaubt werden können.

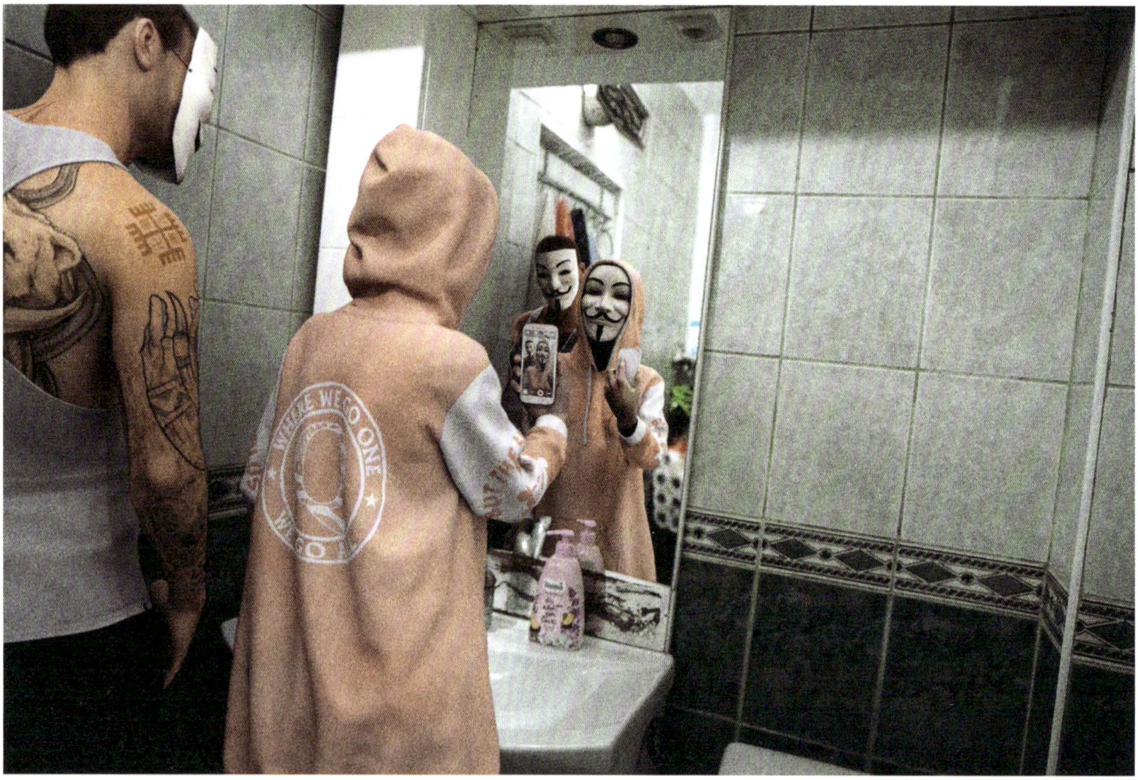

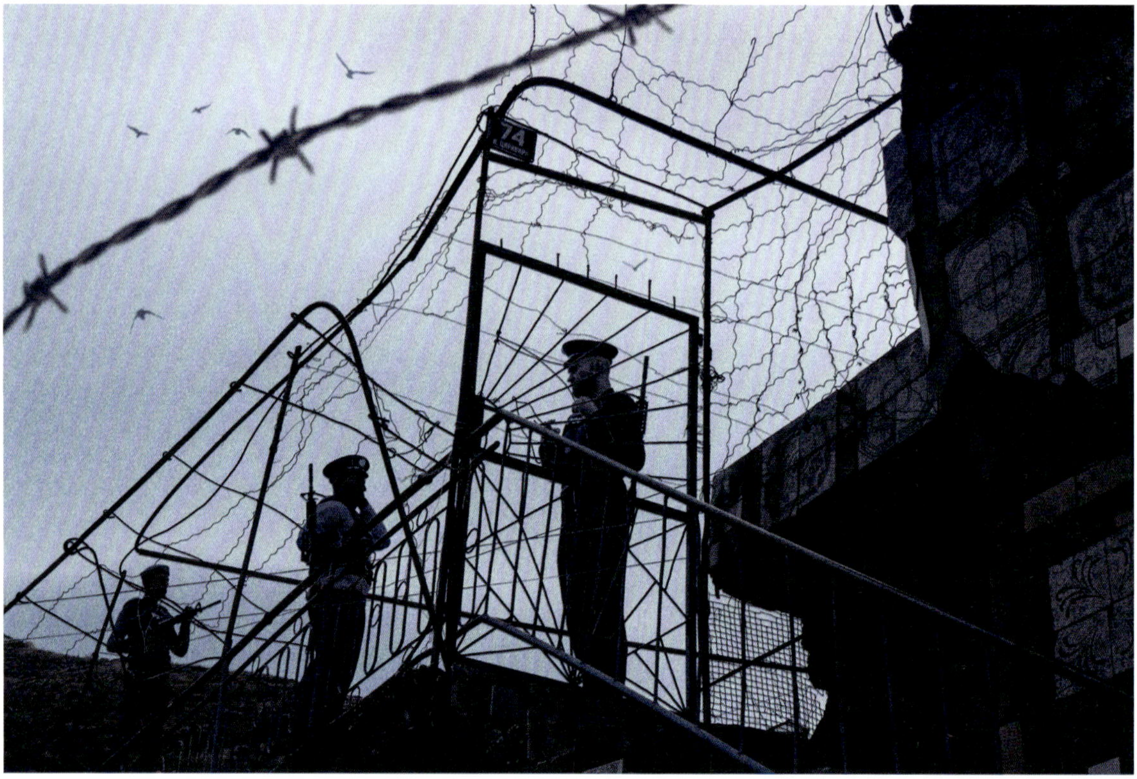

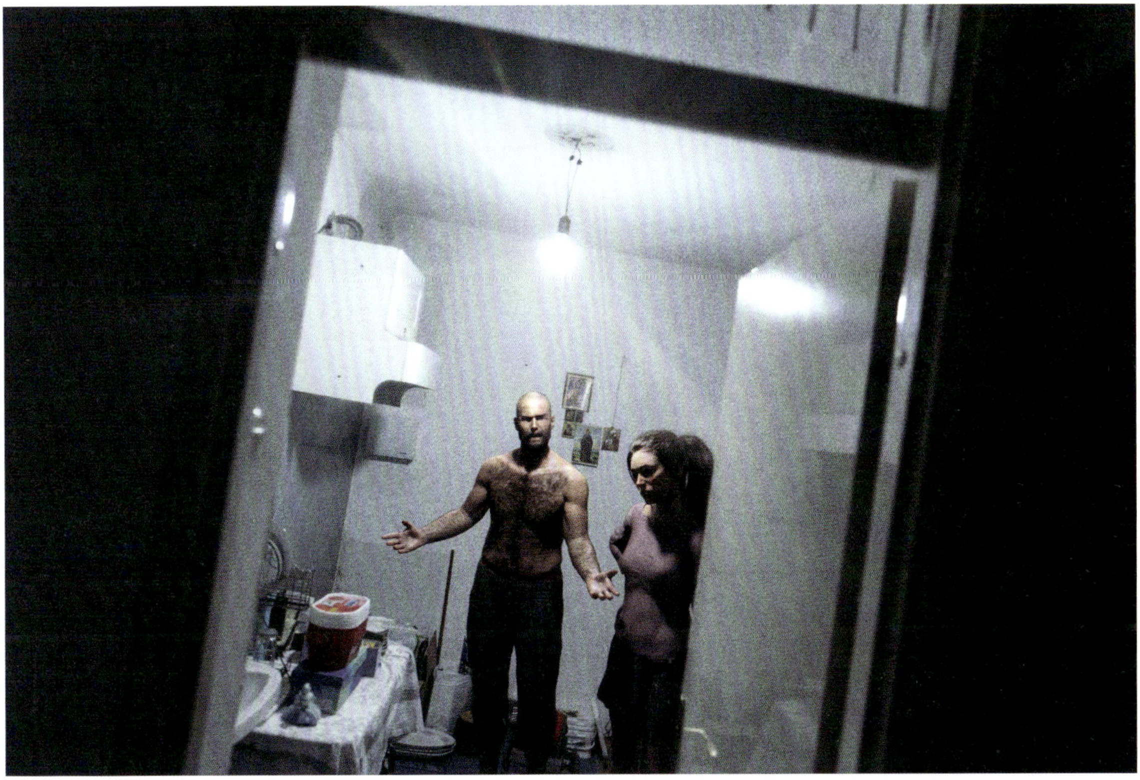

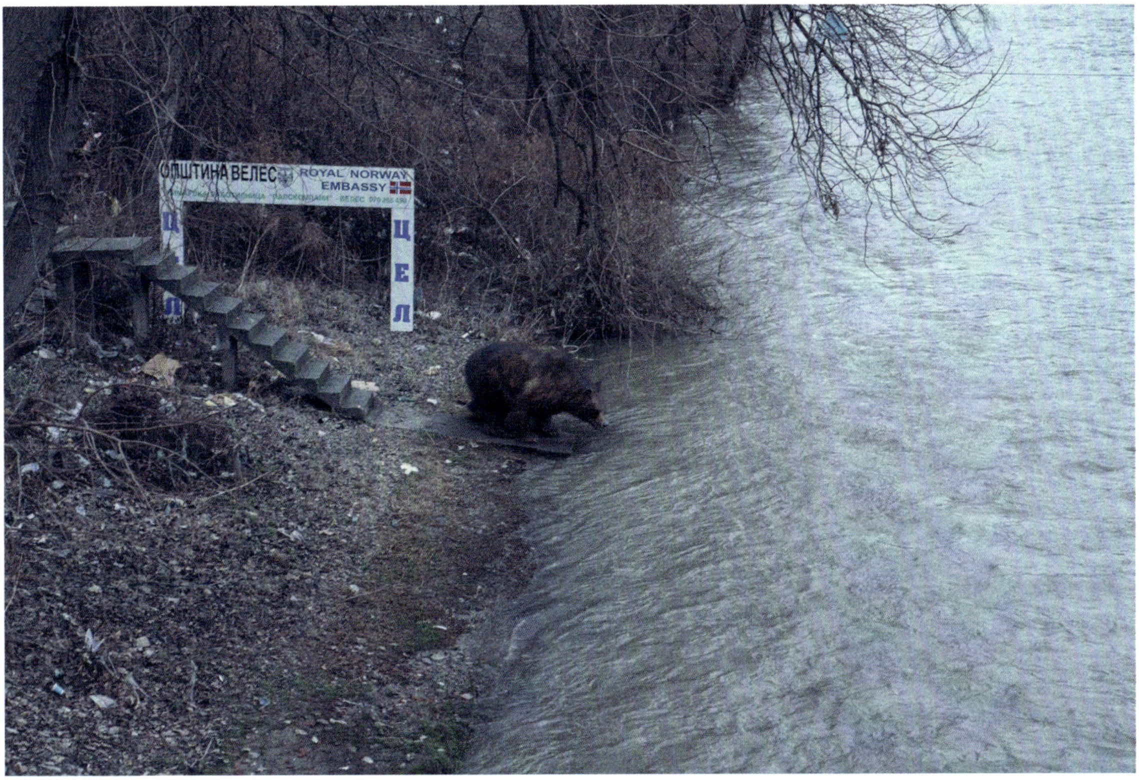

ОПШТИНА ВЕЛЕС
ROYAL NORWAY
EMBASSY
ЦЕЛ

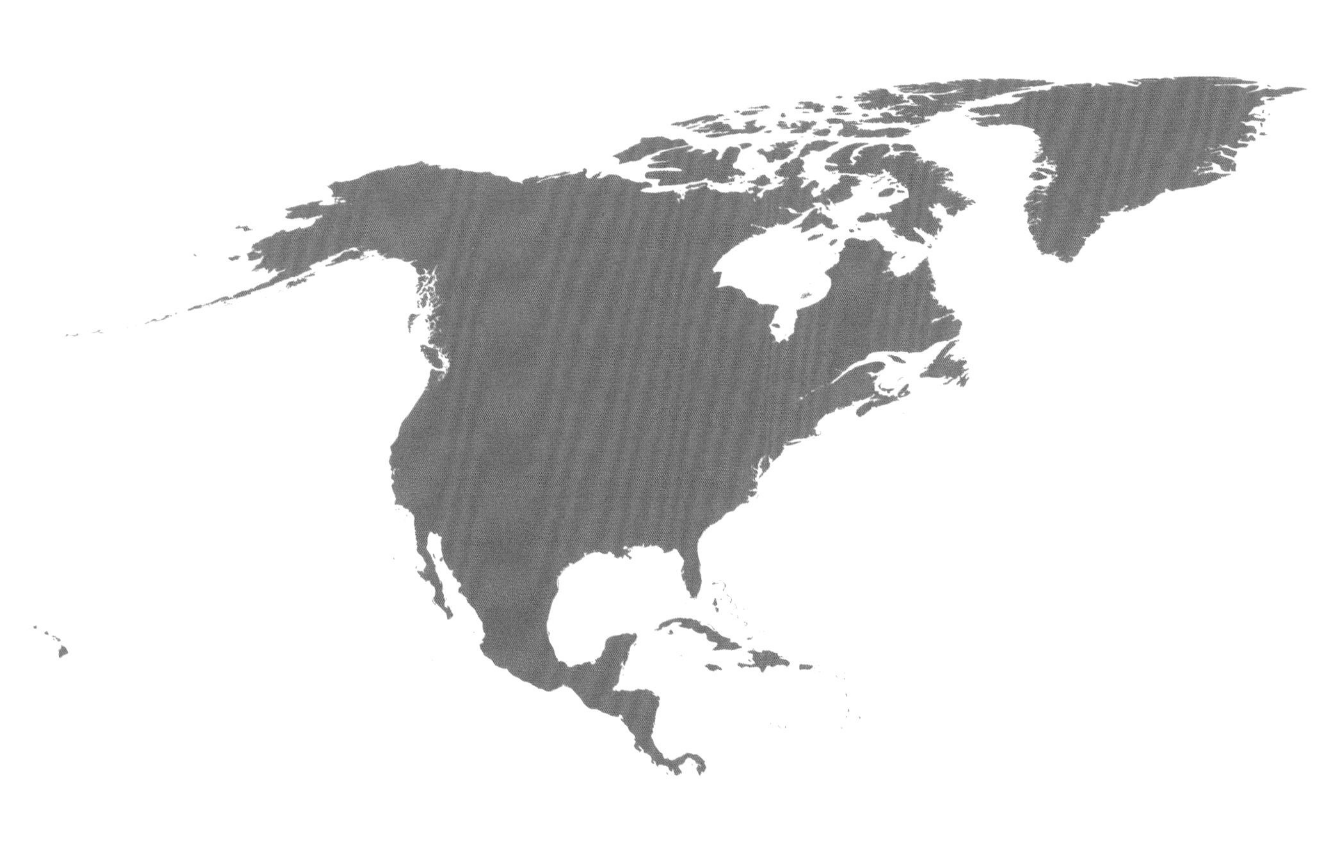

—

rote
kleider
am
straßenrand

—

DAS KAMLOOPS INTERNAT

AMBER BRACKEN

FÜR *THE NEW YORK TIMES*

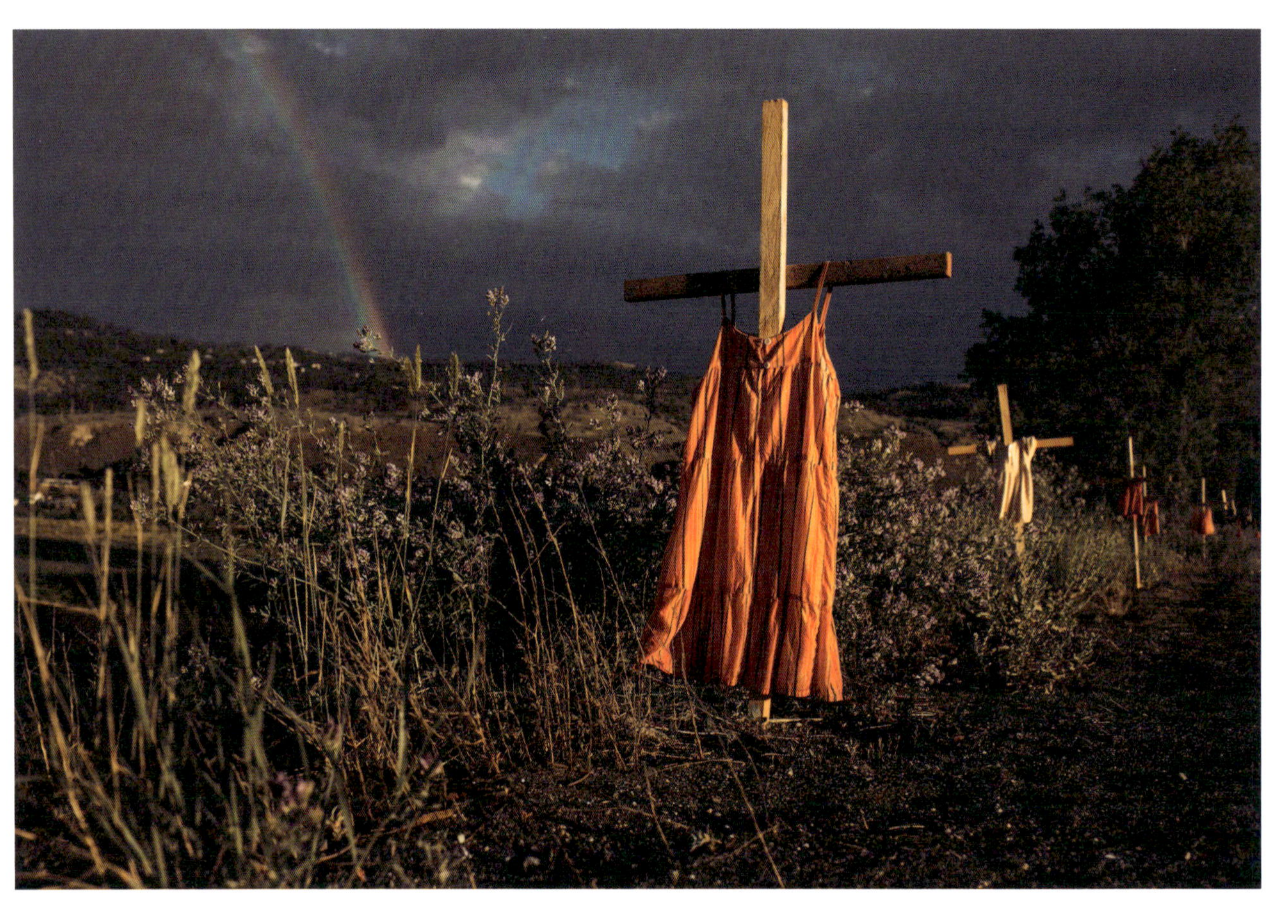

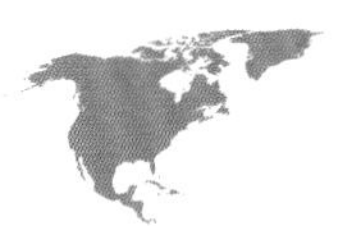

Die Internatsschulen wurden im 19. Jahrhundert als Teil einer Politik der Assimilierung von Angehörigen verschiedener indigener Gemeinschaften an die westliche Kultur eingerichtet. Bis zu 150.000 Schulkinder wurden von zu Hause weggebracht, in einigen Fällen wurde ihnen verboten, in ihrer eigenen Sprache zu sprechen, und sie wurden körperlich und manchmal auch sexuell missbraucht. Eine Wahrheits- und Versöhnungskommission kam zu dem Schluss, dass mindestens 4.100 Schulkinder während ihres Aufenthalts an den Schulen starben. Das Kamloops Internat wurde die größte Schule des Systems. Im Mai 2021 wurden bei einer Untersuchung mithilfe von Bodenradar bis zu 215 potenzielle Jugendgräber in Kamloops identifiziert, was Berichte aus mündlichen Überlieferungen bestätigte.

Rote Kleider, die an Kreuzen am Straßenrand aufgehängt sind, erinnern an die Kinder, die im Kamloops Internat starben, nachdem nicht gekennzeichnete Gräber entdeckt wurden, Kamloops, British Columbia, 19. Juni 2021.

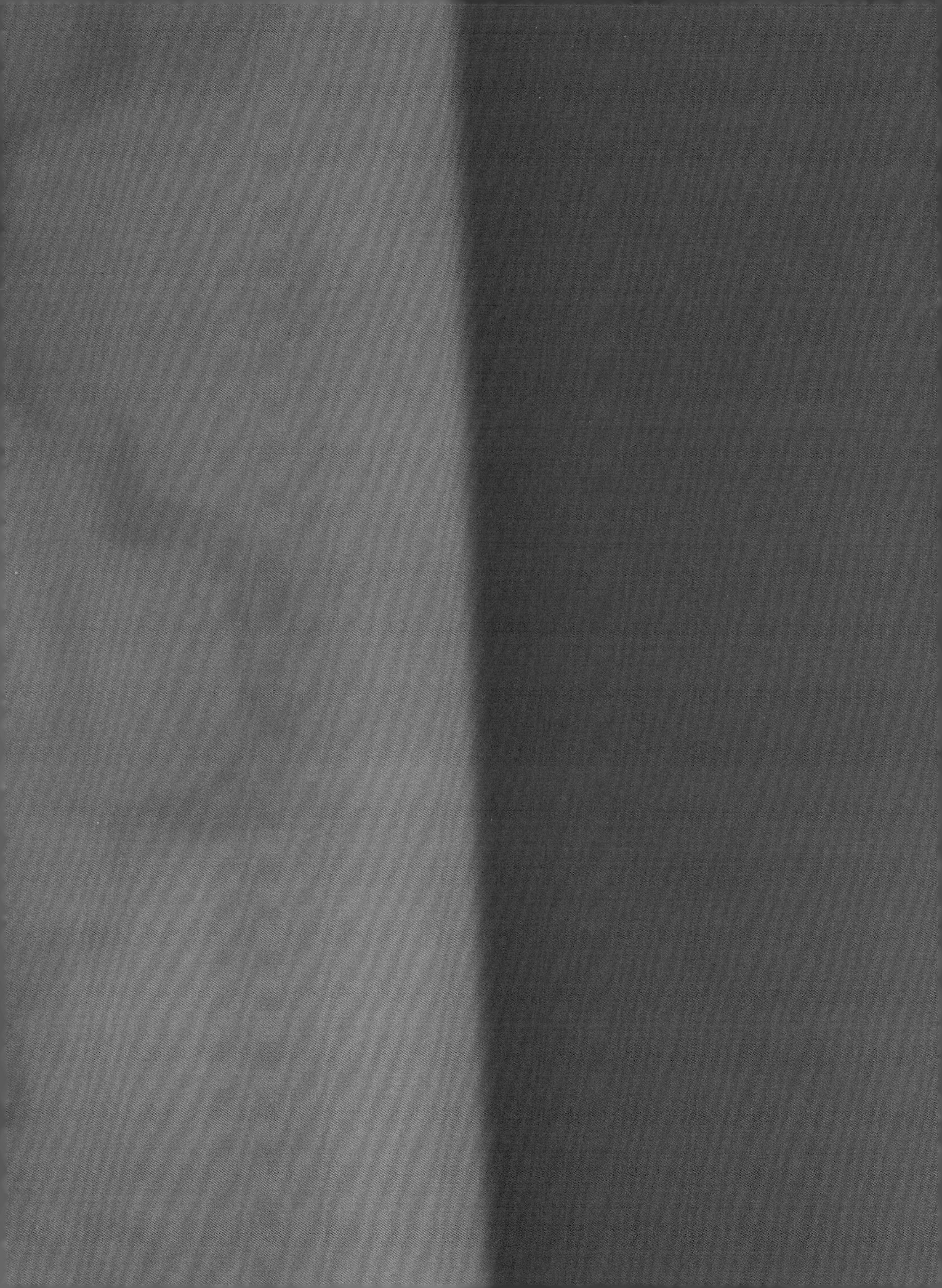

—

in unmittelbarer nähe

—

DIE MENSCHEN, DIE AMERIKA ERNÄHREN

ISMAIL FERDOUS

AGENCE VU'

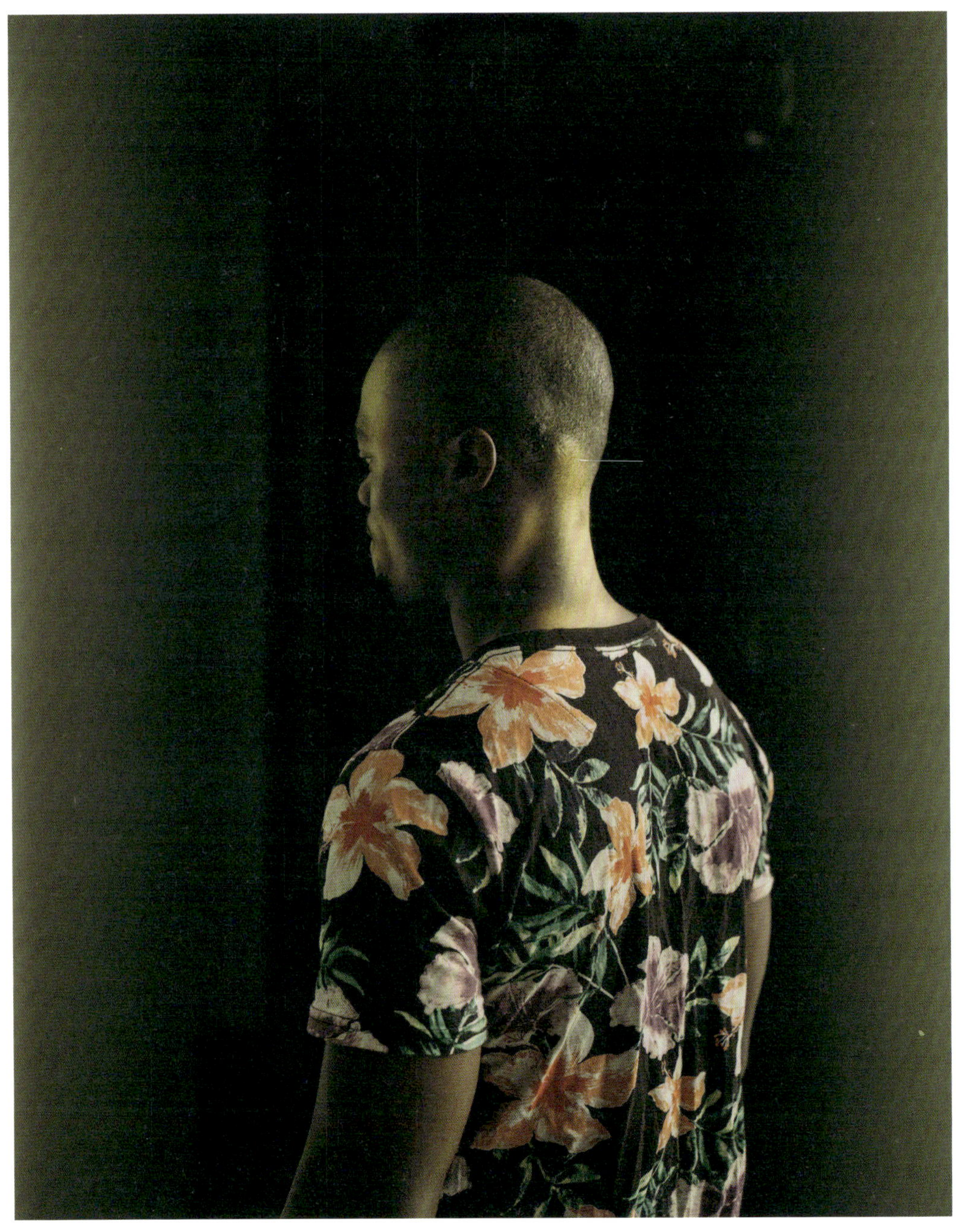

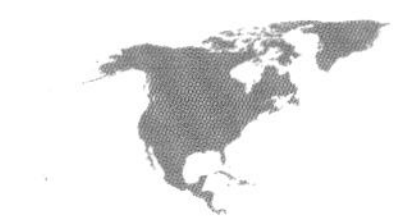

Die Geschichten von Migranten, die in der US-amerikanischen Fleischindustrie arbeiten, werfen ein Licht auf das Leben, das viele von ihnen führen, nachdem sie an ihrem Bestimmungsort angekommen sind. Im ganzen Land stellen Einwanderer 37 Prozent der Arbeitskräfte in der Fleischindustrie. Während der COVID-19-Pandemie blieben die fleischverarbeitenden Betriebe geöffnet, da sie als kritische Infrastruktur eingestuft wurden. Das Coronavirus verbreitete sich schnell in einer Branche, in der die Beschäftigten in unmittelbarer Nähe zueinander arbeiten. Eine Studie der US-amerikanischen Environmental Working Group ergab, dass Bezirke mit oder in der Nähe von Fleischverarbeitungsbetrieben eine doppelt so hohe COVID-19-Infektionsrate aufwiesen als der Landesdurchschnitt.

Ein anonymer Angestellter eines Fleischverarbeitungsbetriebs in Sioux Falls lässt sich am 6. September 2020 in seiner Wohnung in Sioux Falls, South Dakota, USA, fotografieren. Ursprünglich stammt er aus Eritrea und zog von einer Fleischfabrik in Iowa nach South Dakota, um dort zu arbeiten. Obwohl er die Arbeit nicht mag, sagt er, dass er keine anderen Möglichkeiten hat.

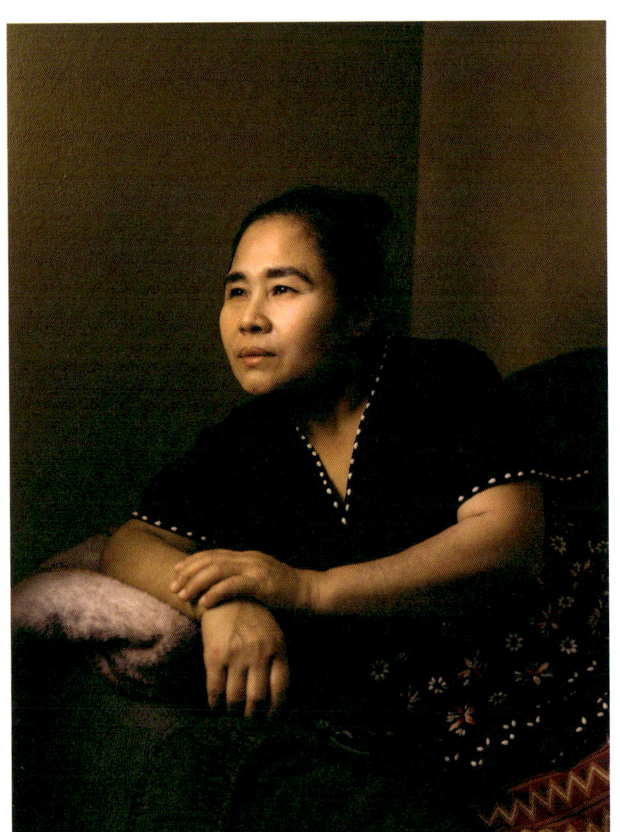

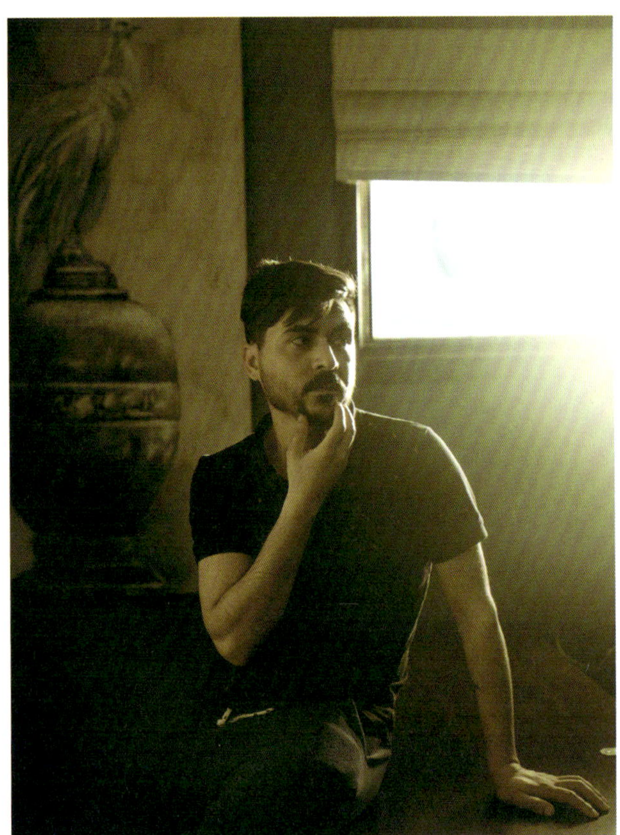

Aye Sway, Angehörige der ethnischen Gruppe der Karen, die von der Regierung von Myanmar verfolgt wird, wird am 2. März 2021 in ihrem Haus in Omaha, Nebraska, USA, fotografiert. Sie lebte in einem Flüchtlingslager in Thailand, bevor sie 2018 in die USA zog. Zum Zeitpunkt des COVID-19-Ausbruchs arbeitete sie in einem hühnerverarbeitenden Betrieb in Lincoln, Nebraska, sagte aber, sie habe Angst gehabt, zur Arbeit zu gehen, weil so viele ihrer Freunde schwer erkrankt waren.

Da die Extremistengruppe ISIS das Volk der Jesiden verfolgte, floh Amjad Farman aus dem Irak in ein Auffanglager in der Türkei, um dann in Lincoln, Nebraska, USA, anzukommen. Er arbeitet in einem Hühnerverarbeitungsbetrieb in Lincoln. 6. März 2021.

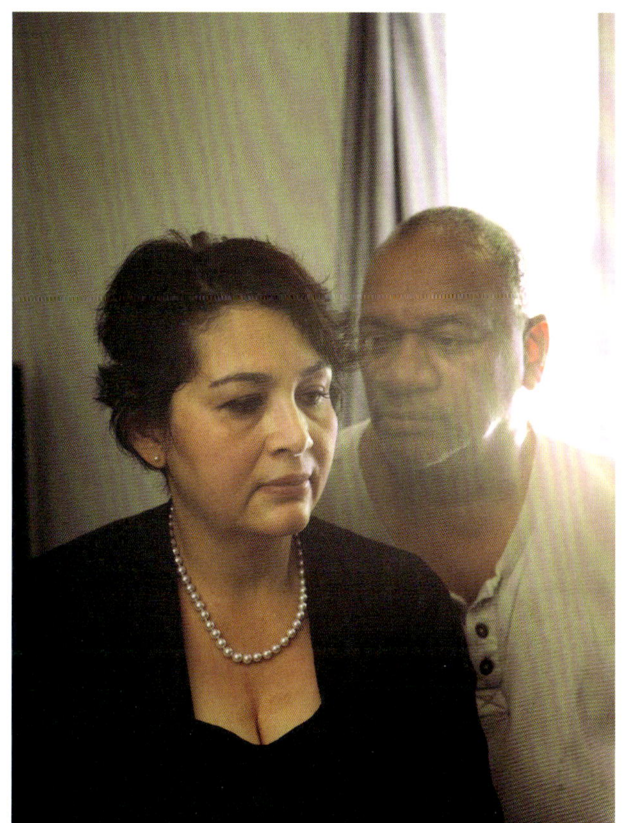

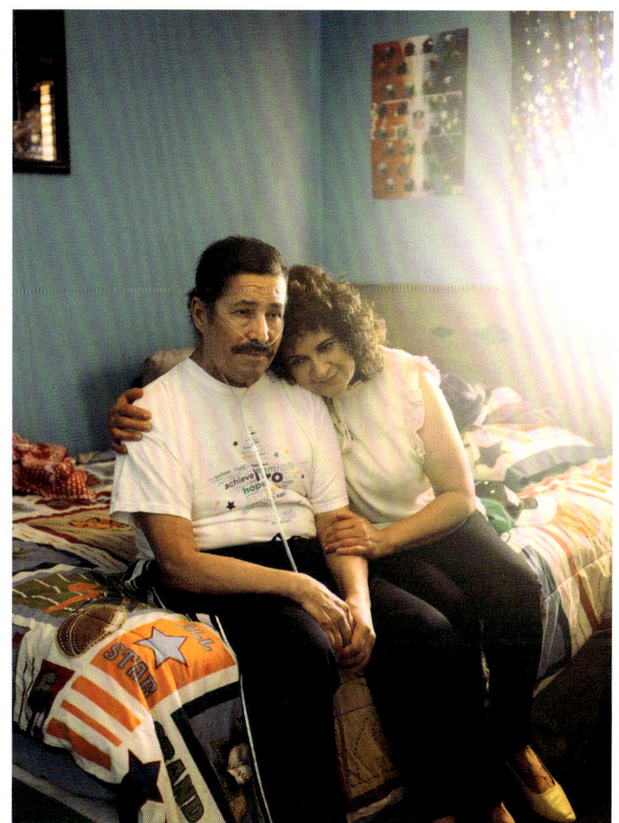

Sandra Sibert sitzt mit ihrem Mann James in dem Raum, in dem sie wegen COVID-19 in Isolation bleiben musste, in Sioux Falls, South Dakota, USA, am 7. September 2020. Das Paar lernte sich bei der Arbeit in einer Fleischverpackungsfabrik kennen. Sandra arbeitet seit 15 Jahren in diesem Betrieb. Sie erkrankte am 7. April 2020 für drei Wochen.

José sitzt in seinem Zimmer mit seiner Schwester Sara in Sioux Falls, South Dakota, USA, am 6. September 2020. Er arbeitete in einer Fleischverarbeitungsfabrik, bis er sich im April 2020 mit COVID-19 infizierte. Er war fünf Monate lang im Krankenhaus an ein Beatmungsgerät angeschlossen und benötigt immer noch eine Sauerstoffflasche. Sara arbeitete ebenfalls in der Fabrik, verließ sie aber, um als Reinigungskraft zu arbeiten. Sie kümmerte sich um ihren Bruder während seiner Krankheit.

—

zunehmende polarisierung

—

DAS POLITISCHE JAHR NULL
LOUIE PALU

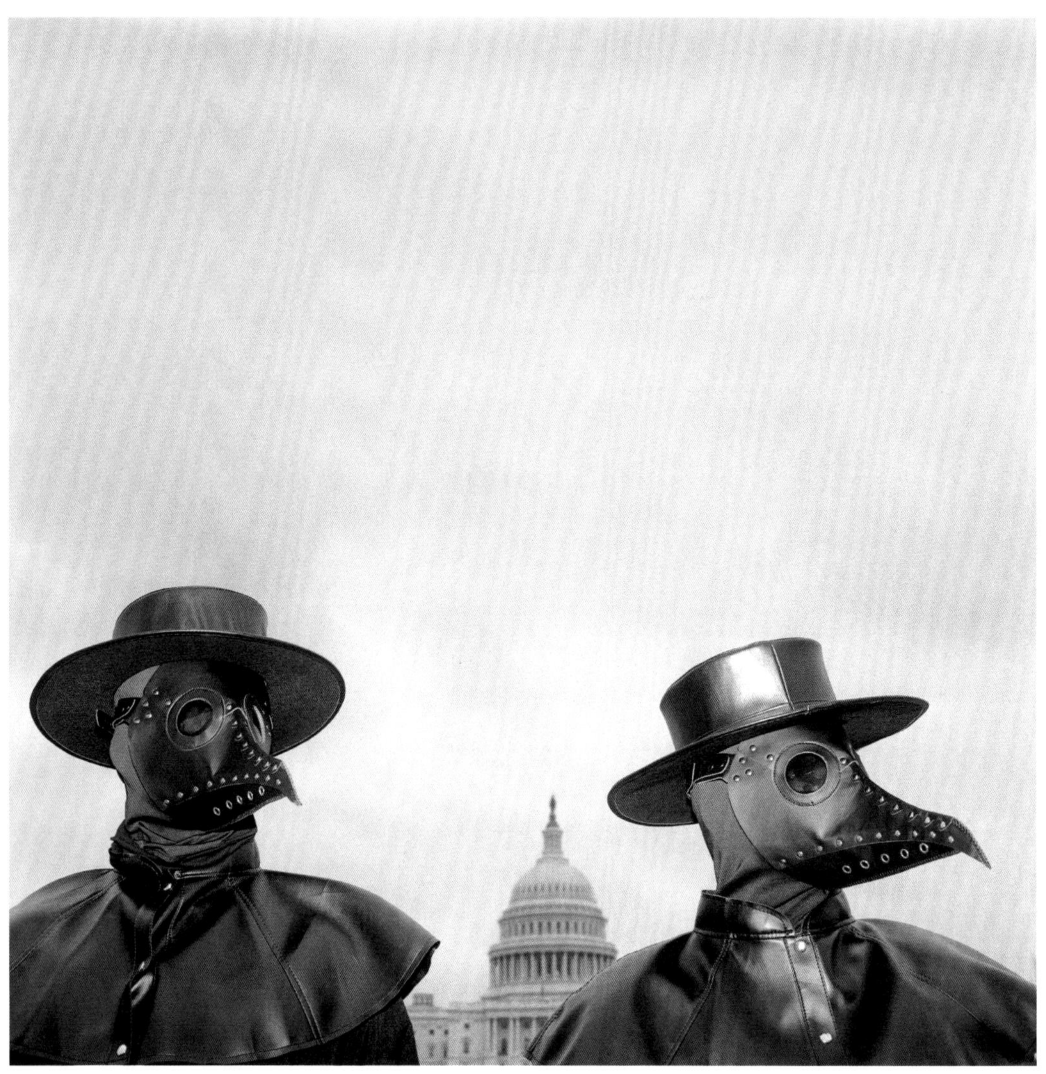

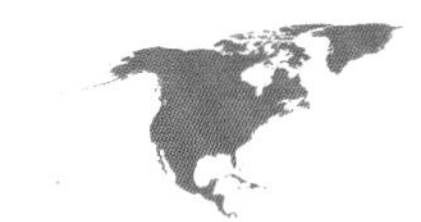

Das letzte Jahr der Präsidentschaft von Donald Trump in den Vereinigten Staaten war von einer zunehmenden Polarisierung im Land, wachsenden sozialen Unruhen und Desinformation in den Medien geprägt. Schon früh im Vorfeld der US-Wahlen 2020 begann Präsident Trump, die Kandidaten der Demokraten fälschlicherweise des Umsturzes der Justiz und der Wahlen zu beschuldigen. Die Unruhe unter seinen Anhängern weitete sich zu einem Aufstand aus, der am 6. Januar in einem Anschlag auf das Kapitolgebäude der Vereinigten Staaten in Washington DC gipfelte. Später im Januar wurde zum zweiten Mal ein Amtsenthebungsverfahren gegen Trump eingeleitet, er wurde wegen Anstiftung zum Aufstand angeklagt, später jedoch vom Senat wieder freigesprochen.

Impfbefürworter tragen am 25. März 2021 auf dem Capitol Hill Schnabelmasken, die denen ähneln, die Ärzte im 17. Jahrhundert während der Pest trugen, um die Aufmerksamkeit der Zuschauer auf sich zu ziehen und um für die Botschaft zu werben, dass ein Verweigern der Impfung die Pandemie COVID-19 verlängert.

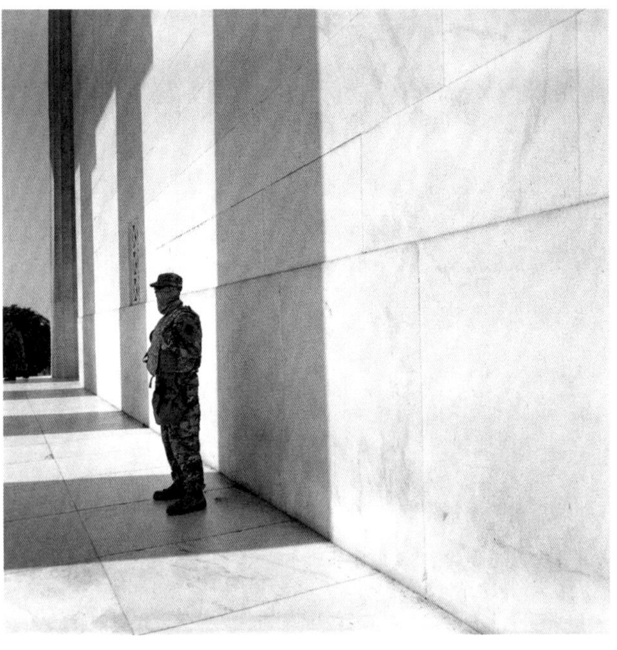

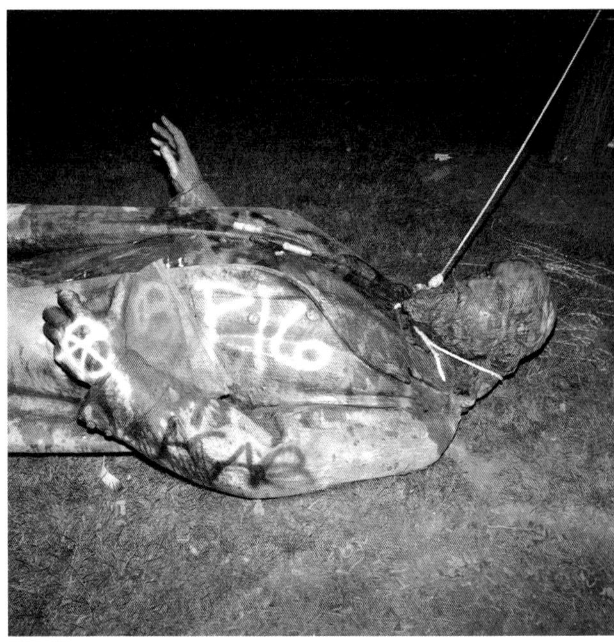

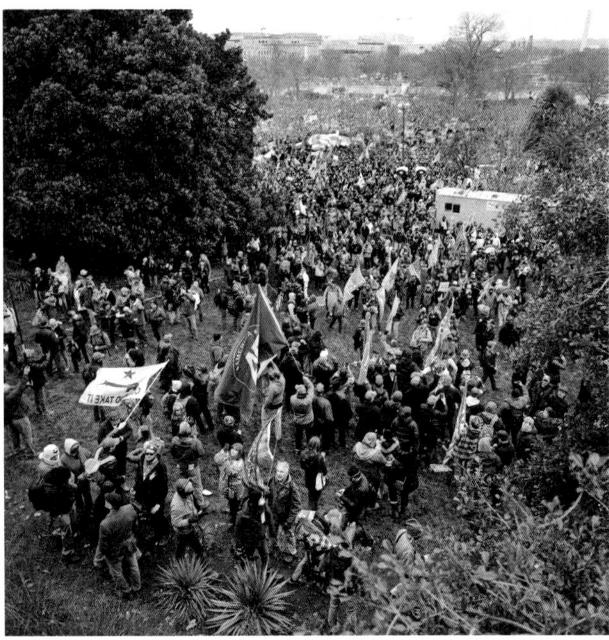

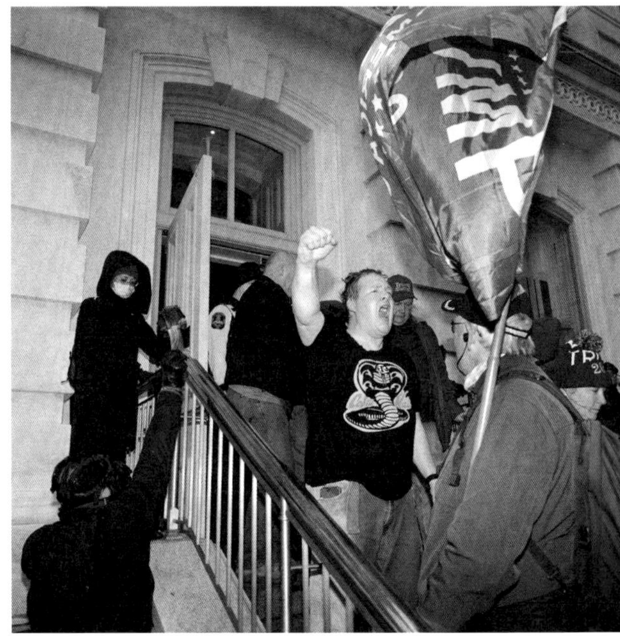

Ein Mitglied der Nationalgarde von Washington DC steht am 7. Juni 2020 im Schatten einer der Säulen des Lincoln Memorials in Washington DC, USA. Das Weiße Haus mobilisierte die Nationalgarde und zahlreiche Bundes- und lokale Polizeibeamte während der wachsenden Proteste im Zusammenhang mit dem Mord an George Floyd.

Eine Statue des konföderierten Generals Pike liegt auf dem Judiciary Square in Washington DC, USA. Demonstrierende haben sie am 19. Juni 2020 umgeworfen und in Brand gesetzt – eines vieler Konföderierten-Denkmäler, die im ganzen Land abgerissen wurden, um am Juneteenth, dem Gedenktag an die Befreiung versklavter Menschen, gegen Rassismus zu protestieren.

Demonstrierende strömen vom West Front Lawn auf das Kapitol zu, während das Gebäude von Randalierenden gestürmt wird, die gewaltsam durch Fenster und Türen einbrechen, um den Wahlsieg von Joe Biden anzufechten, in Washington DC, USA, am 6. Januar 2021. Nach Schätzungen des Justizministeriums drangen zwischen 2.000 und 2.500 Menschen in das Kapitol ein.

Ein Trump-Anhänger ballt die Faust, als er aus dem Kapitolgebäude geworfen wird, in das Randalierer eingedrungen waren, um die Bestätigung der Präsidentschaftswahlen 2020 zu verhindern, in Washington DC, USA, am 6. Januar 2021.

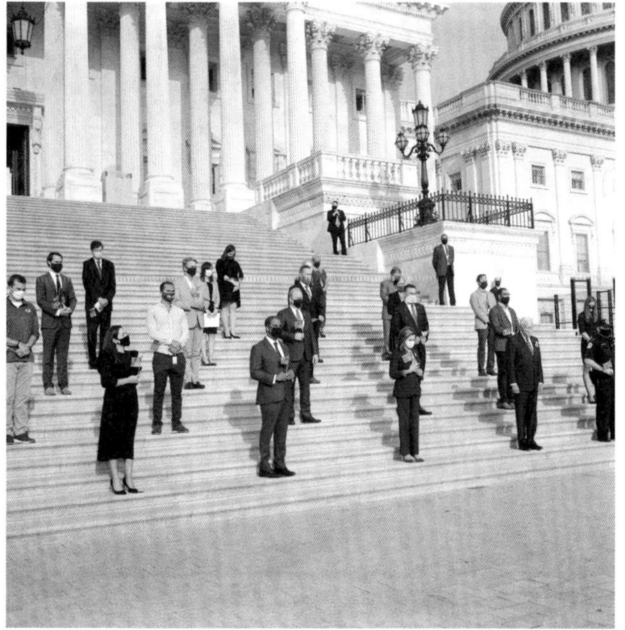

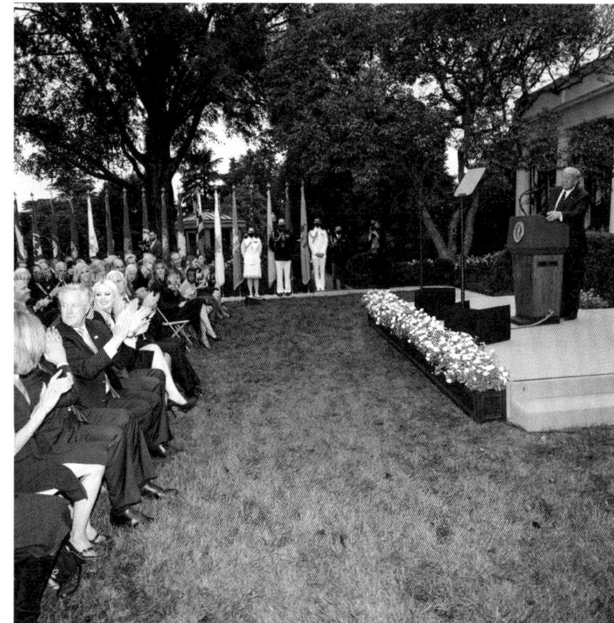

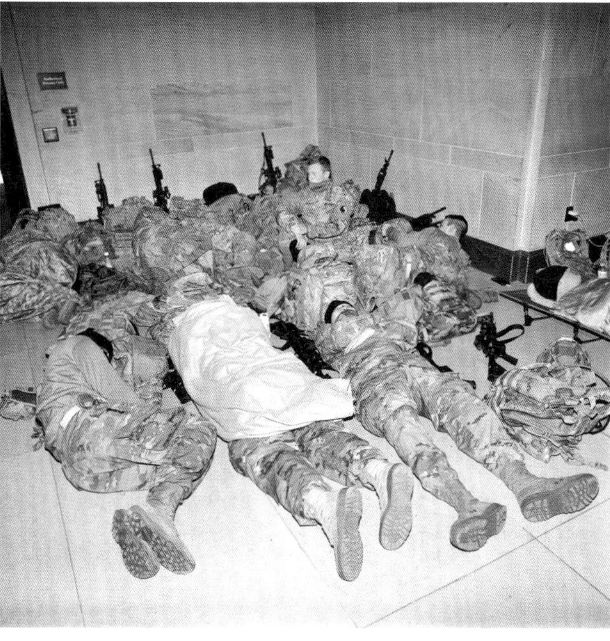

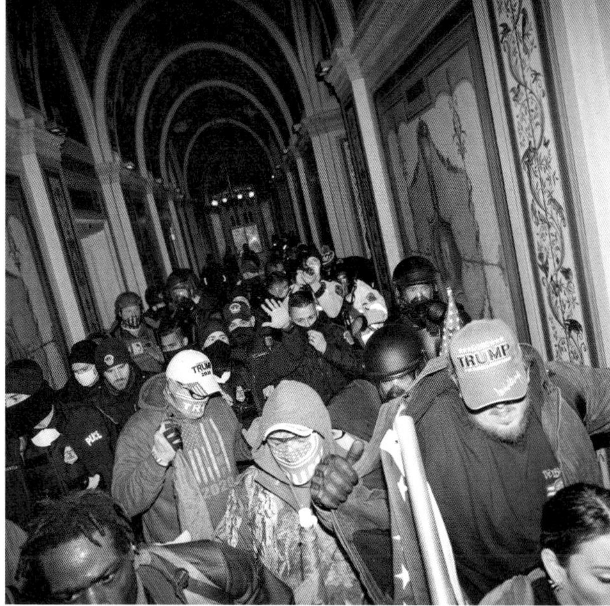

Sprecherin Nancy Pelosi, Mehrheitsführer Steny Hoyer und andere Vertreterinnen und Vertreter der Demokraten nehmen am 11. September 2020 an einer Zeremonie auf den Stufen des Kapitols in Washington DC, USA, zum Gedenken an die Terroranschläge vom 11. September teil.

Präsident Donald Trump verkündet die Nominierung von Richterin Amy Coney Barrett für den Obersten Gerichtshof am 26. September 2020 im Weißen Haus in Washington DC, USA. Präsident Trump und First Lady Melania wurden beide kurz nach der Zeremonie positiv auf COVID-19 getestet.

Soldaten der Nationalgarde bei einer Ruhepause im Kapitolgebäude, Washington DC, USA, am 7. Januar 2021. Die Truppen wurden nach der Invasion des Kapitolgebäudes am 6. Januar angefordert, um die Gesetzgeber und den Komplex vor weiteren Angriffen zu schützen, und blieben bis zum 24. Mai im Einsatz.

Trump-Befürworter dringen am 6. Januar 2021 in Washington DC, USA, in einen Korridor des Kapitols ein, nachdem das Gebäude bei einem Protest gegen den Wahlsieg von Joe Biden gestürmt worden war.

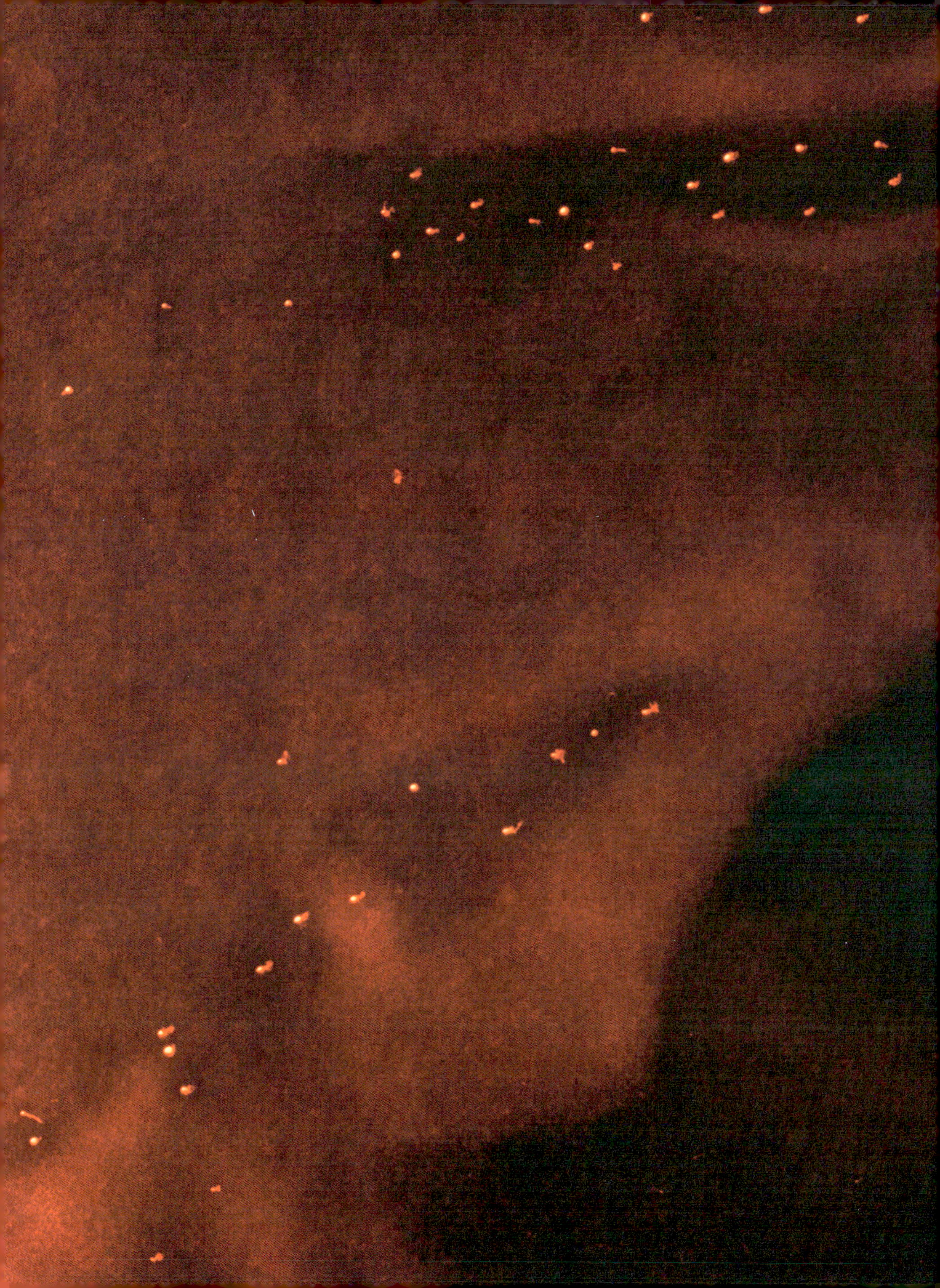

kratzer und nadelstiche

NORD- UND MITTELAMERIKA
OFFENES FORMAT

DIE BLÜTE DER ZEIT: DER ROTE BERG VON GUERRERO

YAEL MARTÍNEZ
MAGNUM PHOTOS

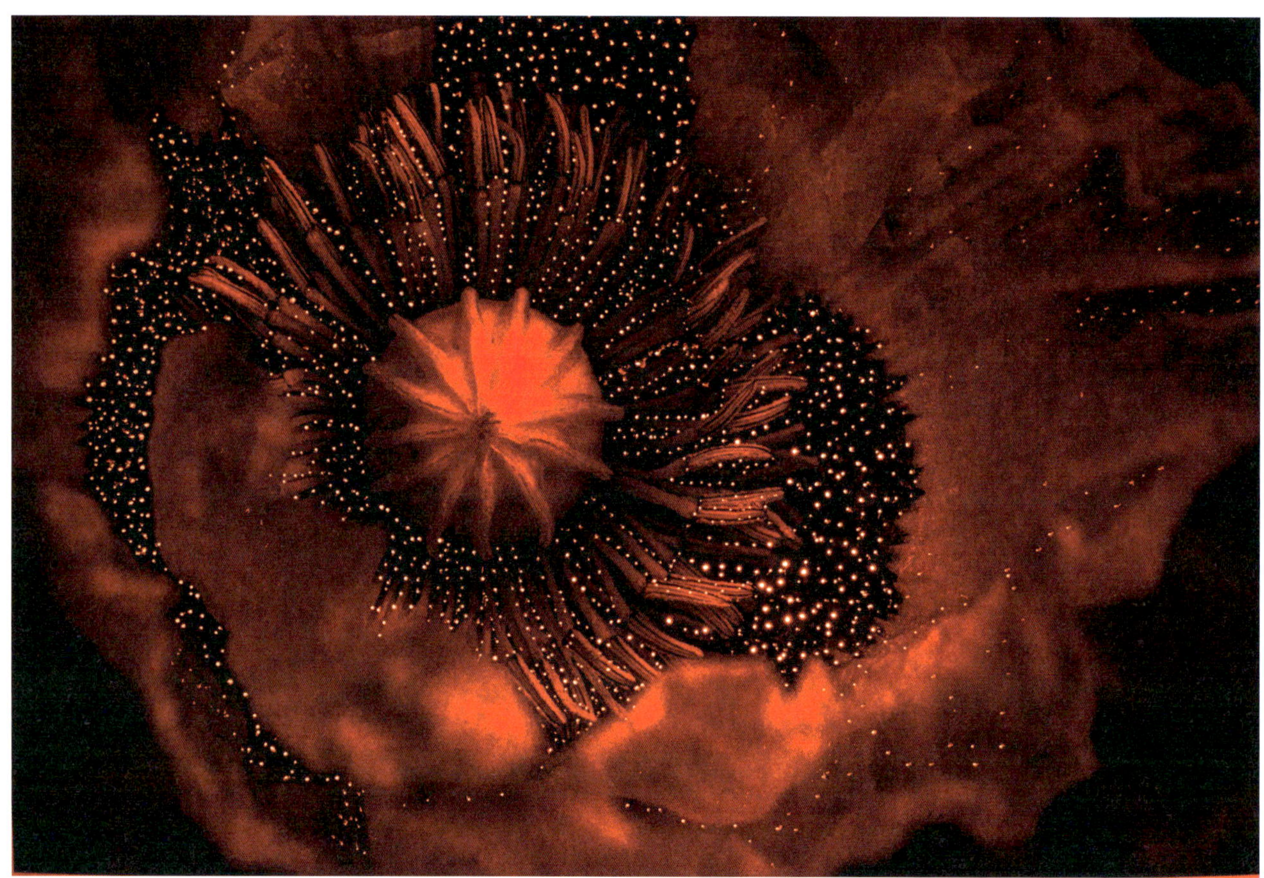

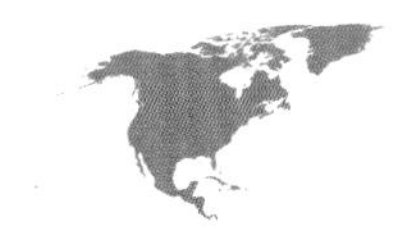

Mexiko ist der drittgrößte Opiumproduzent der Welt, wobei die Hälfte der Produktion in seinem zweitärmsten Bundesstaat Guerrero angebaut wird. Die Drogenwirtschaft hat die Sozialstruktur der überwiegend indigenen Bauerngemeinschaften verändert, die den Mohnanbau als Mittel zum Überleben nutzen. Der Fotograf hat die Abzüge der Fotos mit Kratzern und Nadelstichen versehen, um das Trauma und das Zerkratzen der Mohnblume bei der Opiumgewinnung darzustellen, während die Farbe Rot für Drogengewalt und Blut, aber auch für Leben steht.

Eine Mohnblume in Acatepec, Guerrero, Mexiko, am 13. Dezember 2020. Das aus dem Mohn gewonnene Opiumgummi wird in Mexiko zu Heroin verarbeitet, bevor es in die USA und nach Kanada transportiert wird.

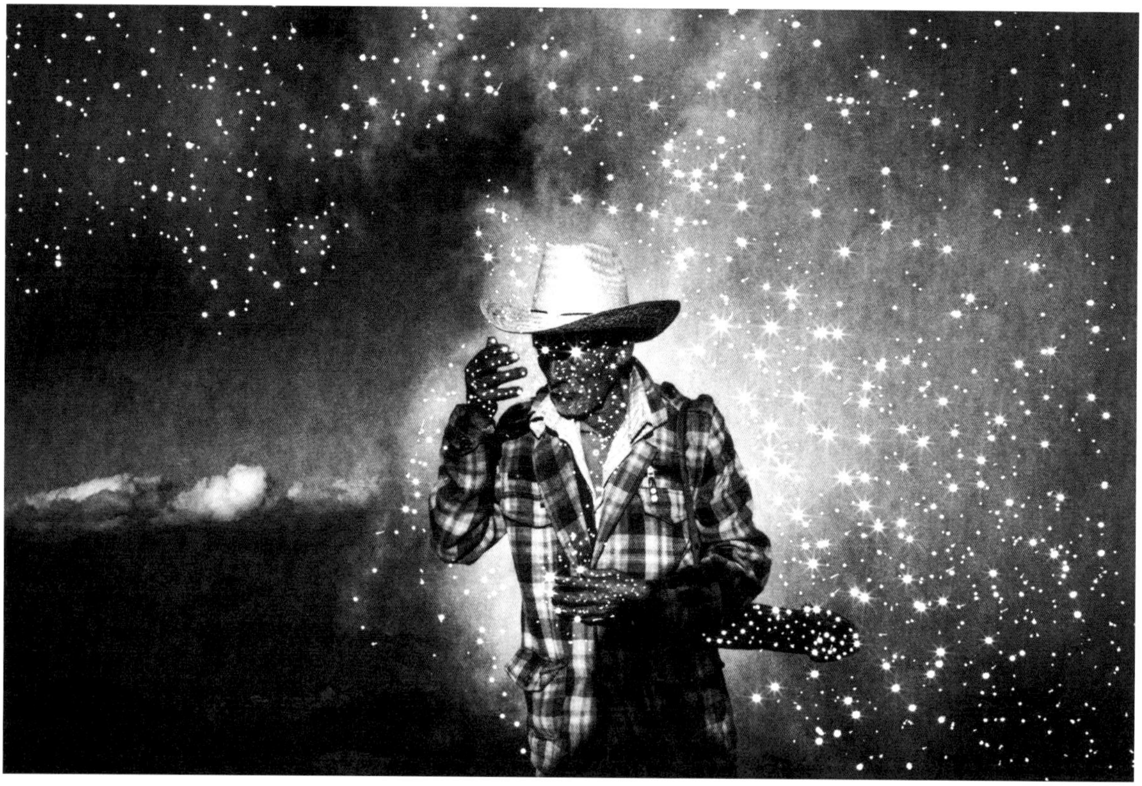

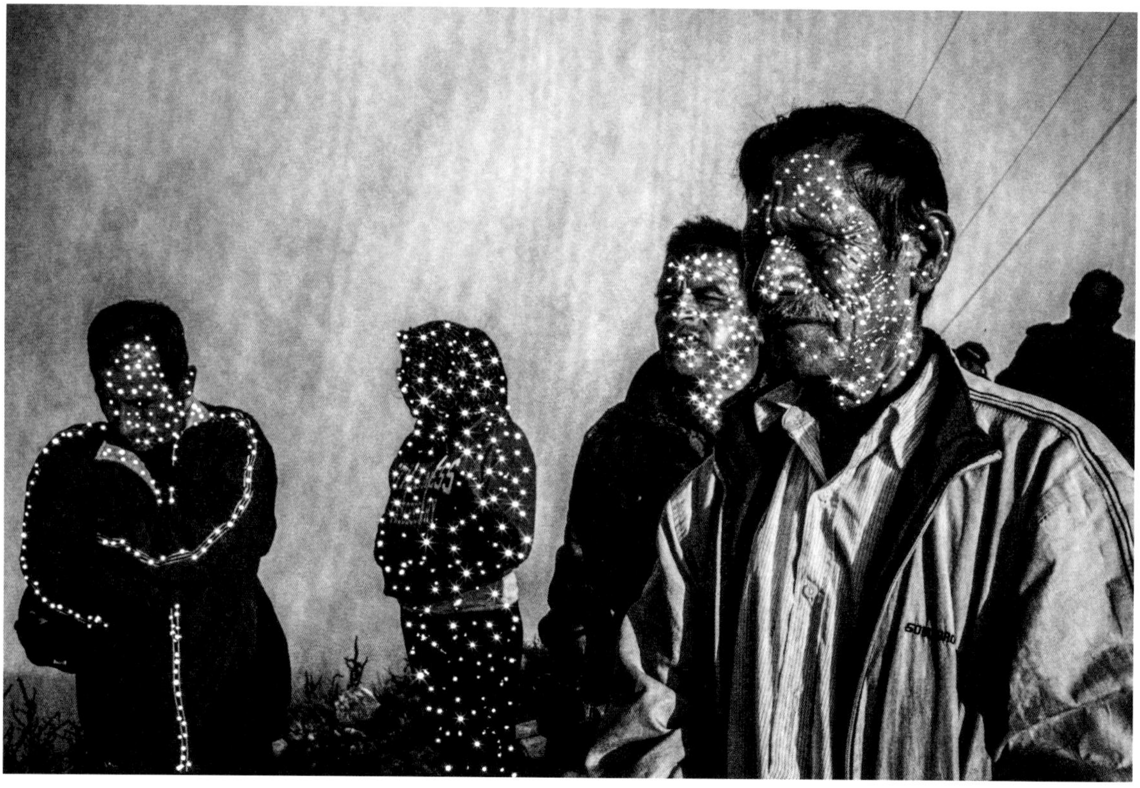

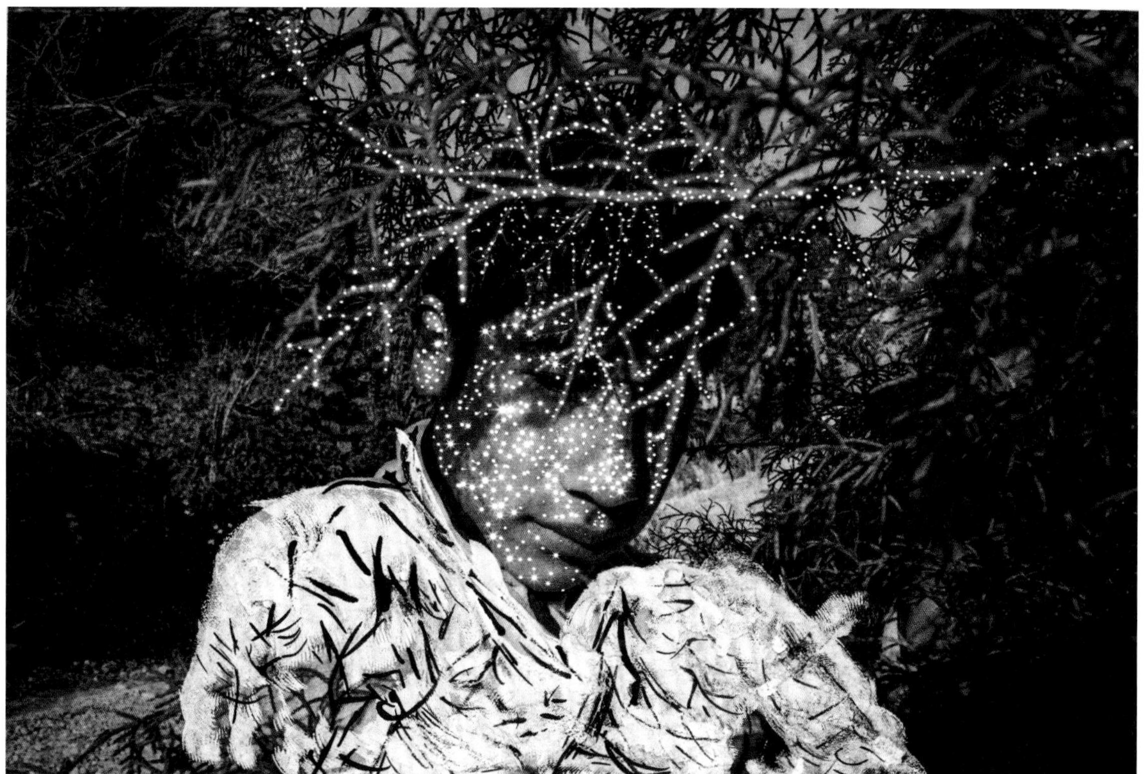

Ein Mixteken-Ältester auf dem Cerro de la Garza in Guerrero, Mexiko, am 31. Dezember 2021. Jedes Jahr am 31. Dezember besteigen die Mixteken den Berg, um Rituale zum Gedenken an das Ende und den Beginn eines Lebenszyklus durchzuführen.

Die Mixteken-Gemeinschaft feiert am 31. Dezember 2021 auf einem heiligen Hügel in Guerrero, Mexiko, ein Ritual zum Gedenken an das Ende und den Beginn eines Lebenszyklus. Diese heiligen Hügel sind von Mohnfeldern umgeben. Die zunehmende Drogengewalt hat dazu geführt, dass sich die Gemeinden bewaffnen, um ihre Gebiete zu verteidigen, wobei sich auch Kinder diesen Bemühungen anschließen.

Ein junger Mann in Malinaltepec, Guerrero, Mexiko, am 10. Februar 2021. Er lebt in einer Gemeinde, in der Mohn angebaut wird.

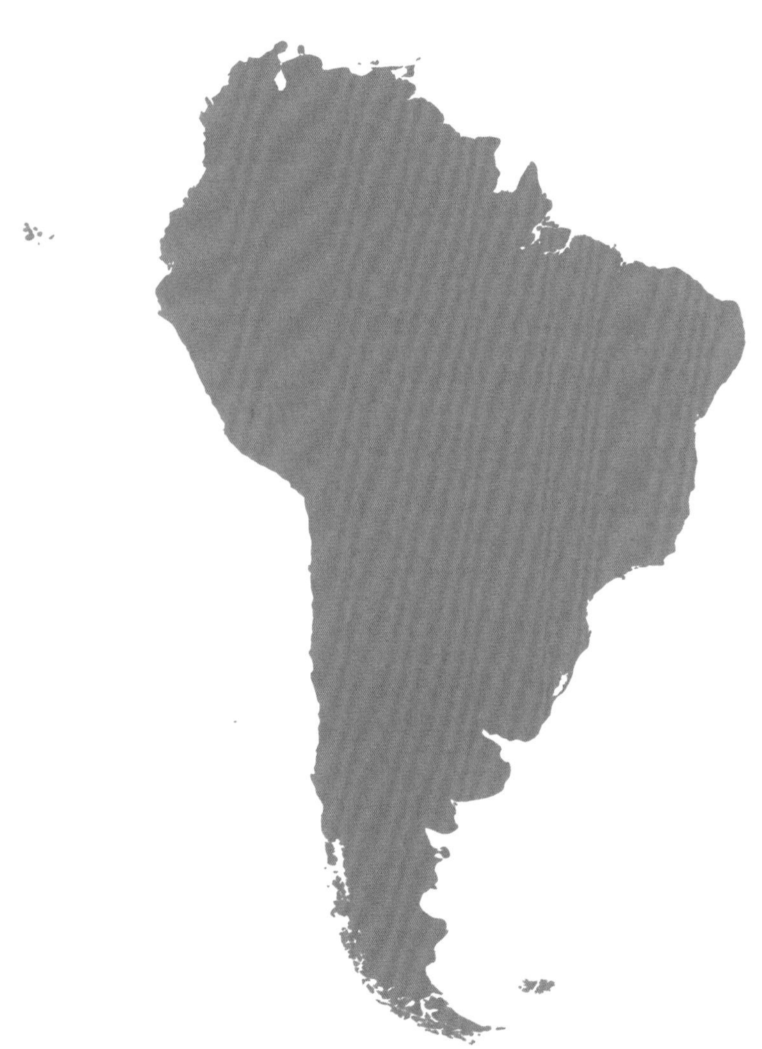

—

vorübergehender schutz

—

RÄUMUNG DER SIEDLUNG SAN ISIDRO

VLADIMIR ENCINA

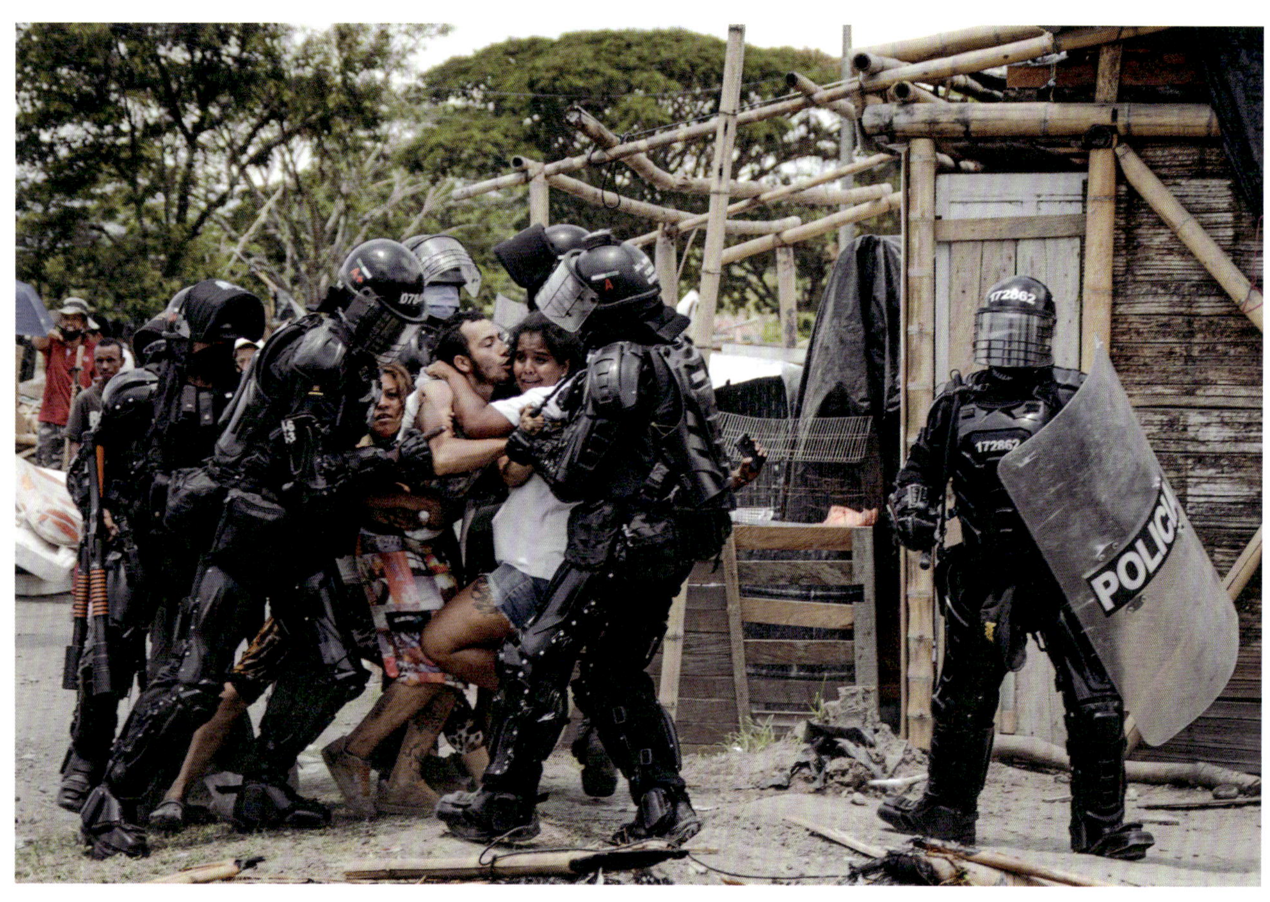

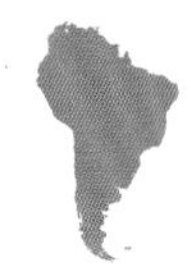

Die Vertreibung der Bewohner der Siedlung San Isidro begann am 3. März 2021 im Vorfeld des Baus einer Eisenbahnlinie, welche die Hauptstadt des Distrikts Risaralda mit Buenaventura, dem wichtigsten Pazifikhafen Kolumbiens, verbinden soll. Die Behörden erklärten, das Eisenbahn-Megaprojekt bringe Arbeit und Investitionen in das Gebiet und das Gelände gehöre offiziell nicht den Menschen, die vertrieben werden. Nach Veröffentlichung der Fotos und der anschließenden Berichterstattung in den Medien schritten Mitglieder der Zentralregierung ein, und den vertriebenen Bewohnern von San Isidro wurden eine neue Unterkunft und eine Entschädigung zugesagt. Sie wurden in provisorische Unterkünfte umgesiedelt, aber bis Anfang 2022 waren sie immer noch nicht auf neues Land umgezogen.

Polizeibeamte verhaften einen Mann, während seine Frau und seine Familie Widerstand leisten, da die Menschen aus der Siedlung San Isidro in Puerto Caldas, Risaralda, Kolumbien, vertrieben werden, am 6. März 2021.

—

wertvollster
schatz

—

DAS VERSPRECHEN

IRINA WERNING

PULITZER CENTER

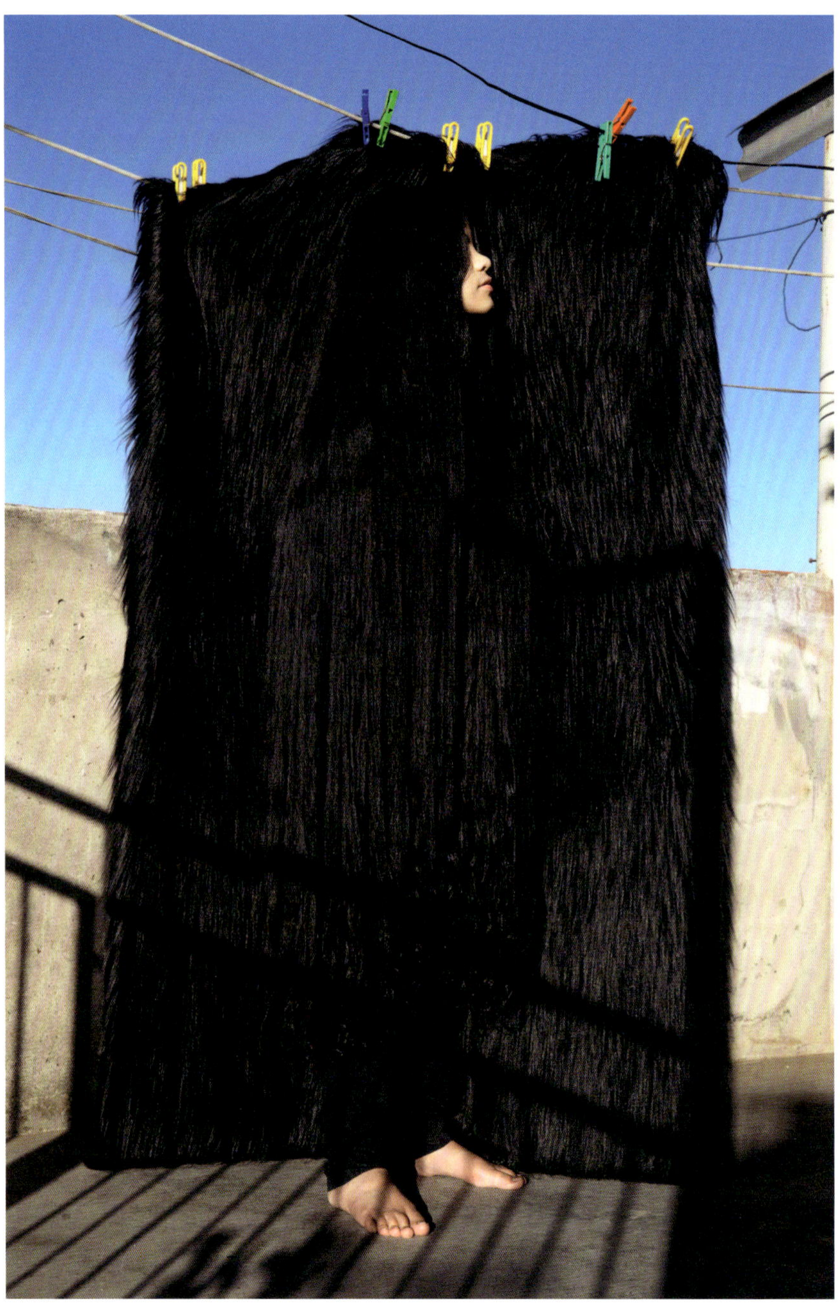

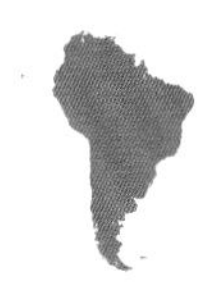

Im August 2020 schwor Antonella (12), die in Buenos Aires, Argentinien, lebt, ihre langen Haare erst dann abzuschneiden, wenn sie den Unterricht in der Schule wieder aufnehmen kann, der wegen der COVID-19-Pandemie ausgesetzt worden war. Antonella sagte, dass sie ihren wertvollsten Schatz aufgibt, um ihr Schulleben wiederaufnehmen zu können. Ihr Haar war ihre Identität. Sie sagte: «Wenn ich endlich wieder in die Schule gehe, werden sie wissen, dass ich ein anderer Mensch bin, ich fühle mich wie ein anderer Mensch.» Sie schnitt sich die Haare am 25. September 2021 ab, an dem Wochenende, bevor sie wieder in die Schule ging.

Antonella steht am 25. Mai 2021 auf der Dachterrasse des Hauses ihrer Familie in Buenos Aires, Argentinien, vor einer Decke aus Kunstfell. Sie geht jeden Tag auf die Terrasse, um Wäsche zu waschen und die Sonne zu genießen. Die Unterbrechung von Routinen, Bildung und Freizeit sowie die Sorge um das Einkommen und die Gesundheit der Familie lassen Antonella Angst und Sorge um ihre Zukunft empfinden.

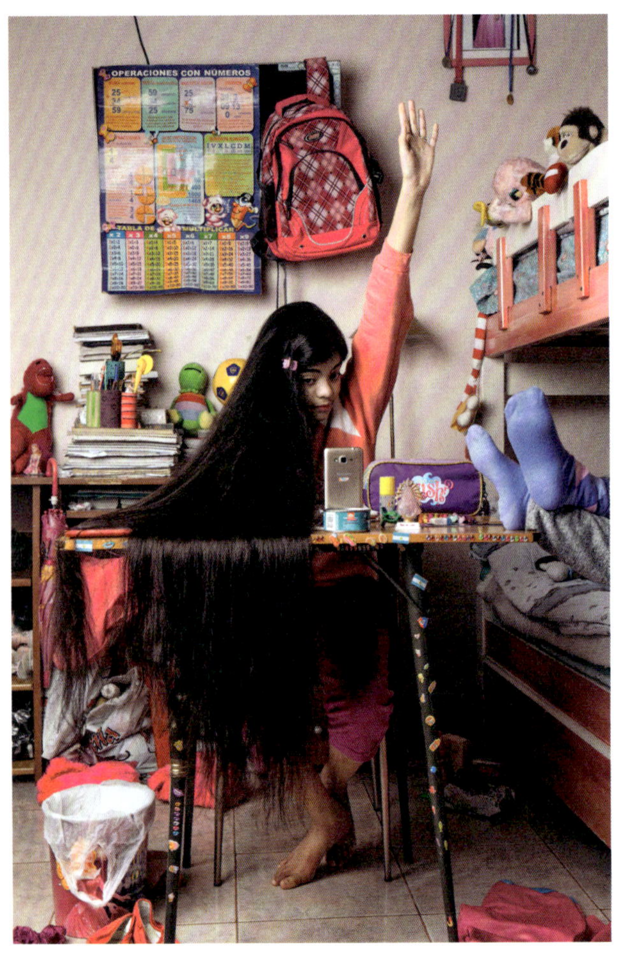

Antonella lernt via Zoom mit dem Handy ihrer Mutter in ihrem Zimmer zu Hause in Buenos Aires, Argentinien, am 13. Juni 2021. Ihre Eltern legen großen Wert darauf, dass sie mit ihrer Schulausbildung auf dem Laufenden bleibt, und organisieren zusammen mit anderen Eltern Gruppenunterricht und virtuelle Treffen über WhatsApp.

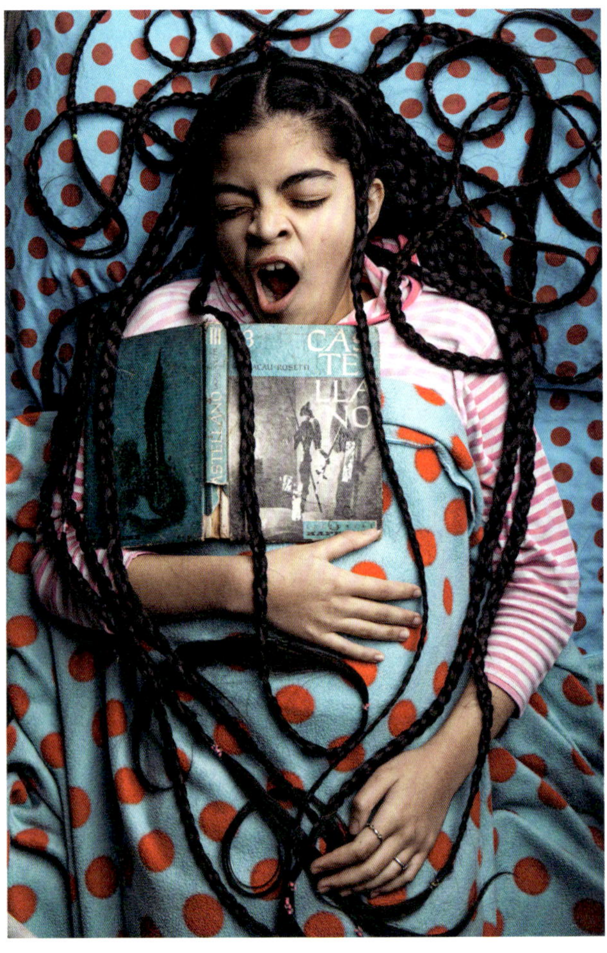

Antonella gähnt beim Lernen im Bett in ihrem Zimmer zu Hause in Buenos Aires, Argentinien, am 29. Juli 2021. Sie sagt, ihr fehle die Motivation, zu Hause zu lernen, und sie lernt oft im Bett, weil sie keine Lust hat aufzustehen.

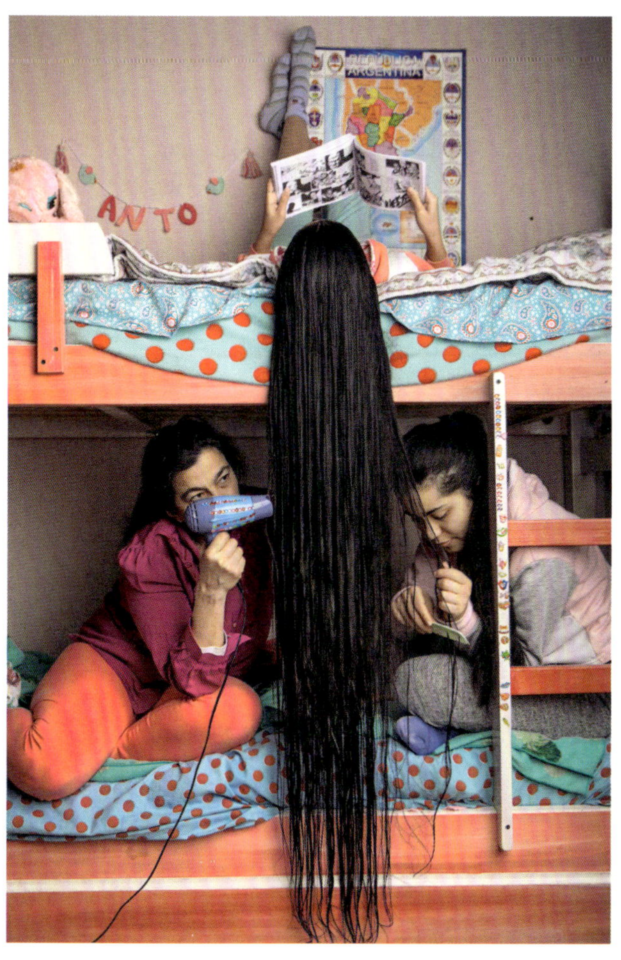

Antonellas Mutter Felicitas und ihre Schwester Carolina trocknen, kämmen und reiben ihr Haar mit Rosmarinöl ein, zu Hause in Buenos Aires, Argentinien, am 23. Juli 2021. Zahlreiche akademische Studien betonen, wie wichtig eine starke Unterstützung durch die Eltern ist, um Kinder, die von zu Hause aus lernen, dazu zu motivieren, ihre Schulausbildung als etwas Positives zu sehen.

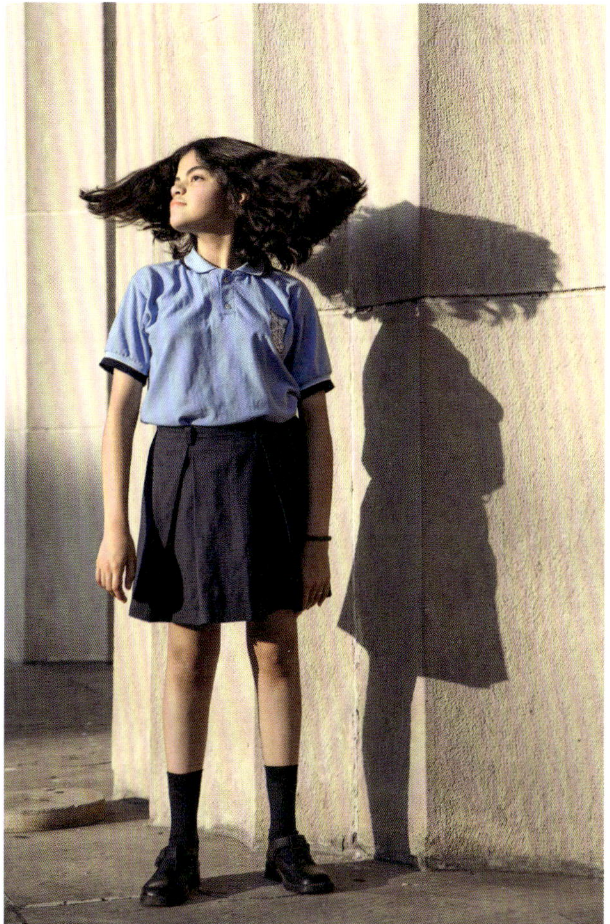

Antonella schwingt ihr frisch geschnittenes Haar vor der Fakultät für Ingenieurwesen der Universität von Buenos Aires, Argentinien, am 20. November 2021, nachdem sie in die Schule zurückgekehrt ist und 260 Tage Präsenzunterricht wegen der COVID-19-Pandemie verpasst hat. Sie wollte sich dort porträtieren lassen, weil sie nach ihrem Schulabschluss ein Ingenieurstudium anstrebt.

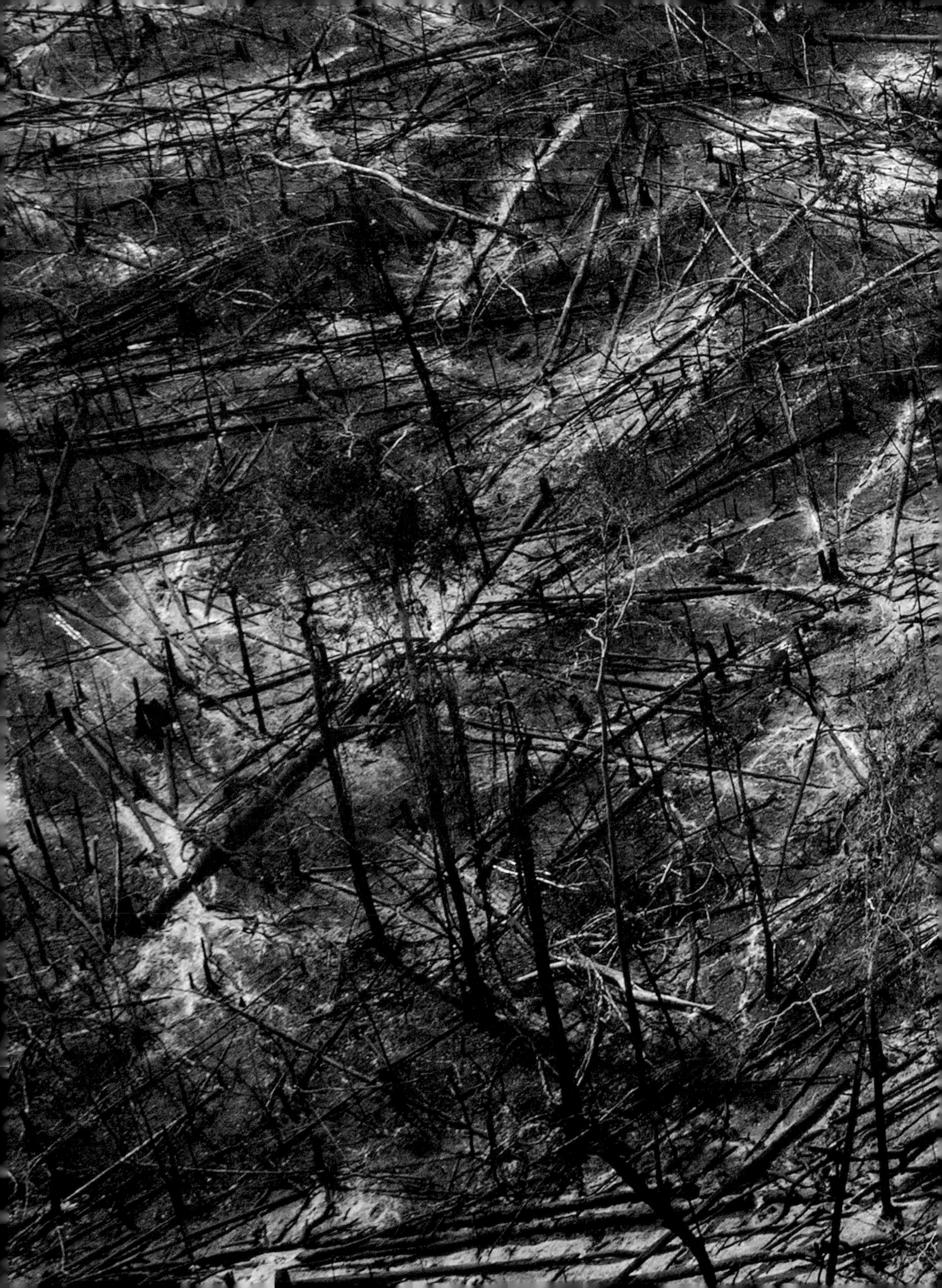

—

ökologisch regressive politik

—

DYSTOPIE IM AMAZONASGEBIET

LALO DE ALMEIDA

FÜR *FOLHA DE SÃO PAULO*/PANOS PICTURES

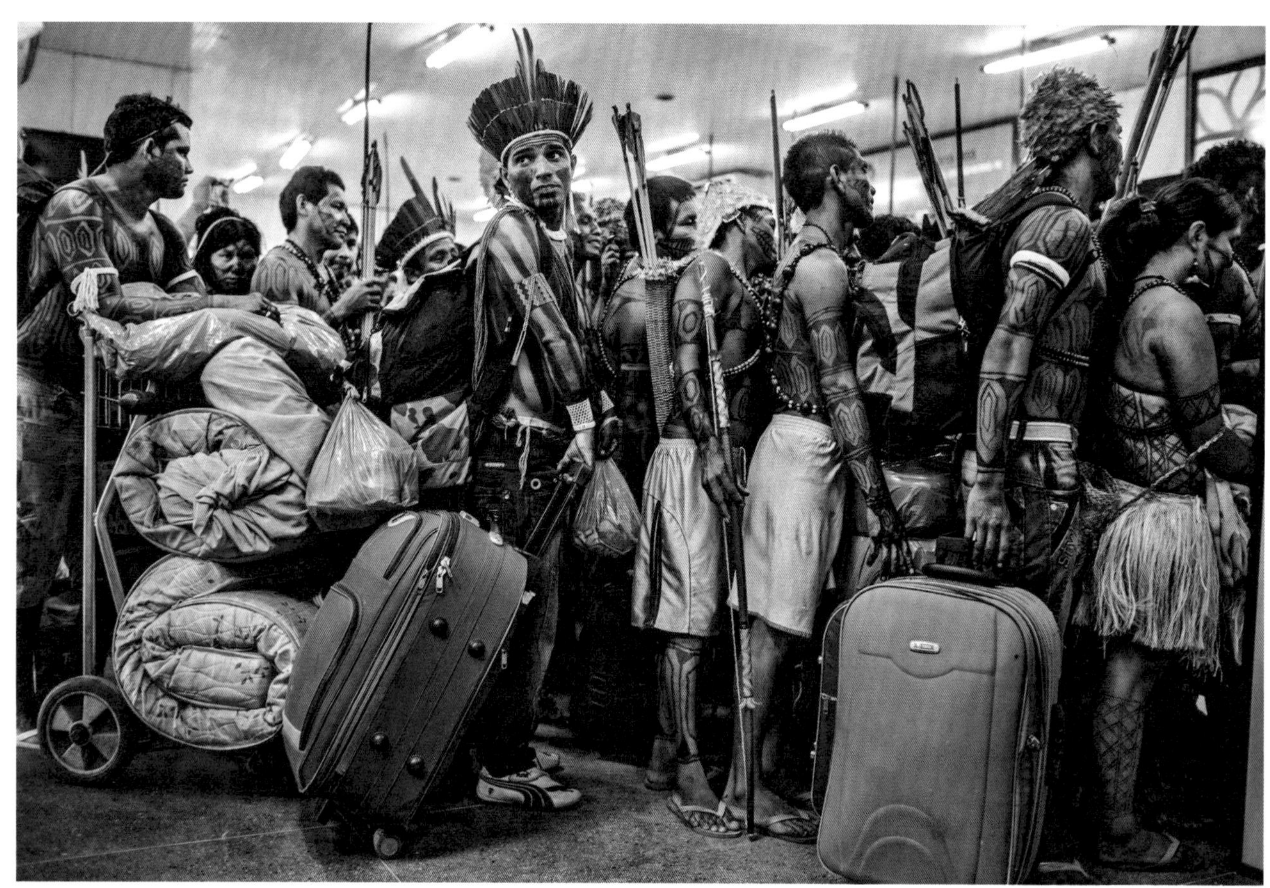

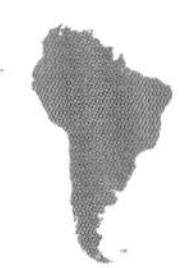

Der Amazonas-Regenwald ist stark bedroht, da Abholzung, Bergbau, Infrastrukturentwicklung und Ausbeutung natürlicher Ressourcen unter Präsident Jair Bolsonaros umweltfeindlicher Politik an Fahrt aufnehmen. Seit 2019 schreitet die Zerstörung des brasilianischen Amazonasgebiets so schnell voran wie seit einem Jahrzehnt nicht mehr. Die Ausbeutung des Amazonas hat eine Reihe sozialer Auswirkungen, insbesondere auf indigene Gemeinschaften, die gezwungen sind, mit der erheblichen Zerstörung ihrer Umwelt und ihrer Lebensweise umzugehen.

Mitglieder der Munduruku-Gemeinschaft stellen sich am 14. Juni 2013 am Flughafen Altamira in Pará, Brasilien, in einer Reihe auf. Sie wollen der Regierung ihre Forderungen gegen das Belo-Monte-Wasserkraftwerk vortragen.

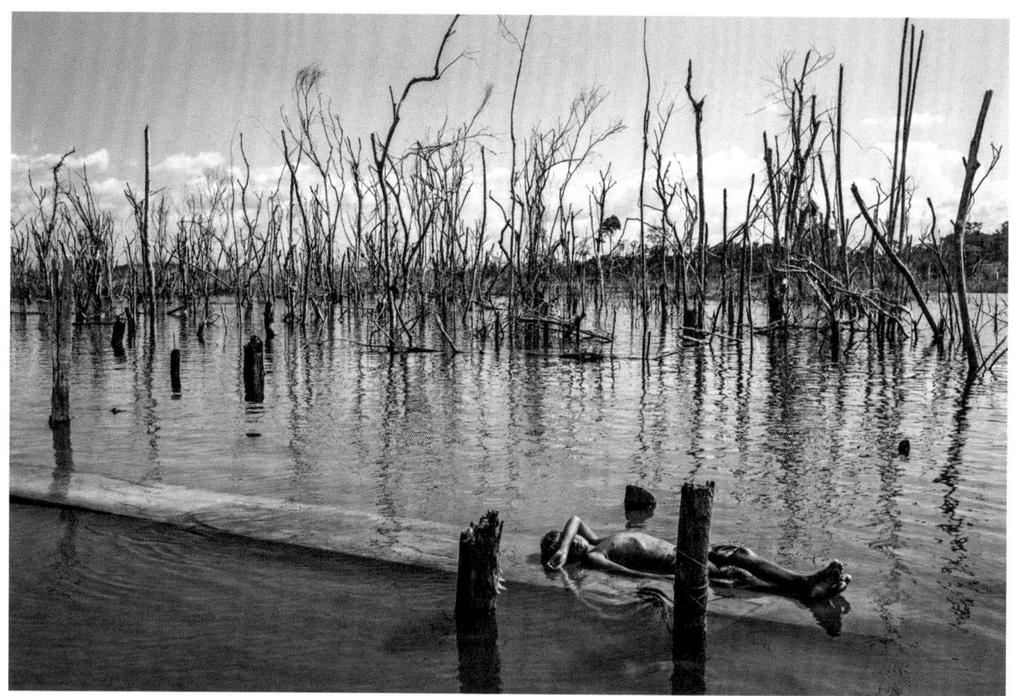

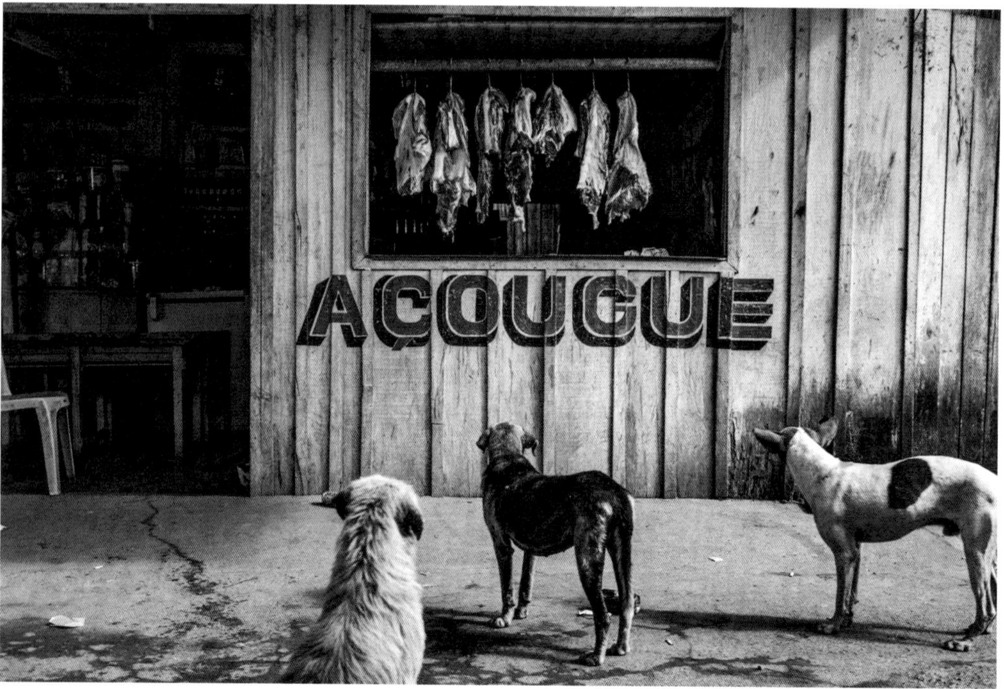

Ein Junge ruht auf einem toten Baumstamm im Xingu-Fluss in Paratizão, einer Gemeinde in der Nähe des Belo-Monte-Wasserkraftwerks, Pará, Brasilien, am 28. August 2018. Er ist umgeben von Flächen mit abgestorbenen Bäumen, die durch das Fluten des Stausees entstanden sind.

Streunende Hunde starren auf Fleisch, das in einer Metzgerei in Vila da Ressaca hängt, einem Gebiet, in dem früher Gold abgebaut wurde, das jetzt aber fast vollständig verlassen ist, in Altamira, Pará, Brasilien, am 2. September 2013.

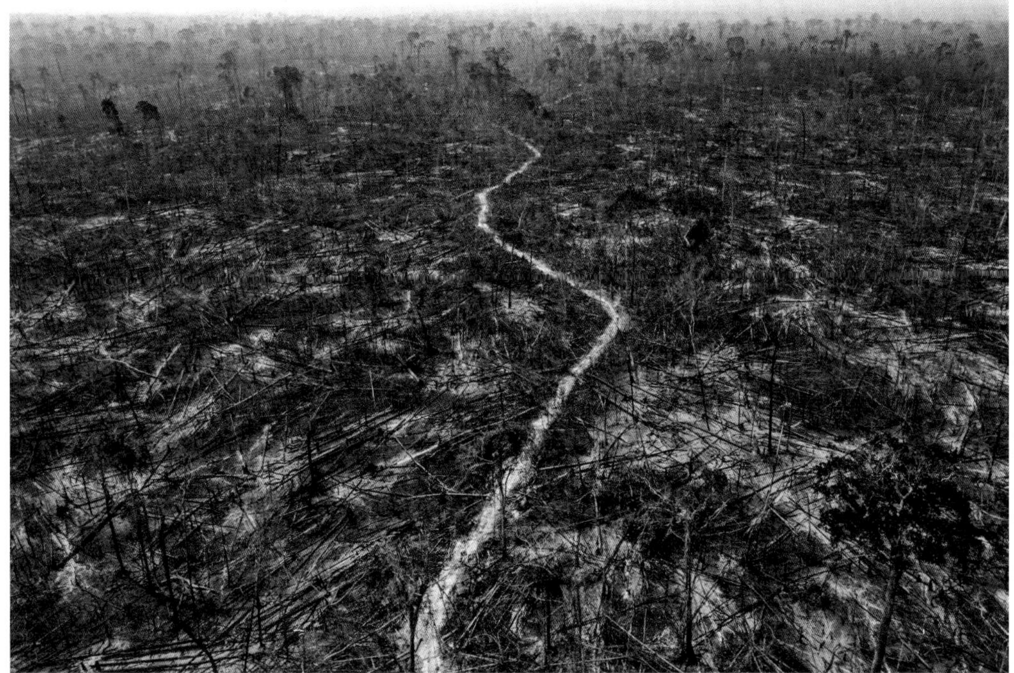

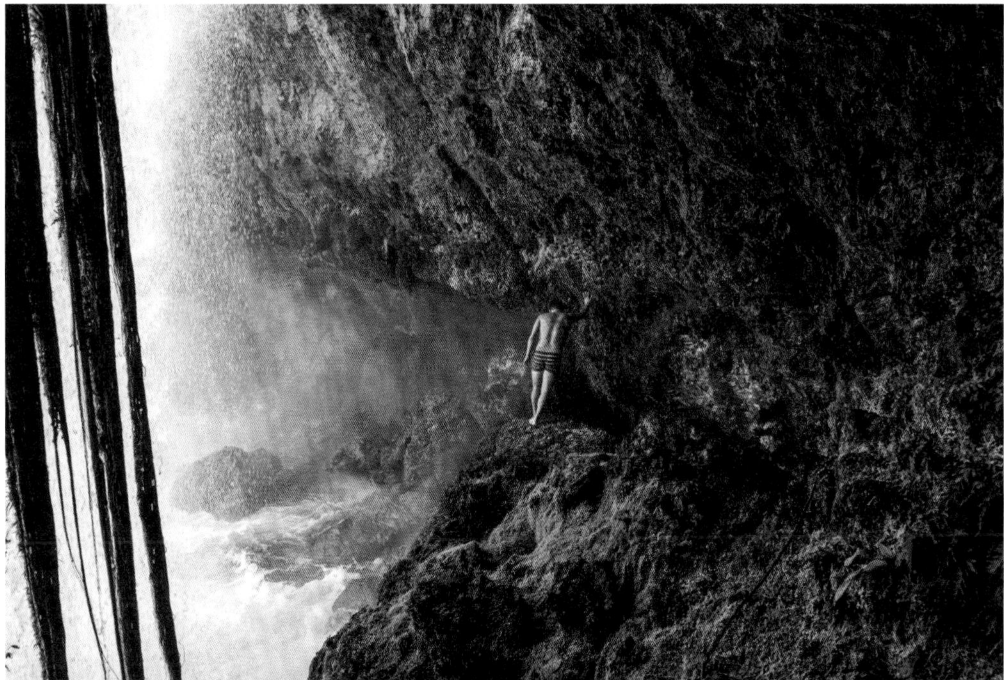

Massive Abholzung in Apuí, einer Gemeinde entlang des Trans-Amazonian Highway, südliches Amazonasgebiet, Brasilien, am 24. August 2020. Apuí ist eine der am stärksten entwaldeten Gemeinden in der Region.

Mailon Araxi, ein junges Mitglied der indigenen Gemeinschaft der Manoki, von denen viele auf großen kommerziellen Sojafarmen arbeiten, um ein Einkommen zu erzielen, überquert den Cravari-Fluss unter einem Wasserfall im indigenen Land Irántxe in Mato Grosso, Brasilien, am 25. August 2021.

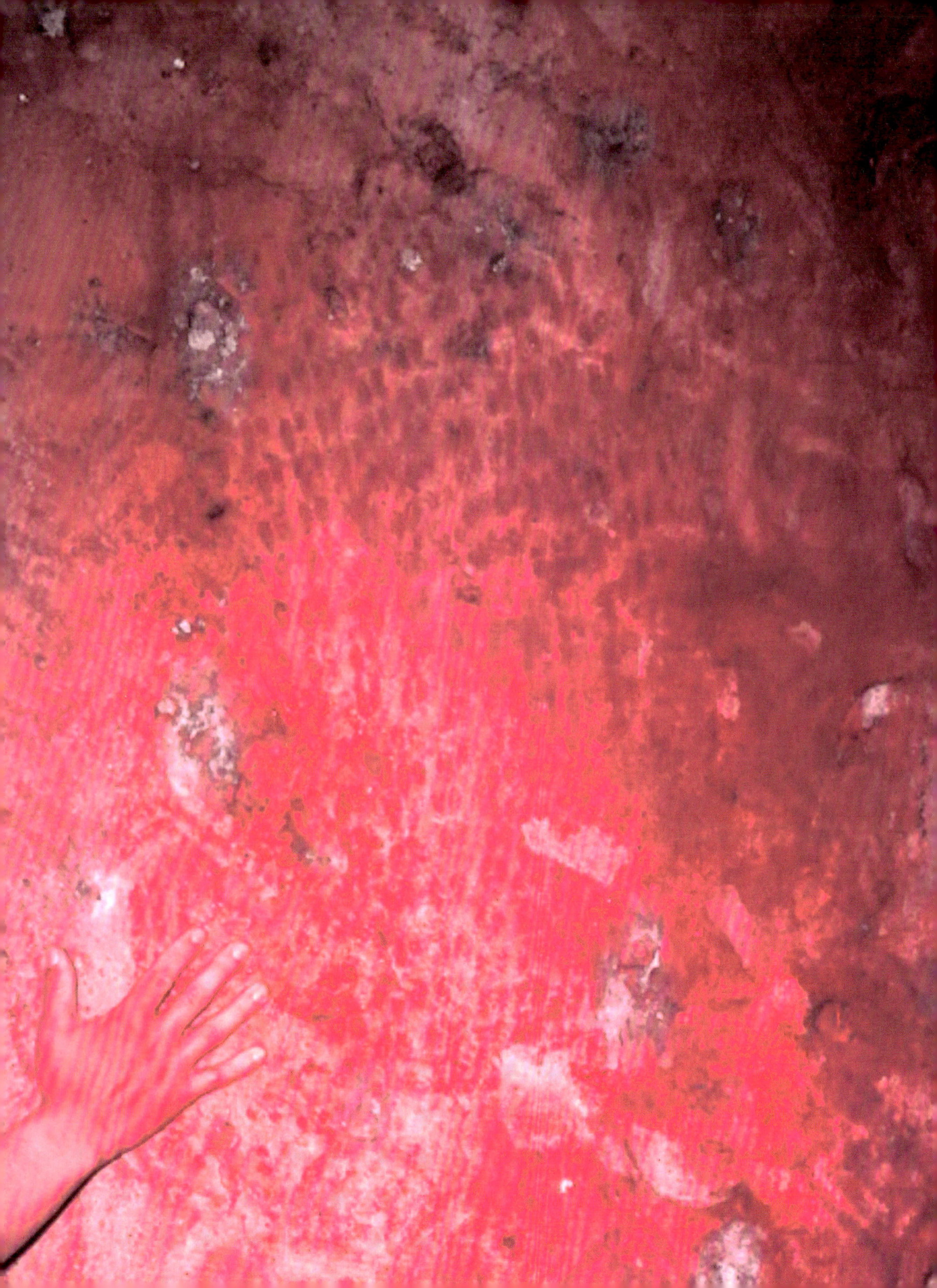

—

vergessene erinnerungen an das land

—

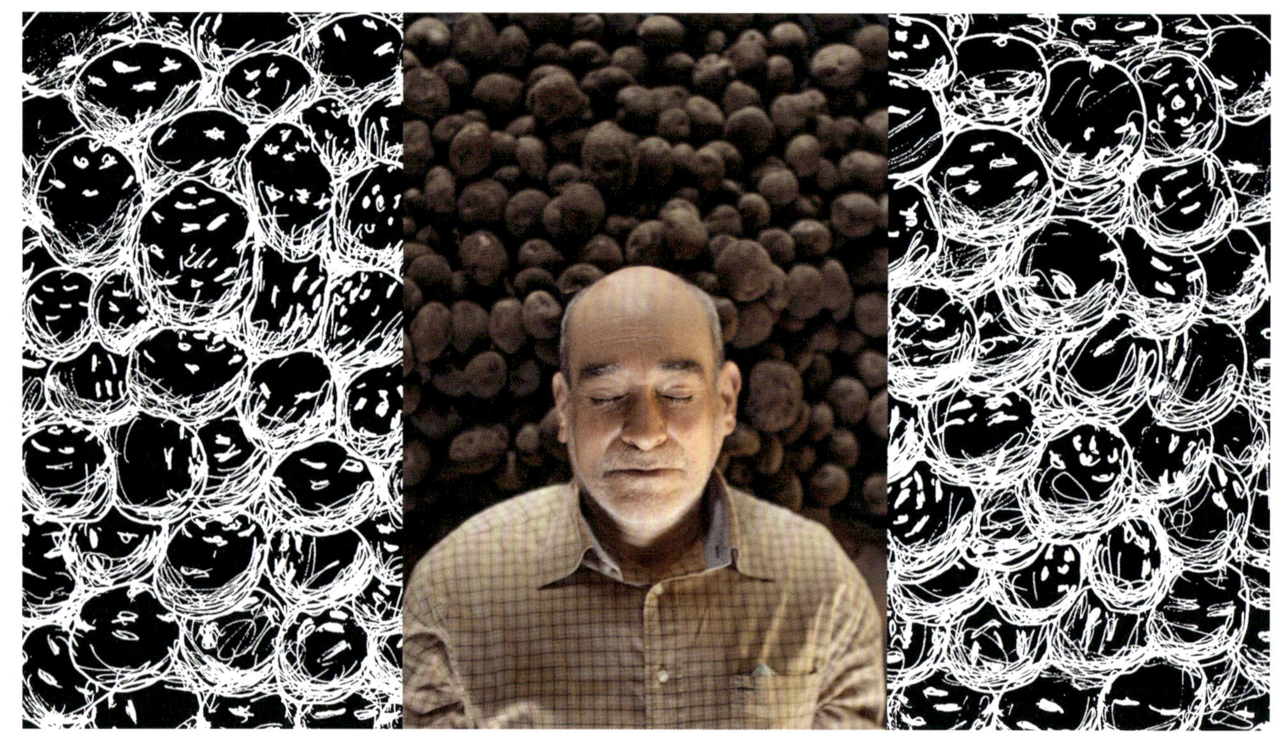

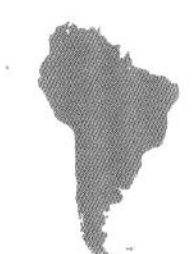

Blut ist eine Saat (*La Sangre Es Una Semilla*) hinterfragt das Verschwinden von Saatgut, erzwungener Migration, Kolonisierung und den daraus resultierenden Verlust des Wissens der Vorfahren. Das Video setzt sich aus digitalen und Filmaufnahmen zusammen, von denen einige auf abgelaufenem 35-mm-Film aufgenommen und später von Romeros Vater bearbeitet wurden. Auf einer Reise in das Dorf ihrer Vorfahren in Une, Cundinamarca, Kolumbien, erkundet Romero vergessene Erinnerungen an das Land und die Feldfrüchte und erfährt von ihrem Großvater und ihrer Urgroßmutter, die «Saatgutwächter» waren und mehrere Kartoffelsorten anbauten, von denen nur noch zwei existieren.

Scannen Sie diesen QR-Code, um das Video zu sehen.

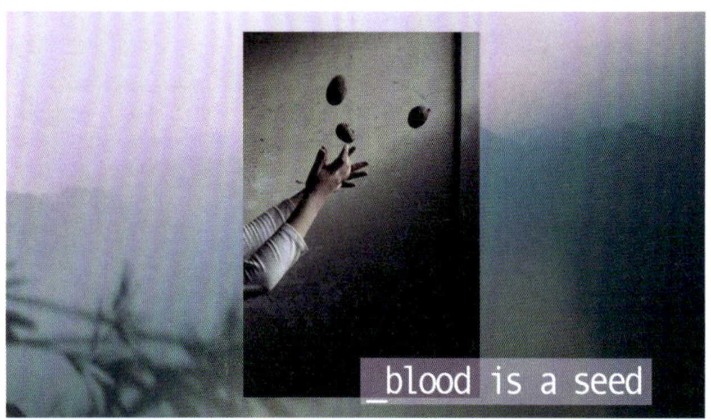
_blood is a seed

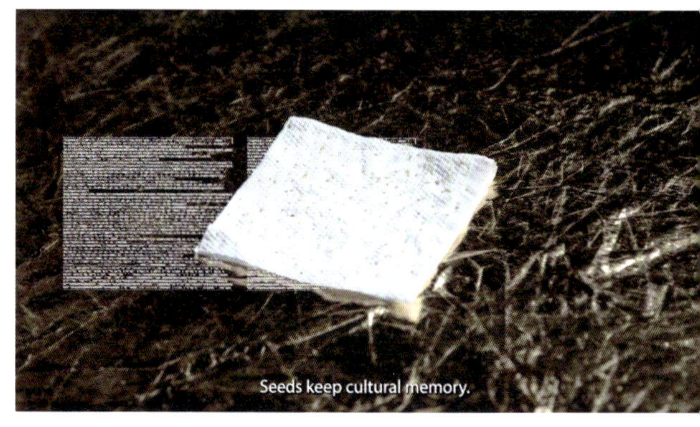
Seeds keep cultural memory.

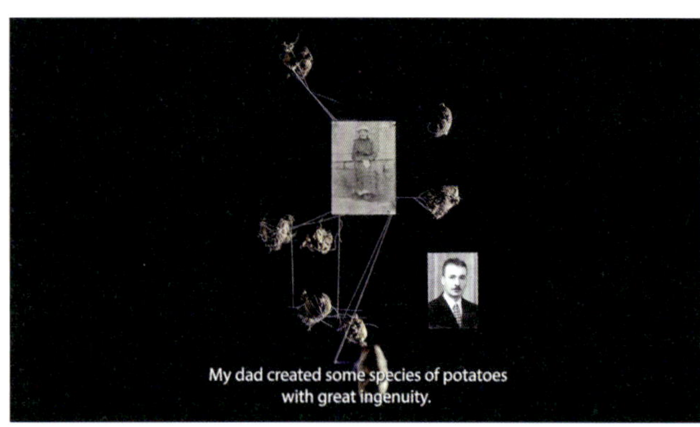
My dad created some species of potatoes
with great ingenuity.

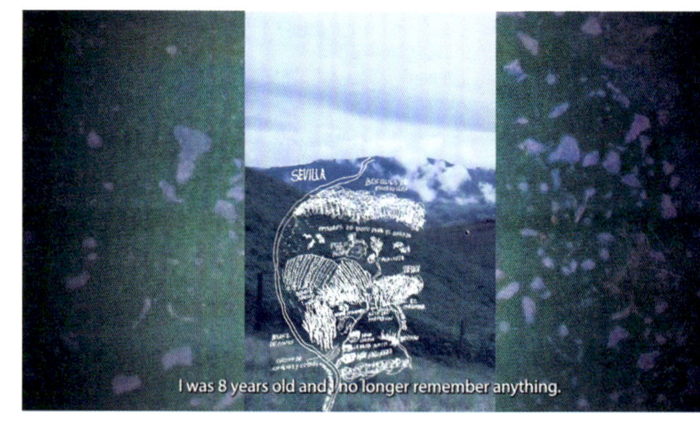
SEVILLA
I was 8 years old and I no longer remember anything.

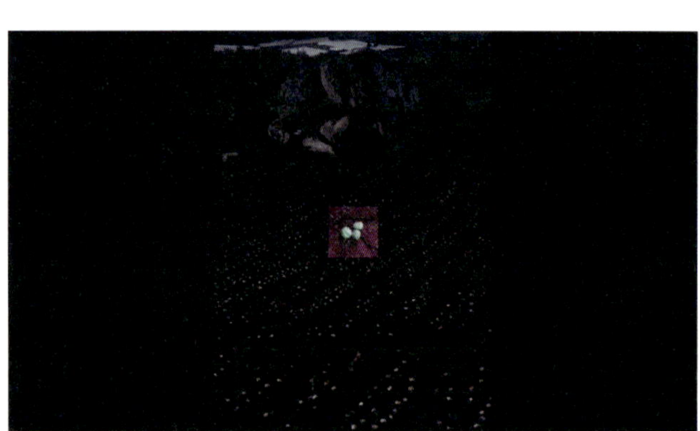

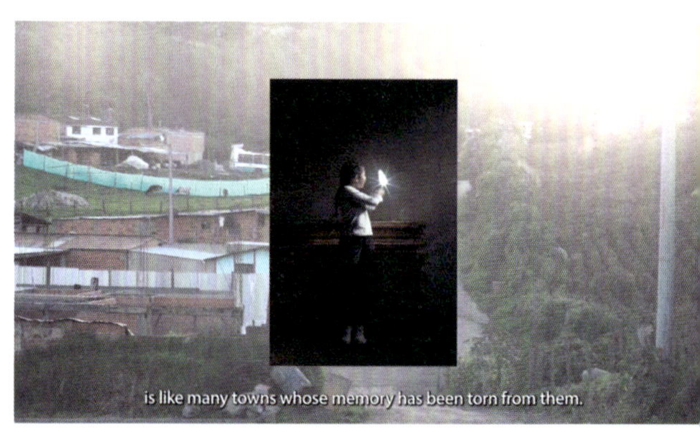
is like many towns whose memory has been torn from them.

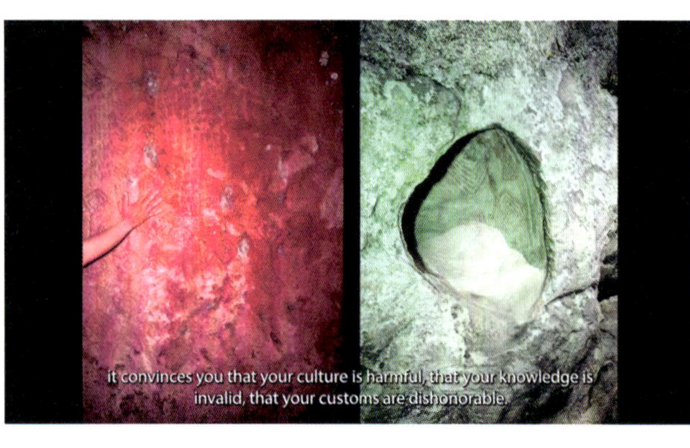
it convinces you that your culture is harmful, that your knowledge is
invalid, that your customs are dishonorable.

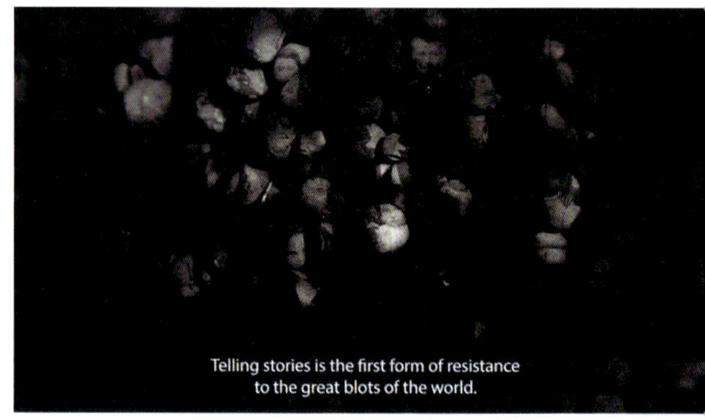
Telling stories is the first form of resistance
to the great blots of the world.

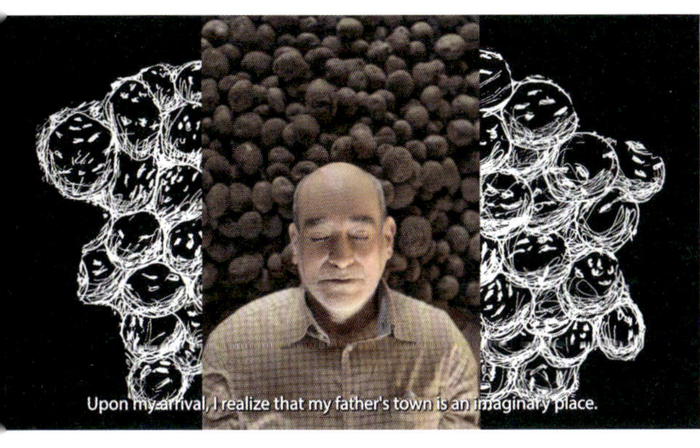
Upon my arrival, I realize that my father's town is an imaginary place.

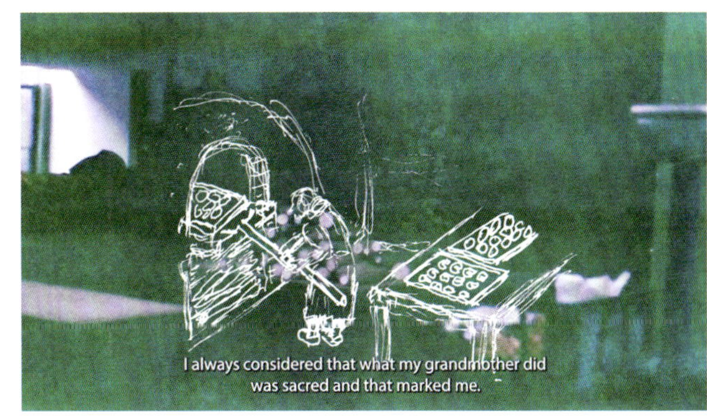
I always considered that what my grandmother did
was sacred and that marked me.

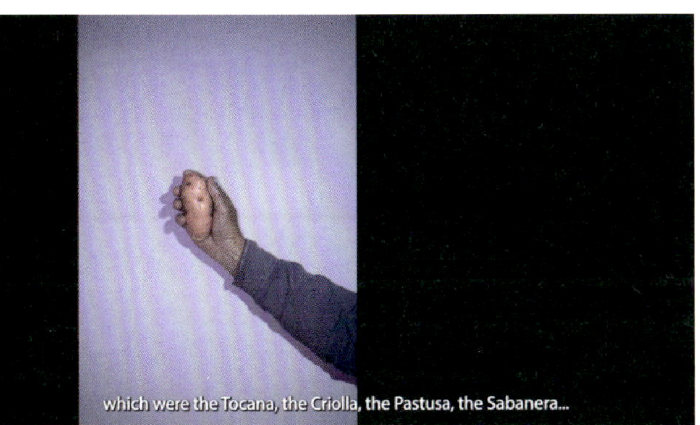
which were the Tocana, the Criolla, the Pastusa, the Sabanera...

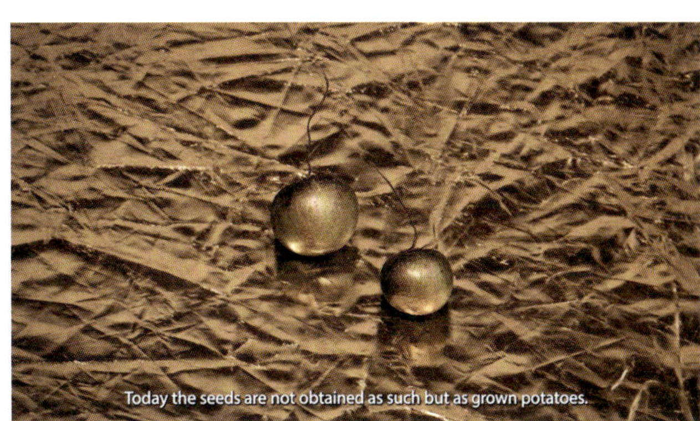
Today the seeds are not obtained as such but as grown potatoes.

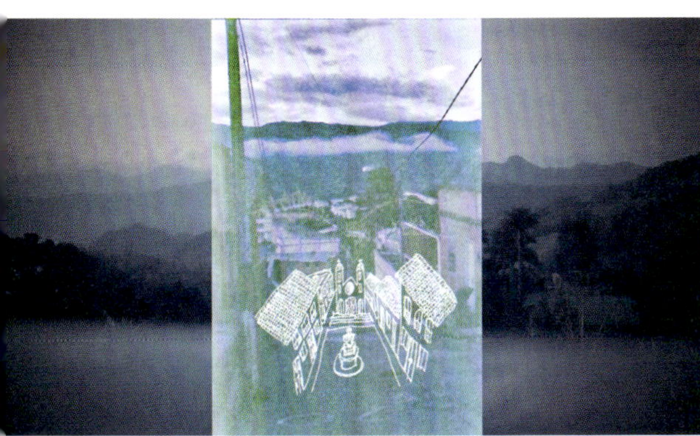

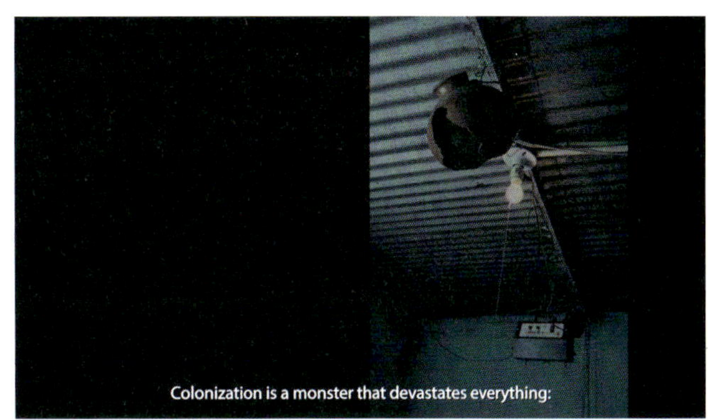
Colonization is a monster that devastates everything:

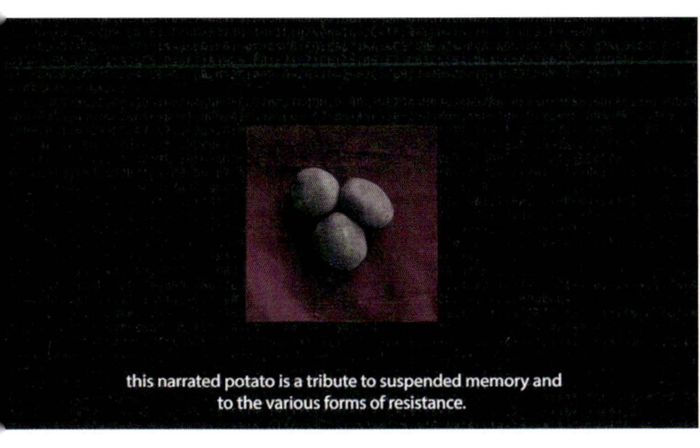
this narrated potato is a tribute to suspended memory and
to the various forms of resistance.

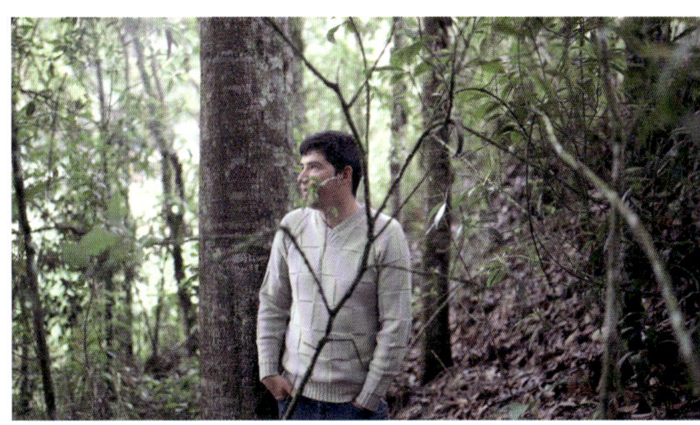

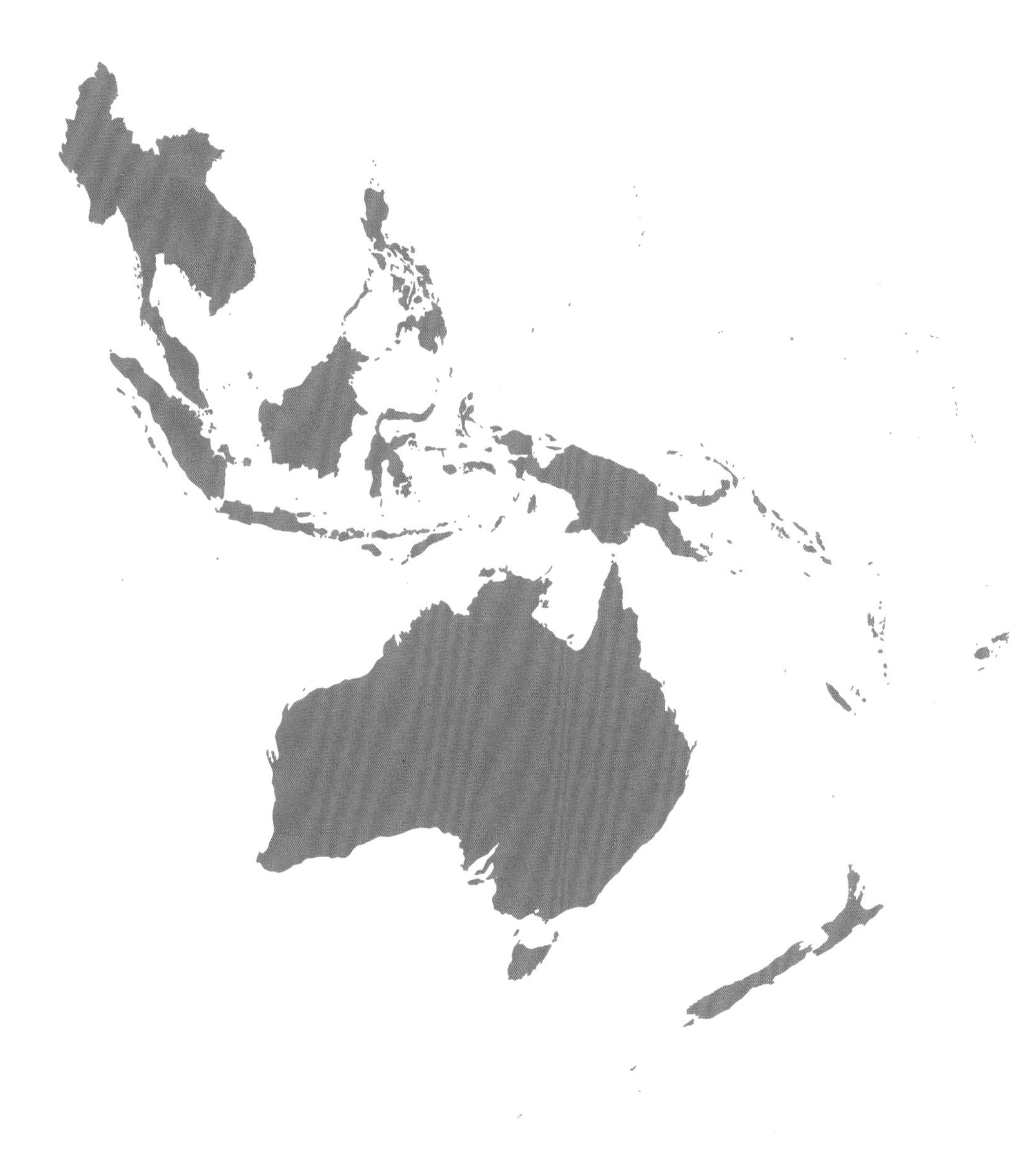

selbst gemachte waffen

SÜDOSTASIEN UND OZEANIEN
EINZELFOTOS

STEINSCHLEUDERN

ANONYM
FÜR *THE NEW YORK TIMES*

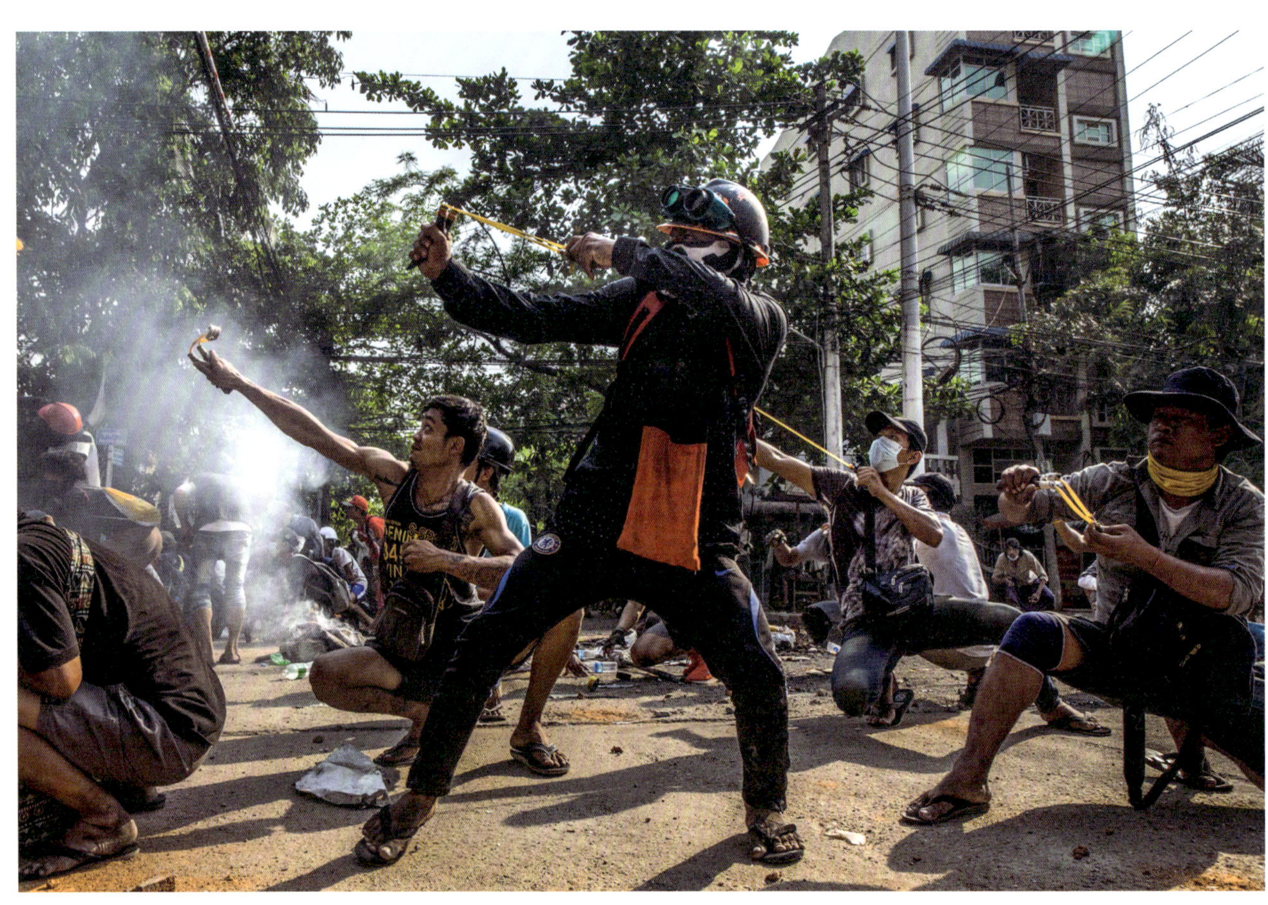

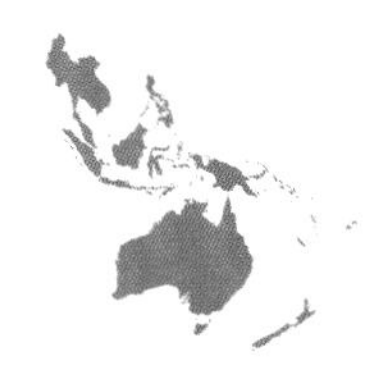

Am 1. Februar 2021 putschte die Militärführung in Myanmar, wenige Stunden bevor ein neu gewähltes Parlament vereidigt werden sollte. Im ganzen Land brachen riesige Proteste aus, die vom Militär mit aller Härte niedergeschlagen wurden. Internationale Medienorganisationen und ein UN-Beamter berichteten, dass das Militär mit scharfer Munition auf zivile Demonstranten und in die Häuser der Menschen feuerte. Die Fotografin oder der Fotograf bleibt aus Gründen der persönlichen Sicherheit anonym. Am Tag vor der Aufnahme dieses Fotos wurden 114 Zivilisten getötet.

Demonstranten benutzen Steinschleudern und andere selbst gebaute Waffen bei einem Zusammenstoß mit Sicherheitskräften in Yangon, Myanmar, am 28. März 2021.

cool burnings

SÜDOSTASIEN UND OZEANIEN
FOTOSERIEN

MIT FEUER WÄLDER RETTEN

MATTHEW ABBOTT

FÜR *NATIONAL GEOGRAPHIC*/PANOS PICTURES

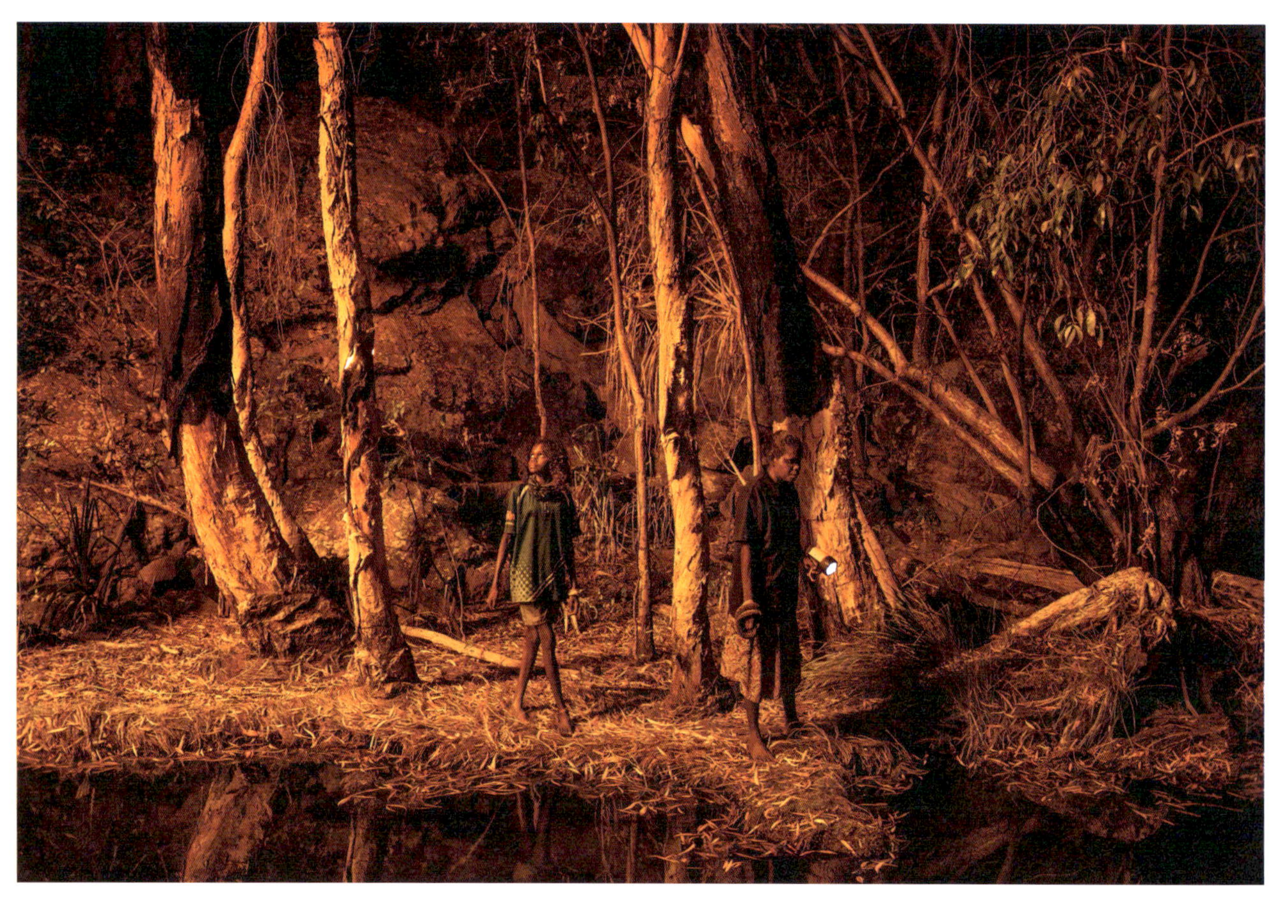

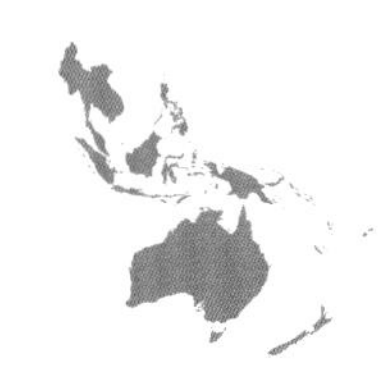

Australische Ureinwohner brennen ihr Land strategisch ab, nach einer Methode, die sich «cool burning» nennt und bei der sich das Feuer langsam ausbreitet, nur das Unterholz verbrennt und die Anhäufung von Brennmaterial entfernt, das größere Brände begünstigt. Das Volk der Nawarddeken im westaustralischen Arnhem Land praktiziert das kontrollierte Abbrennen seit Zehntausenden von Jahren und betrachtet das Feuer als Mittel zur Bewirtschaftung seines 1,39 Millionen Hektar großen Heimatgebiets. Die Nawarddeken-Ranger kombinieren traditionelles Wissen mit modernen Technologien, um Waldbrände zu verhindern und so das klimawirksame CO_2 zu reduzieren.

Stacey Lee (11, links) zündet die Rinde von Bäumen an, um eine natürliche Lichtquelle für die Jagd auf Feilenschlangen (*Acrochordus arafurae*) zu schaffen, in Djulkar, Arnhem Land, Australien, am 22. Juli 2021.

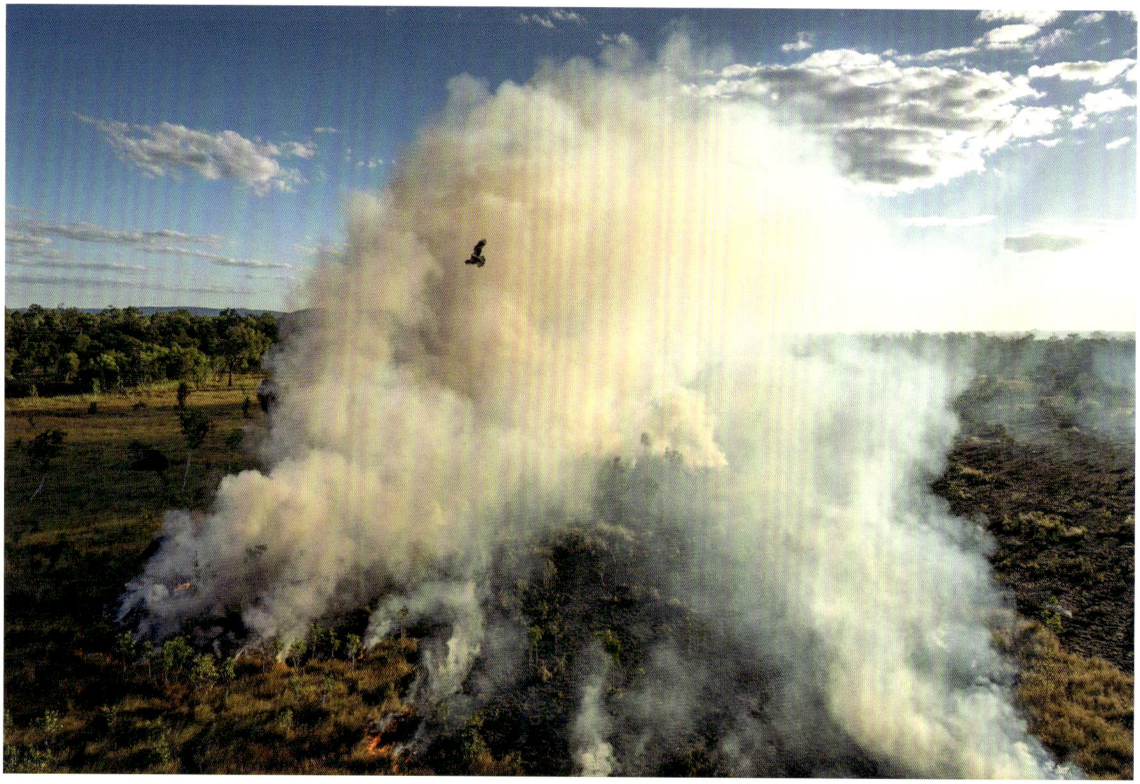

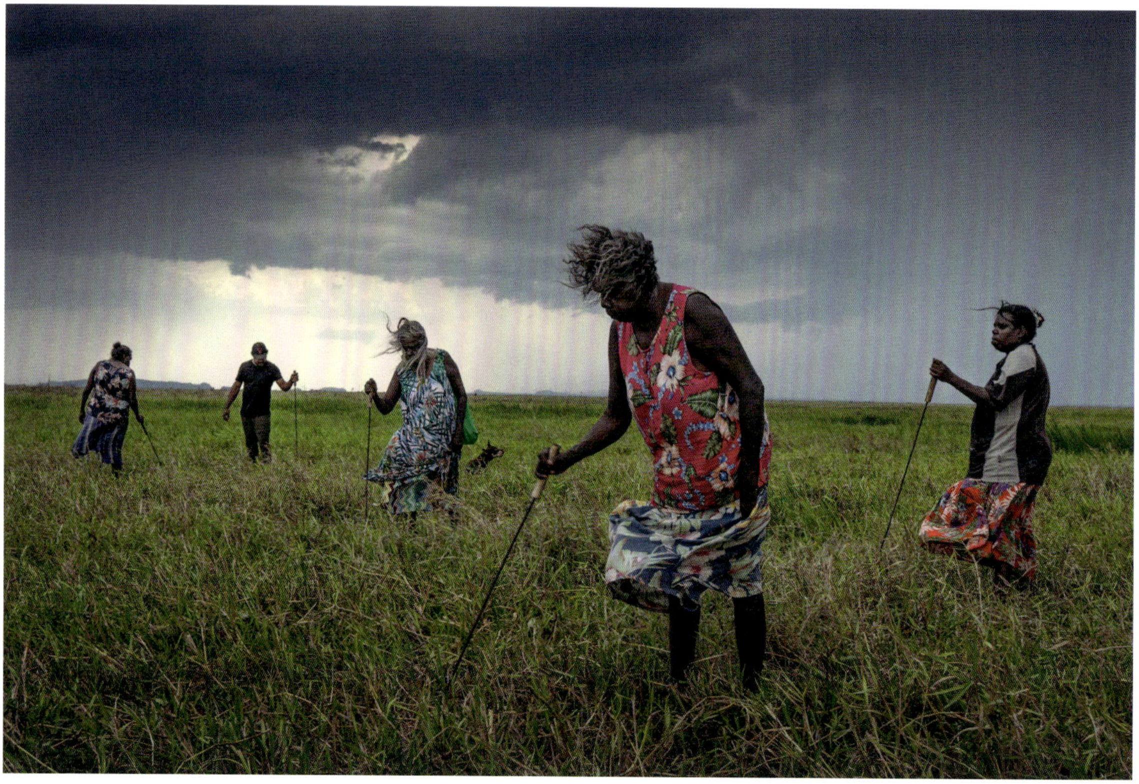

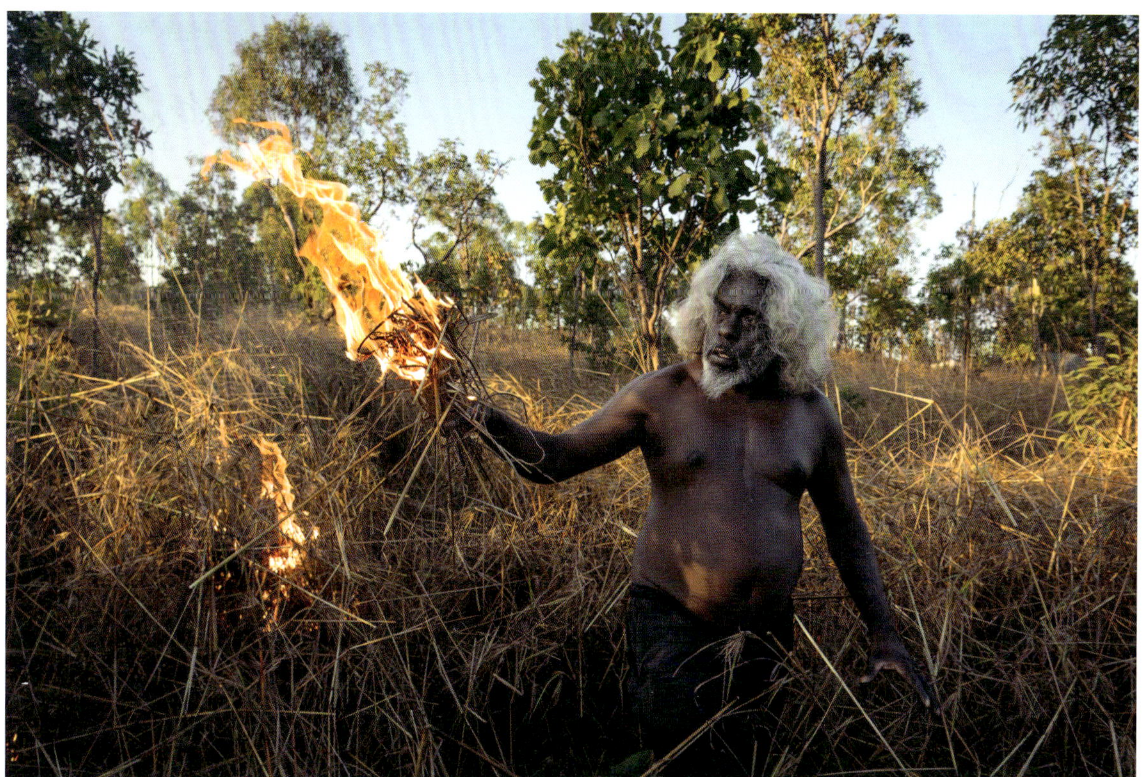

Ein Schwarzmilan (*Milvus migrans, Unterart Affinis*) fliegt am 2. Mai 2021 in Mamadawerre, Arnhem Land, Australien, über ein von Jägern entzündetes «cool-burn»-Feuer. Der Raubvogel, auch «firehawk» genannt, stammt ursprünglich aus Nord- und Ostaustralien und jagt in der Nähe aktiver Brände, wobei er große Insekten, kleine Säugetiere und Reptilien erbeutet, wenn diese vor den Flammen fliehen.

Der Nawarddeken-Älteste Conrad Maralngurra verbrennt Gras, um die Gemeinde Mamadawerre am 3. Mai 2021 in Mamadawerre, Arnhem Land, Australien, vor späten «Waldbränden» zu schützen. Das Feuer am späten Abend wird von selbst erlöschen, sobald die Temperatur sinkt und die Feuchtigkeit steigt.

Eine Gruppe von Nawarddeken-Ältesten jagt am 31. Oktober 2021 in den Überschwemmungsgebieten bei Gunbalanya, Arnhem Land, Australien, mit selbst gebauten Werkzeugen nach Schildkröten. Sie haben den ganzen Tag damit verbracht, nur zwei Schildkröten zu finden, die eine beliebte Delikatesse sind. Bald wird das Gras verbrannt werden, um die Jagd zu erleichtern.

feinstaub

DUNST
ABRIANSYAH LIBERTO

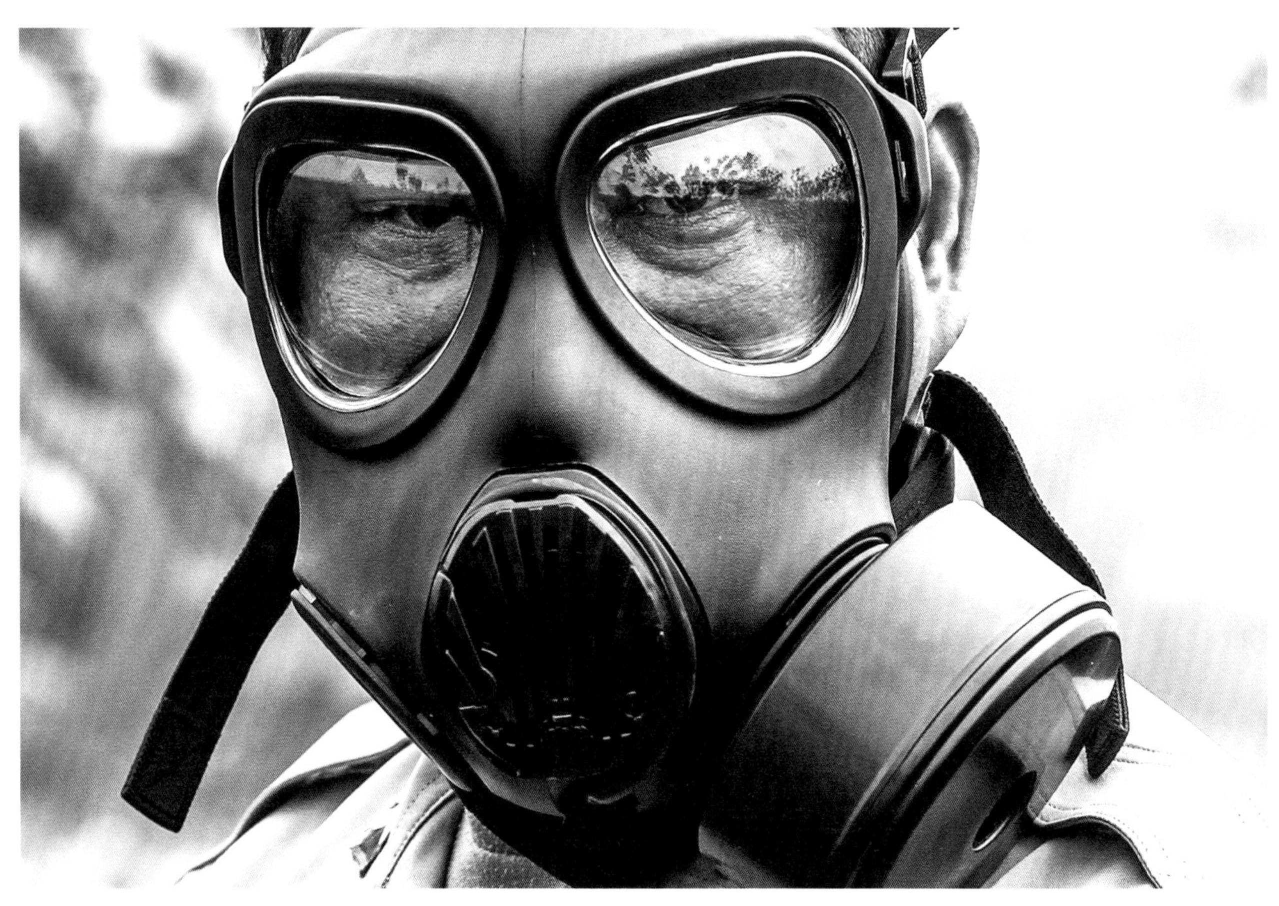

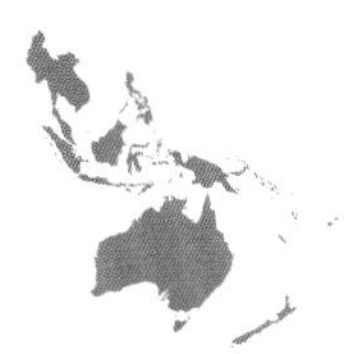

In Indonesien kam es in den letzten Jahren zu außergewöhnlich großen Waldbränden. Der durch Brände entstehende Dunst kann die menschliche Gesundheit beeinträchtigen, da er Feinstaub enthält, der tief in die Lunge eindringen kann. Trockene Wetterbedingungen erleichtern das Auslösen von Bränden, um Land für die Landwirtschaft zu roden, erhöhen aber auch die Wahrscheinlichkeit, dass sie sich unkontrolliert ausbreiten. Indonesien ist der weltweit größte Produzent von Palmöl, und die industrielle Abholzung von Land hat das Risiko auf Waldbrände enorm erhöht. Seit Beginn der Datenerfassung im Jahr 1990 hat das Land etwa ein Viertel seiner Waldfläche verloren.

Ein Polizist trägt eine Gasmaske zum Schutz vor dem Rauch eines Torfbrandes in Ogan Komering Ilir, Süd-Sumatra, Indonesien, am 11. September 2015.

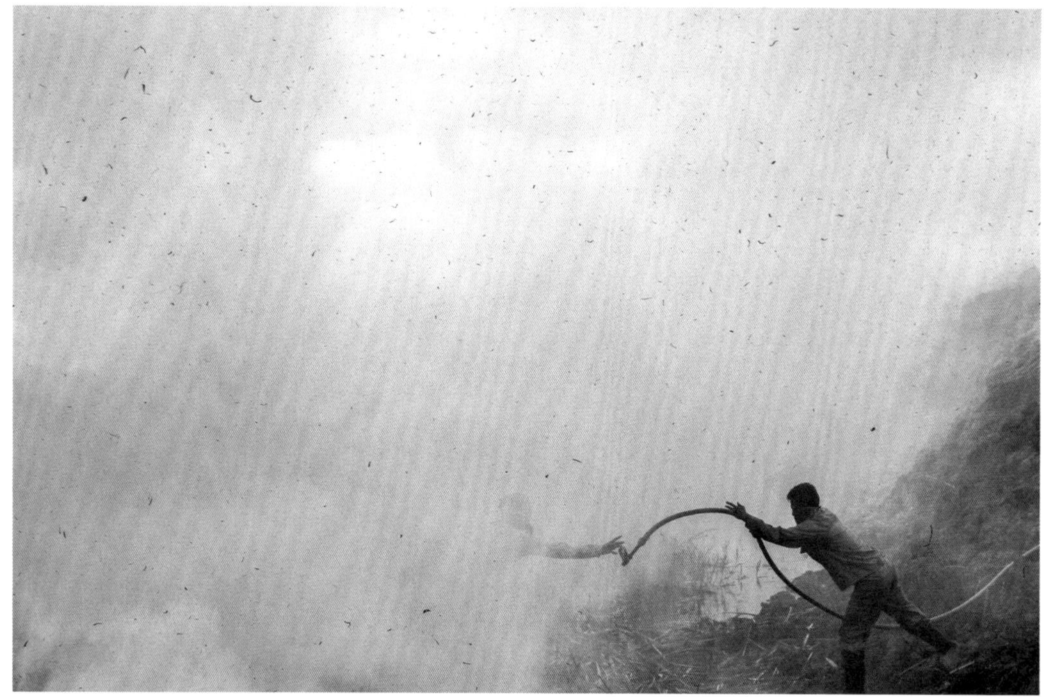

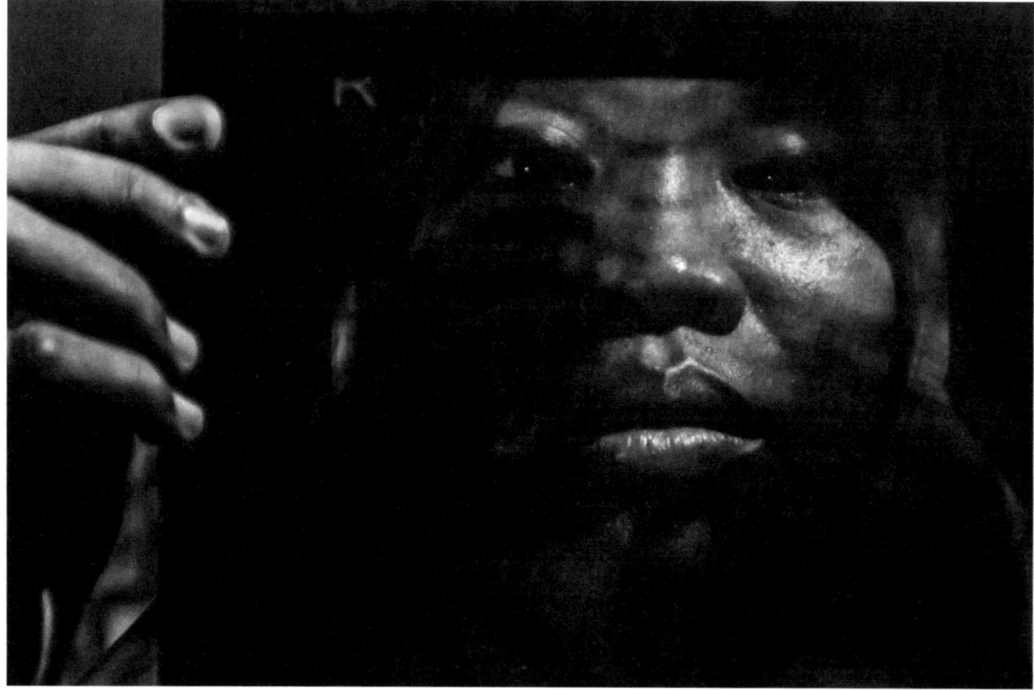

Ein Feuerwehrmann wirft einem anderen einen Schlauch zu, während er versucht, ein Feuer in Ogan Ilir, Süd-Sumatra, am 5. September 2015 zu löschen.

Ria Susanti untersucht ein Röntgenbild der Lunge ihrer Tochter Fadhila Rahma in Palembang, Süd-Sumatra, Indonesien, am 3. November 2015. Fadhila starb an einer akuten Atemwegsinfektion, die vermutlich durch den Smog aus Wald- und Landbränden verursacht worden war.

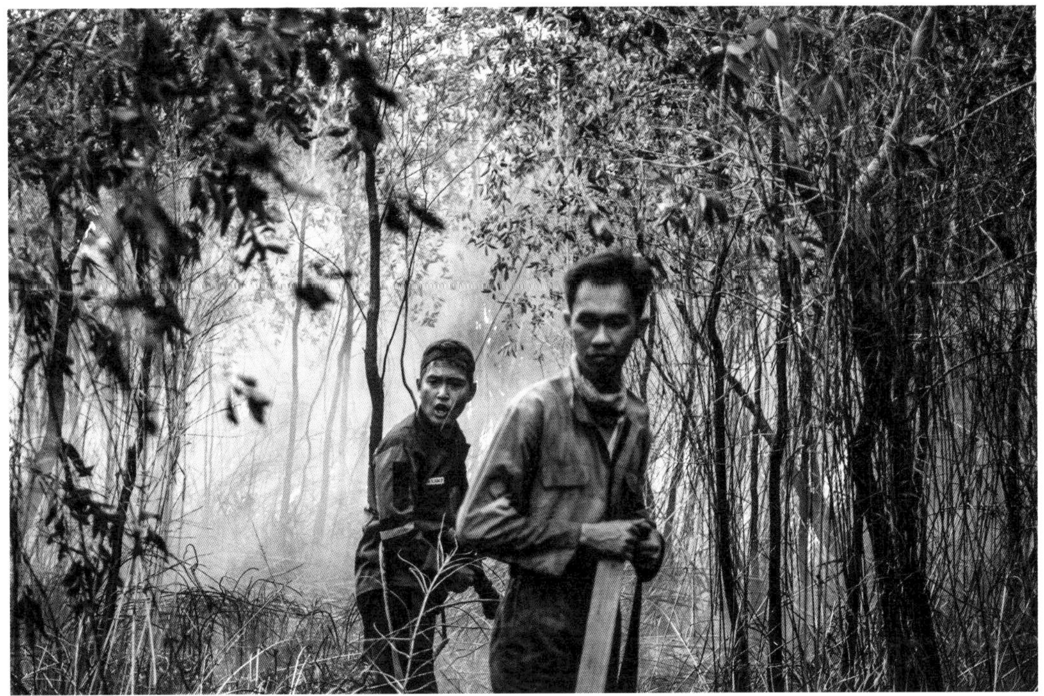

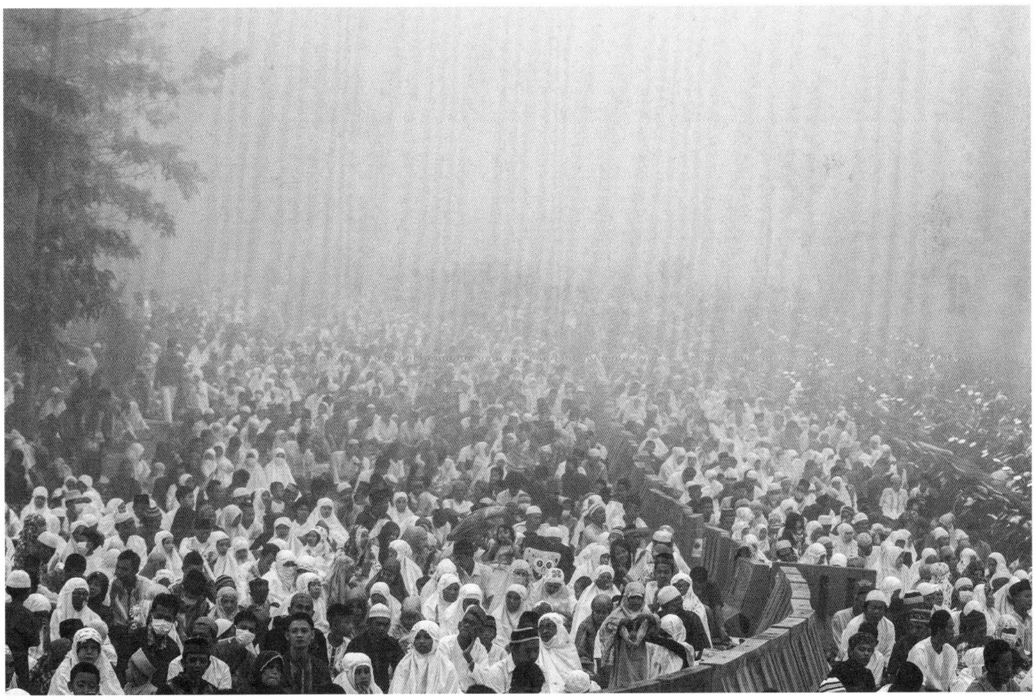

Ein Feuerwehrmann fordert von einem Kollegen Wasser zum Löschen eines Torfbrandes in Arisan Jaya, Süd-Sumatra, Indonesien, am 31. Juli 2021. Brennende Torfmoore sind schwer zu löschen, und in der Trockenzeit ist es schwierig, Wasser zu bekommen.

Menschen versammeln sich während des muslimischen Festes Eid al-Adha in Palembang, Indonesien, am 24. September 2015. Der durch Waldbrände verursachte Smog brachte die Luftqualität auf ein ungesundes Niveau, Flüge wurden gestrichen und die Menschen aufgefordert, in den Häusern zu bleiben.

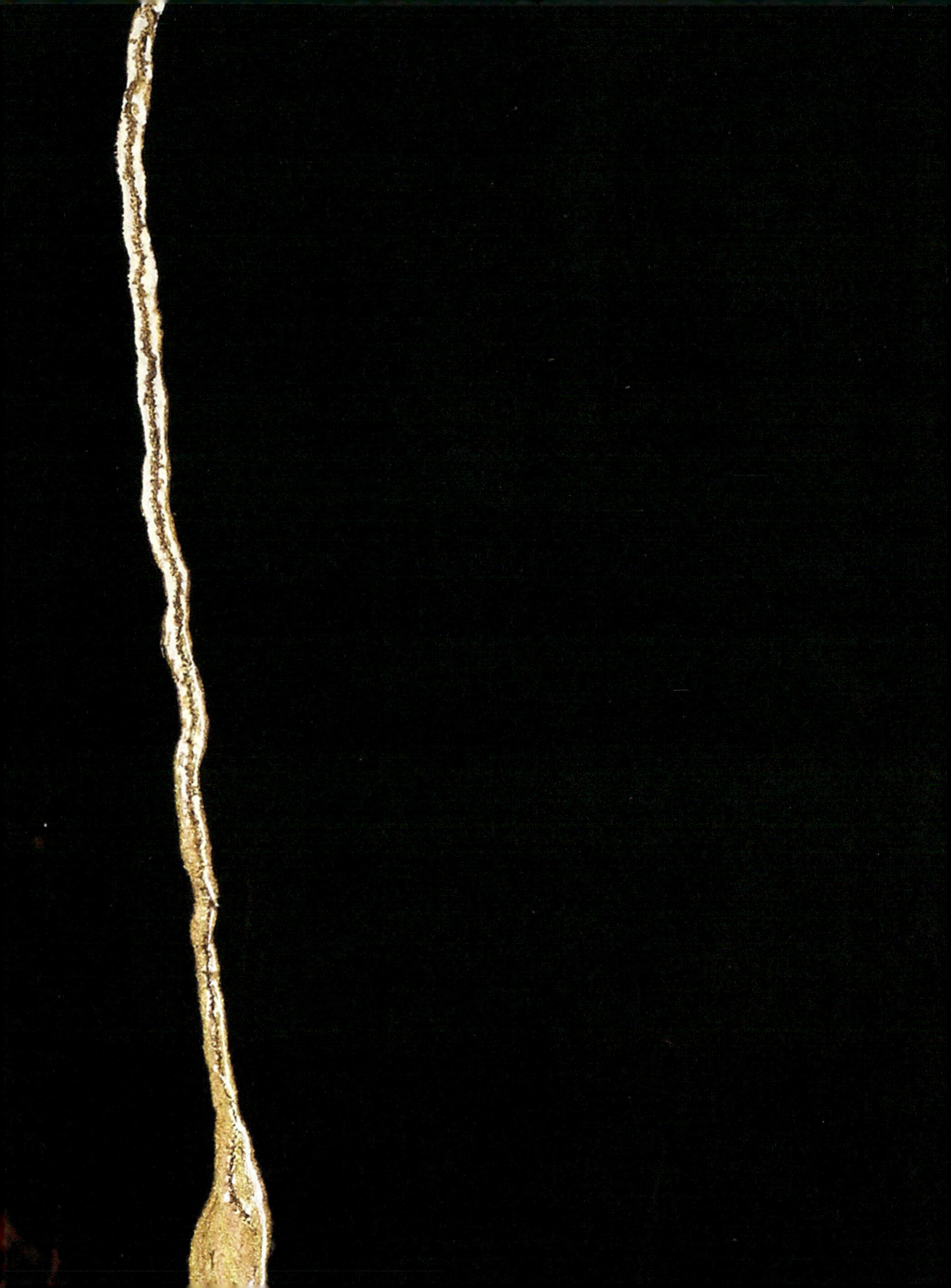

—

hoffnung
auf
eine
bessere
zukunft

—

DER WILLE, SICH ZU ERINNERN
CHARINTHORN RACHURUTCHATA

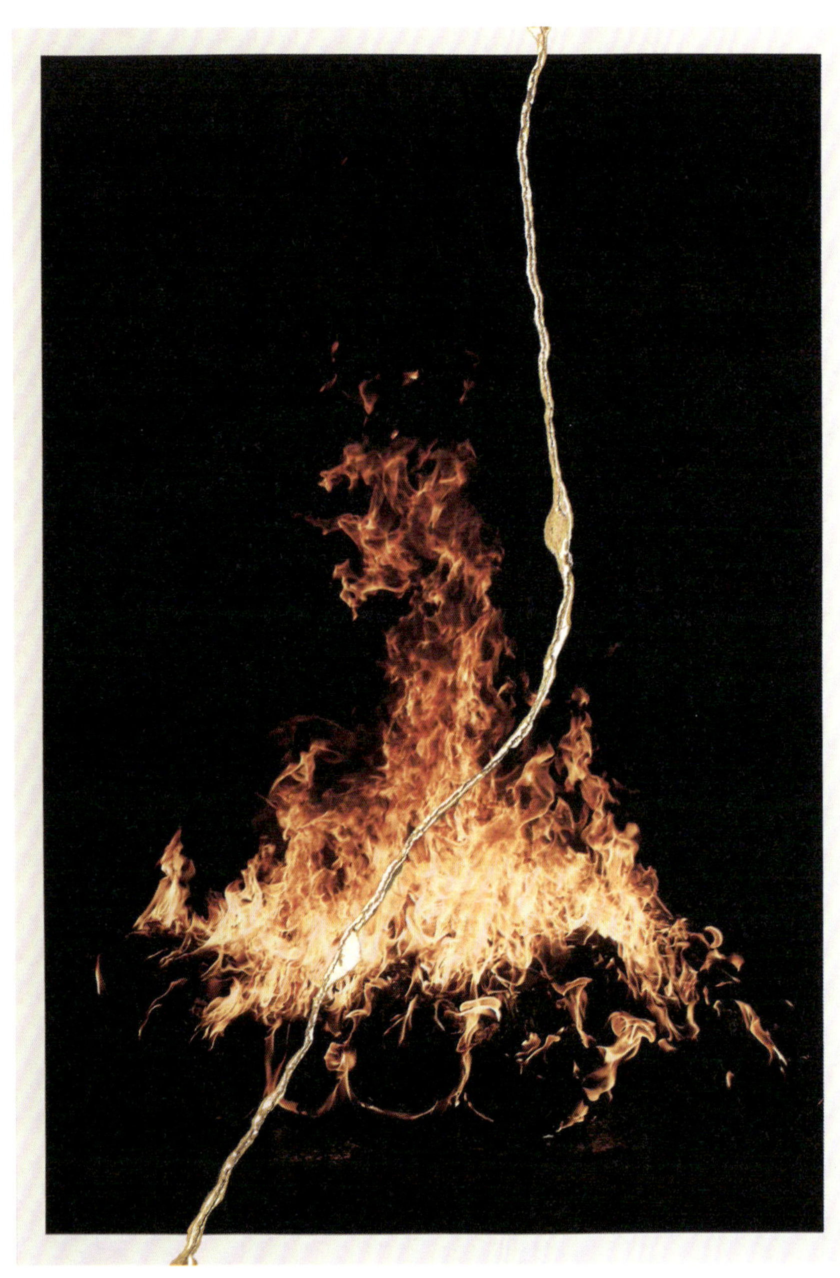

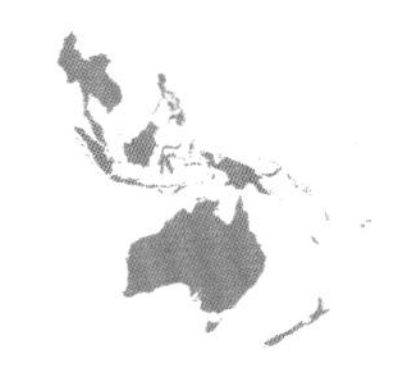

Der Wille, Sich zu erinnern stellt Archivbilder des Massakers an den Studierenden der Thammasat-Universität in Bangkok vom 6. Oktober 1976, Fotografien gegenüber, die Rachurutchata während der thailändischen Proteste 2020–2022 aufgenommen hat, um die Ursachen der heutigen Proteste zu verstehen. Die Fotografin ahmt die japanische Kunst des Kintsugi nach, indem sie Fotografien zerreißt und sie dann mit Lack und Goldpulver wieder zusammenfügt. Rachurutchata nutzt das Kintsugi, um die Umwandlung von Traumata in Hoffnung auf eine bessere Zukunft zu symbolisieren.

Jugendliche Demonstranten verbrennen am 45. Jahrestag des Massakers vom 6. Oktober 1976 an der Thammasat-Universität in Bangkok, Thailand, am 6. Oktober 2021 Attrappen von menschlichen Leichen auf dem Fußballfeld, auf dem Studenten während des Massakers getötet wurden.

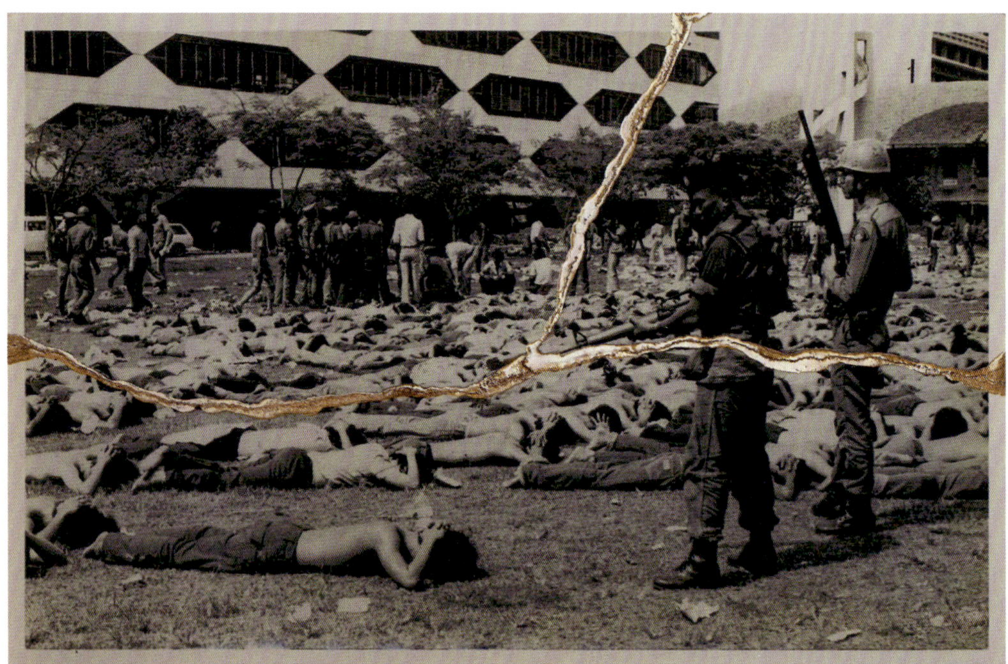

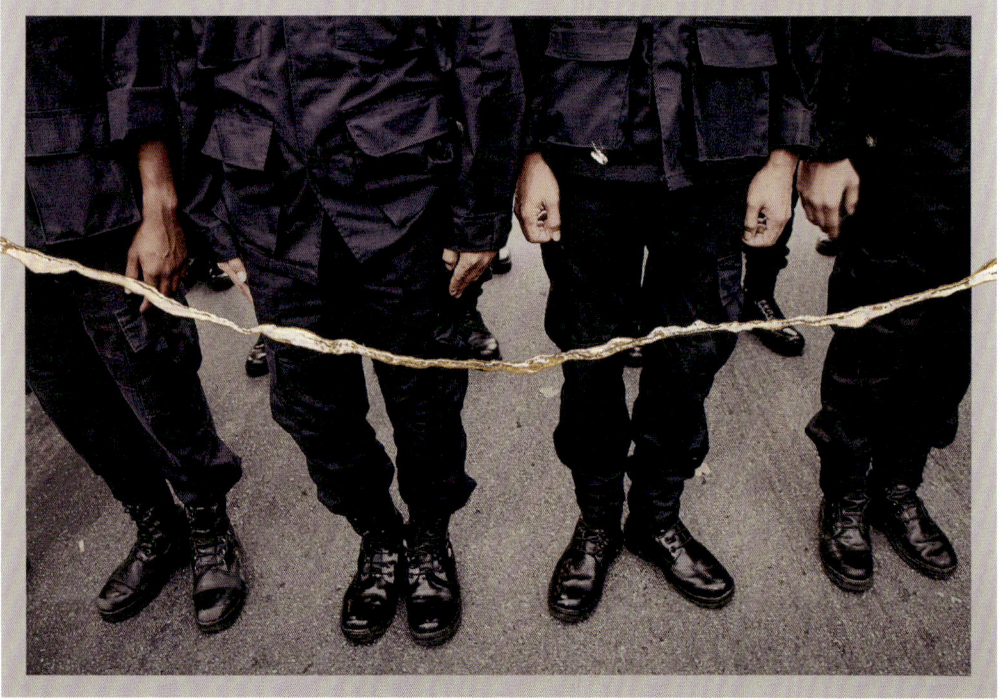

Archivbild des Massakers vom 6. Oktober 1976 in Bangkok, Thailand. Thongchai Winichakul, der Studentenführer zur Zeit des Massakers, berichtet, dass er Menschen auf dem Boden liegen sah, ohne zu wissen, dass einige von ihnen tot waren.

Beine von Polizisten während einer Demonstration in Bangkok, Thailand, am 6. Oktober 2020. Der Fotografin zufolge stehen die goldenen Narben auf den Bildern für Widerstandskraft gegen die Unterdrückung von Wissen und für die Möglichkeit einer schöneren Zukunft.

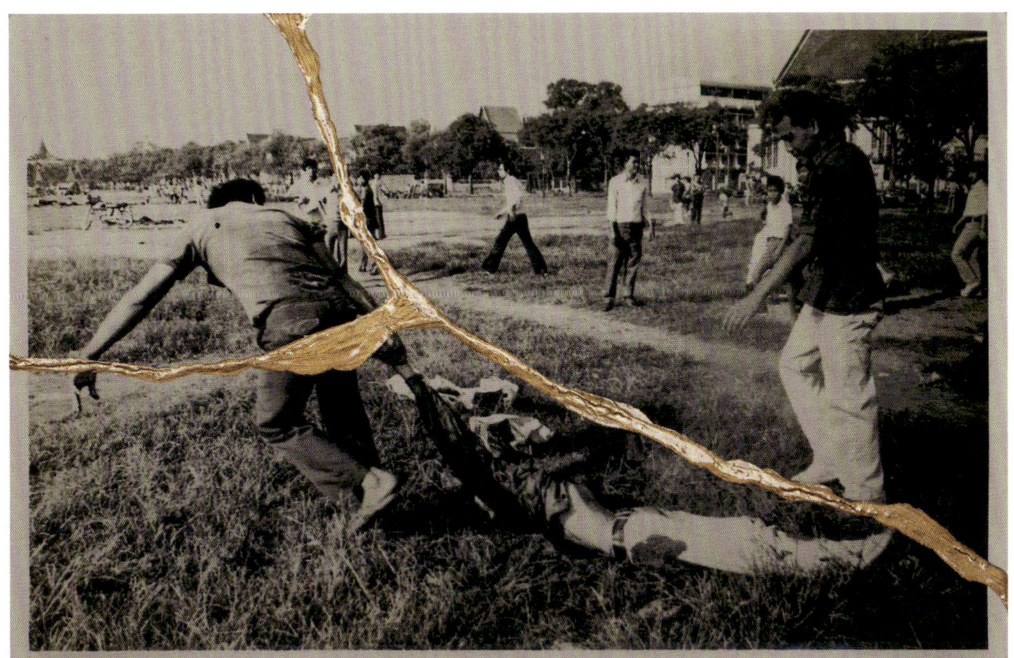

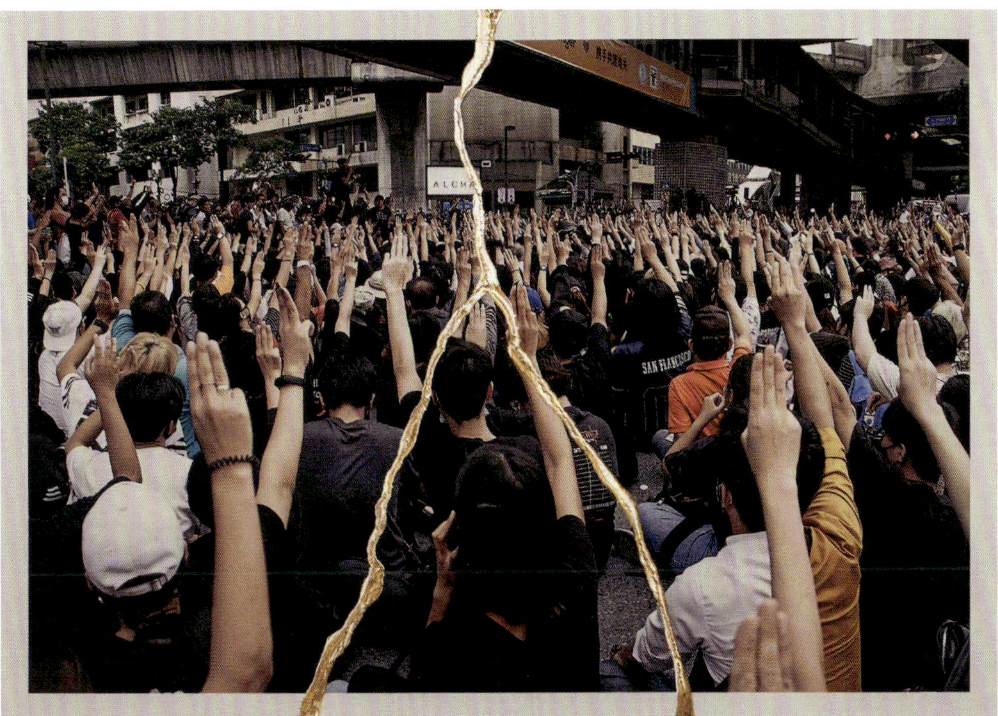

Archivbild des Massakers vom 6. Oktober 1976 in Bangkok, Thailand.

Demonstranten machen am 15. Oktober 2020 in Bangkok, Thailand, den durch die *Hunger-Games* Filme bekannt gewordenen Drei-Finger-Gruß. Popkulturelle Symbole sind zu einem wichtigen Instrument des Protests geworden.

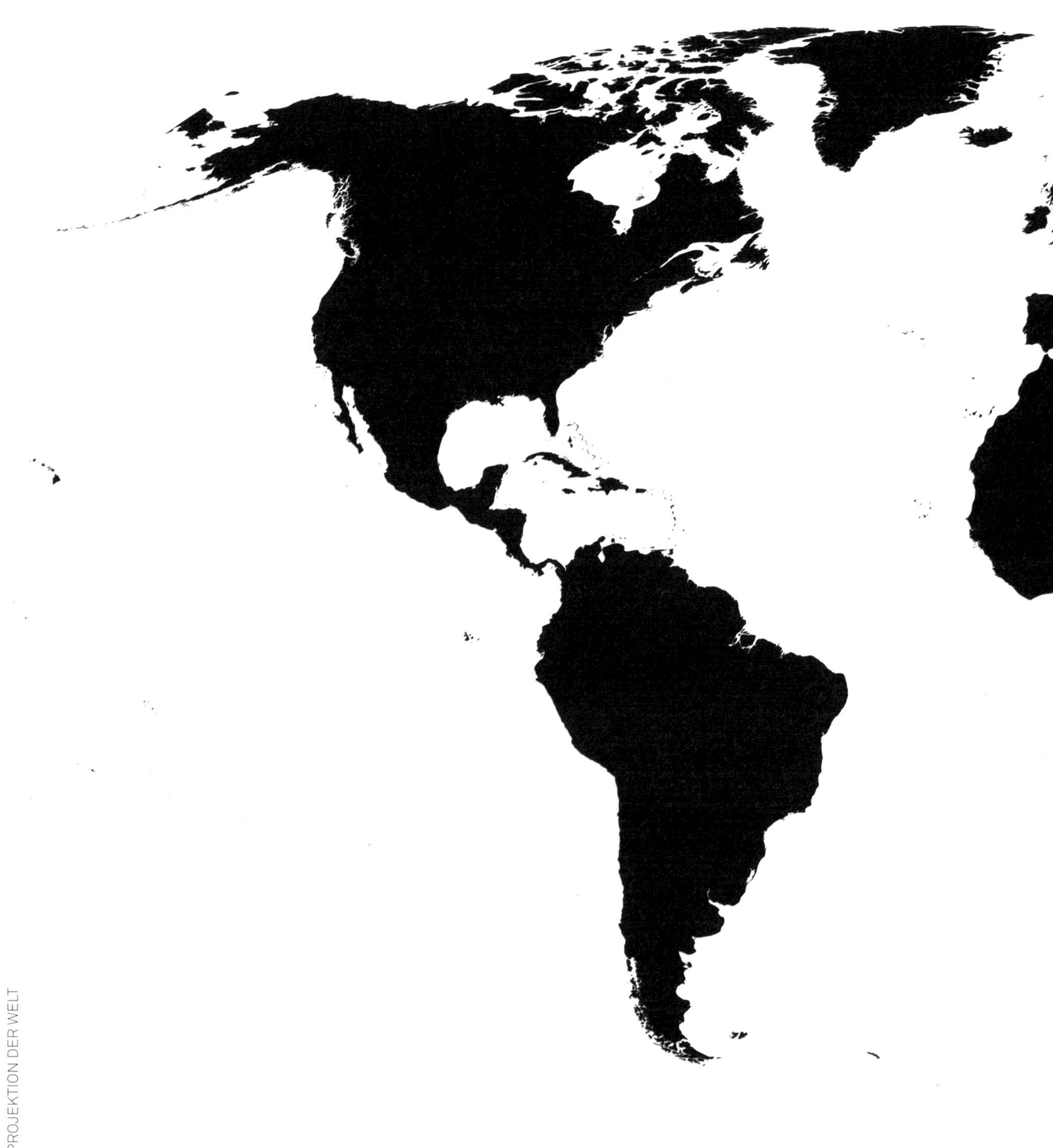

ROBINSON-PROJEKTION DER WELT

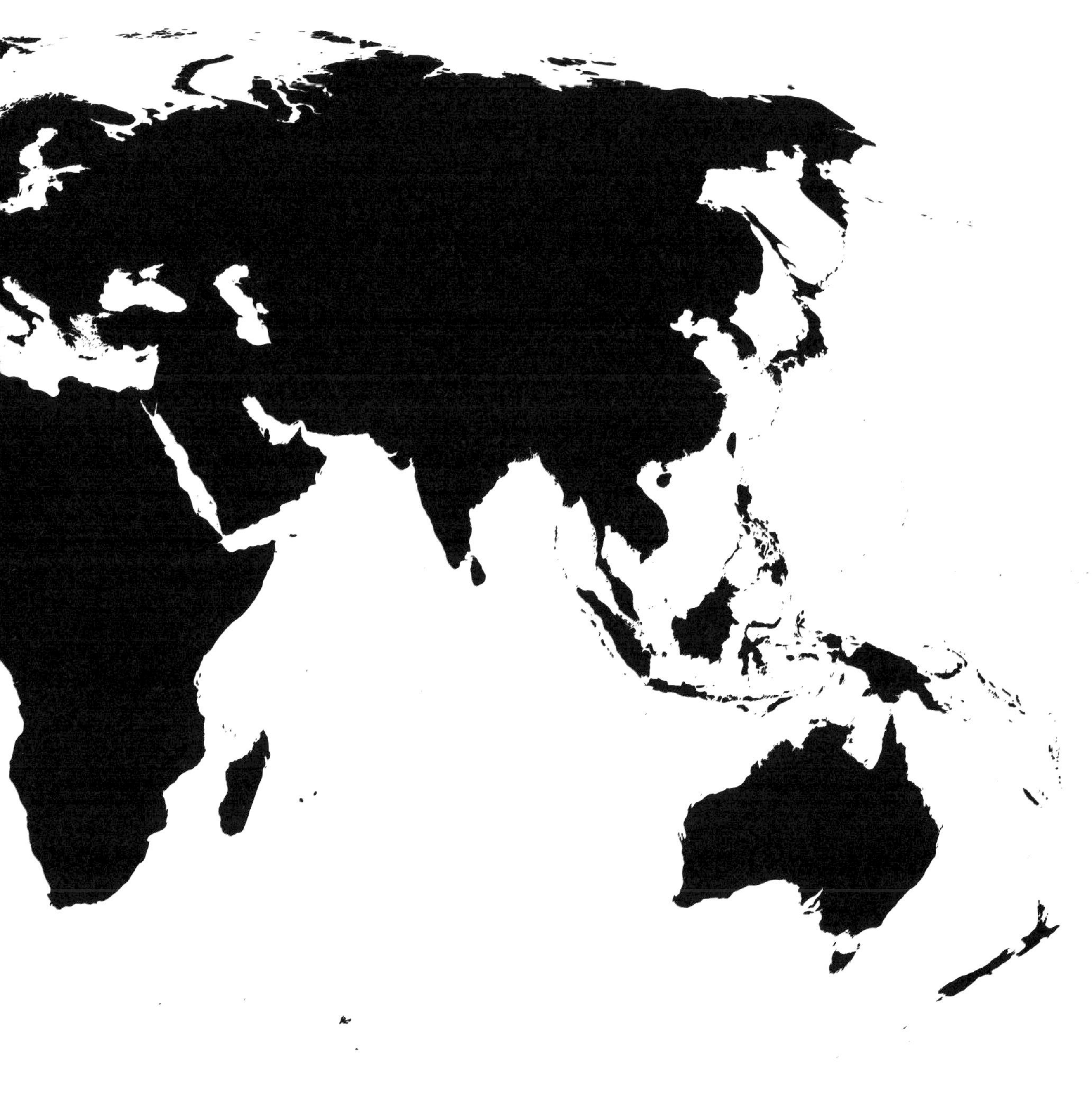

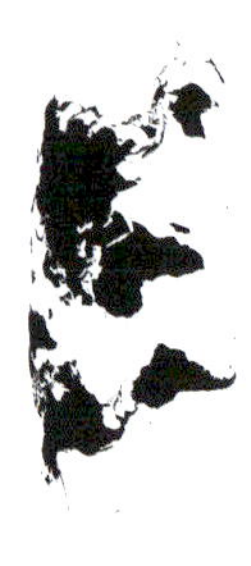

FOTO
DES JAHRES

DAS KAMLOOPS INTERNAT

AMBER BRACKEN
FÜR *THE NEW YORK TIMES*

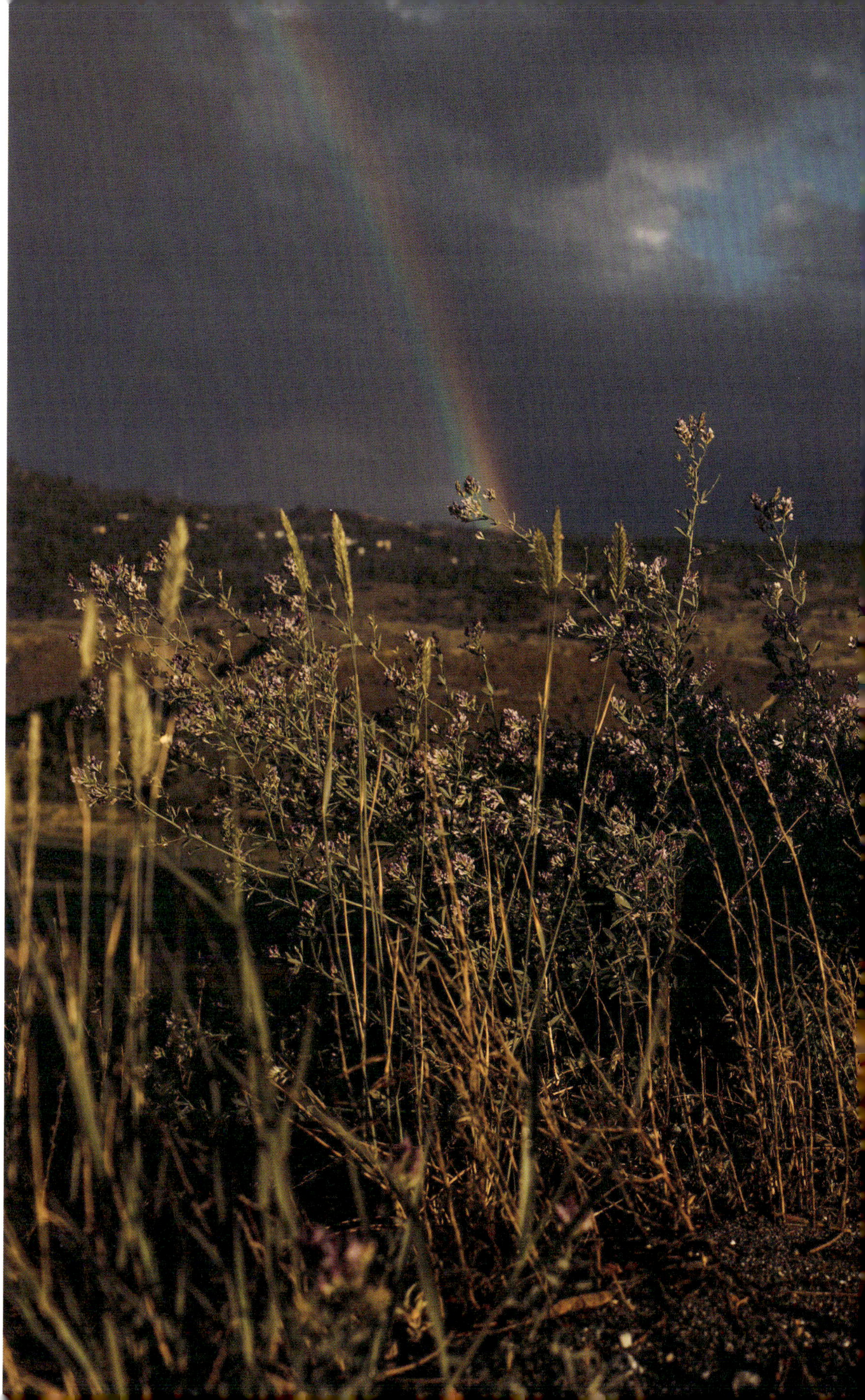

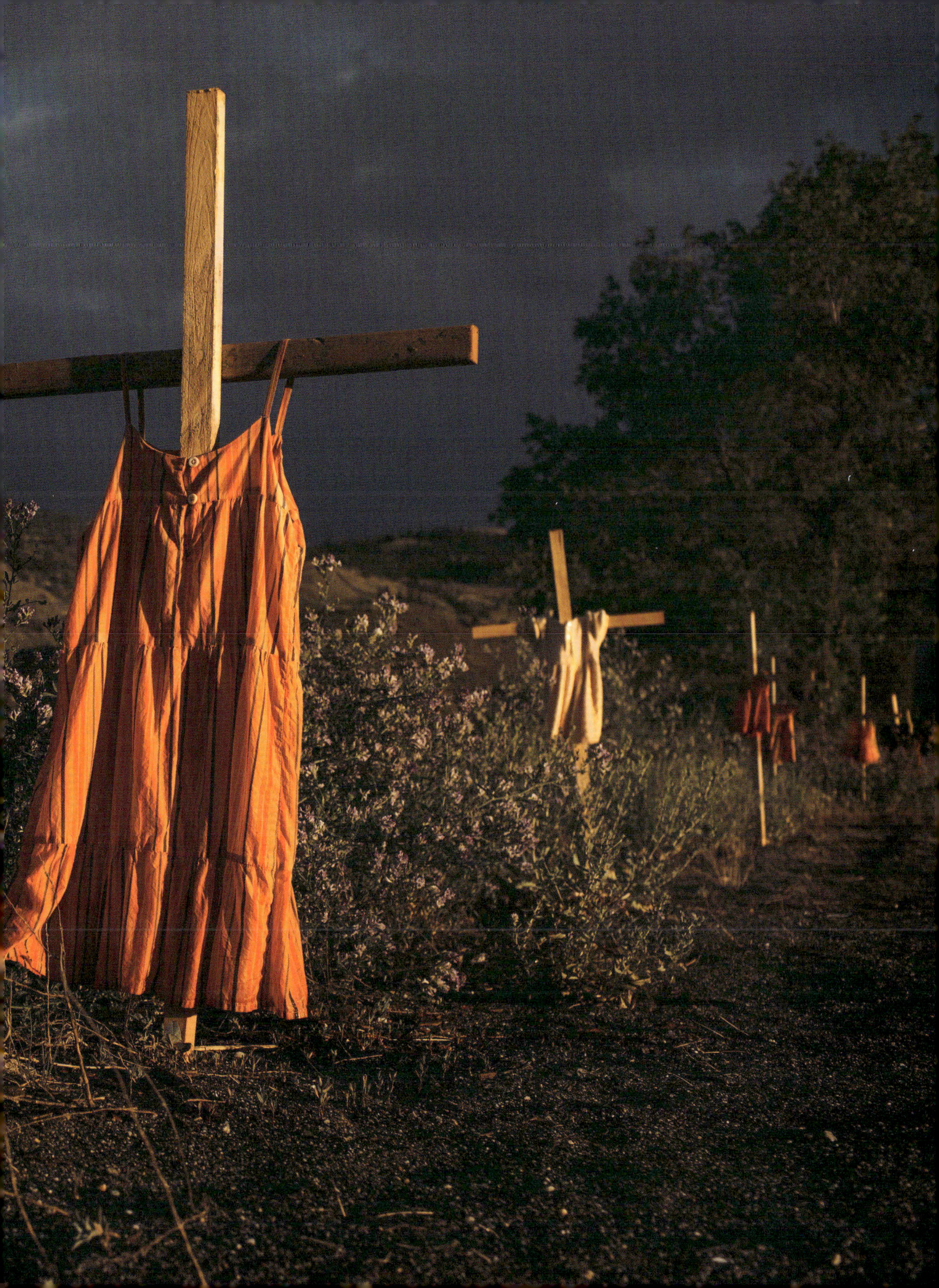

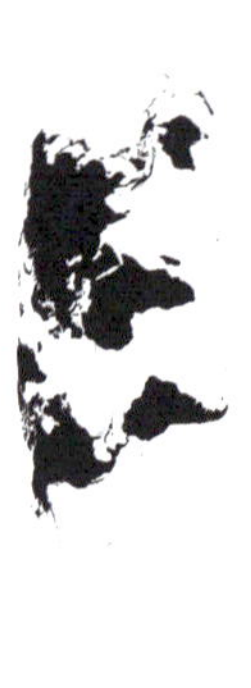

FOTOSERIE
DES JAHRES

MIT FEUER WÄLDER RETTEN

MATTHEW ABBOTT
FÜR *NATIONAL GEOGRAPHIC* /
PANOS PICTURES

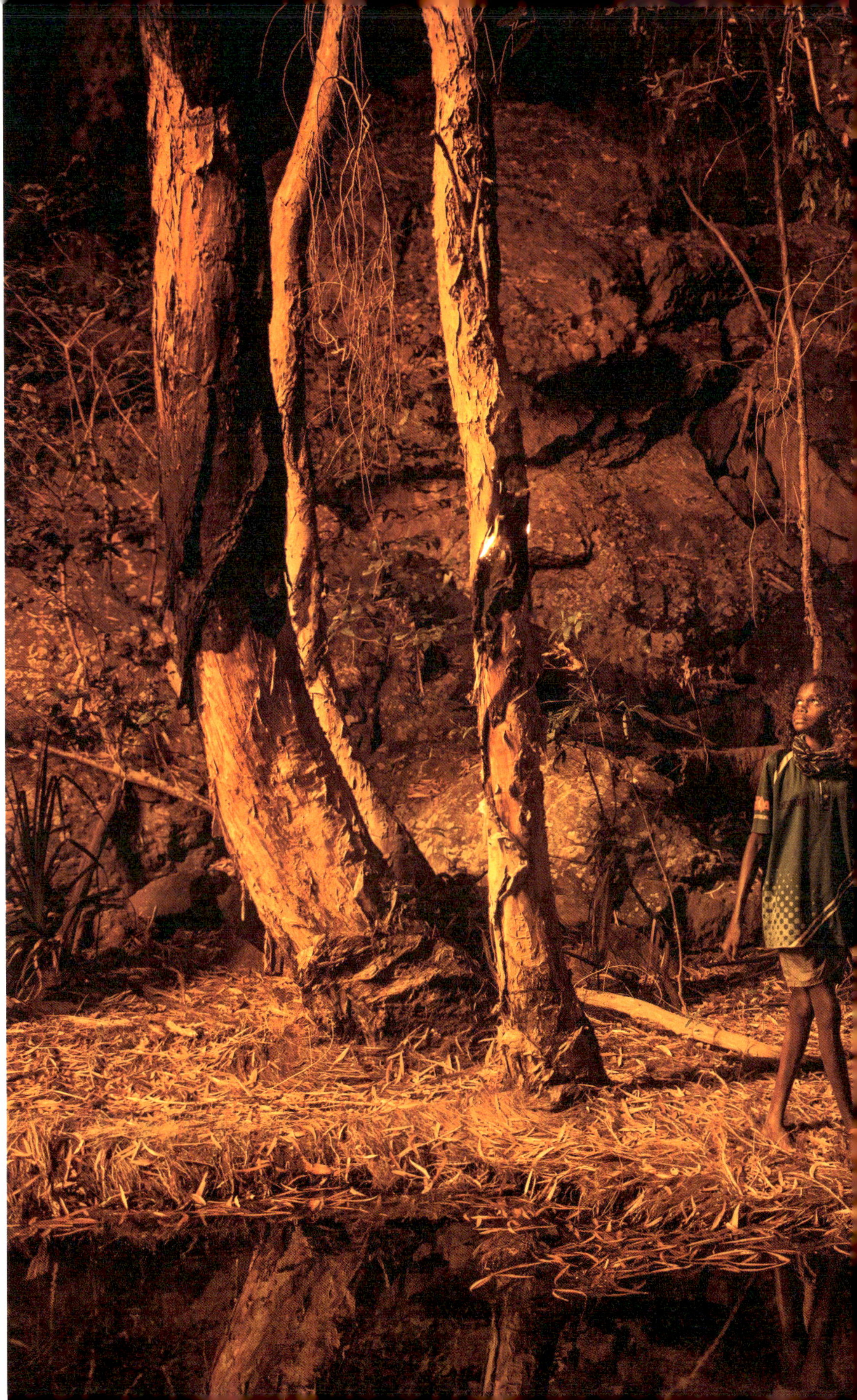

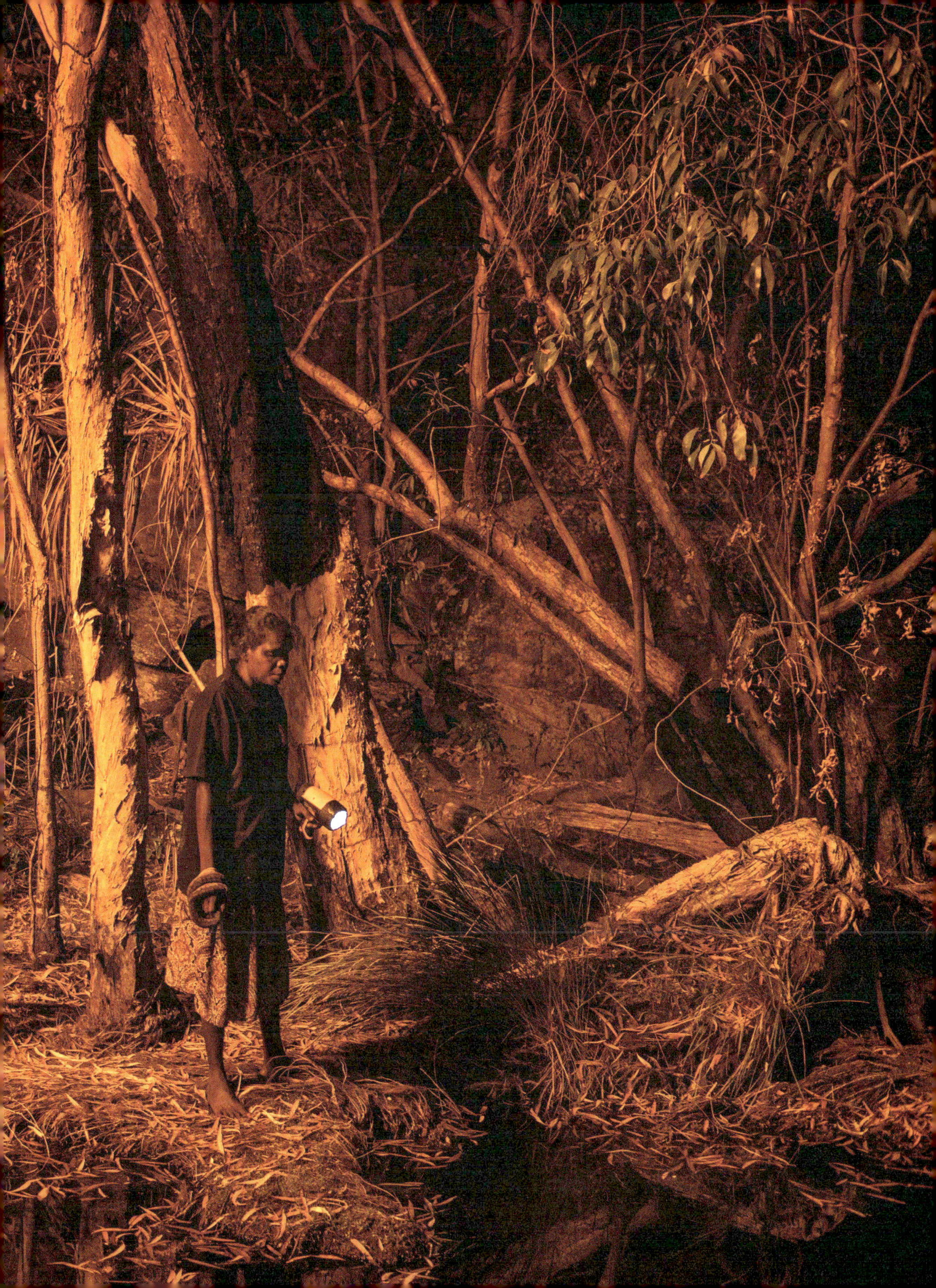

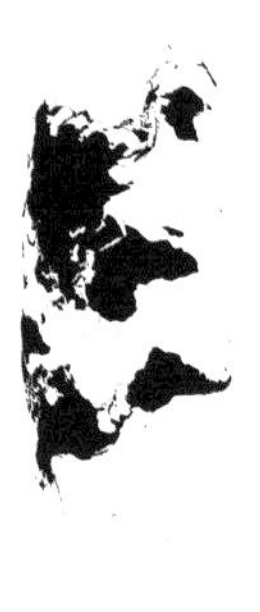

PREIS FÜR
LANGFRISTIGE PROJEKTE

DYSTOPIE IM AMAZONASGEBIET

LALO DE ALMEIDA
FÜR *FOLHA DE SÃO PAULO* /
PANOS PICTURES

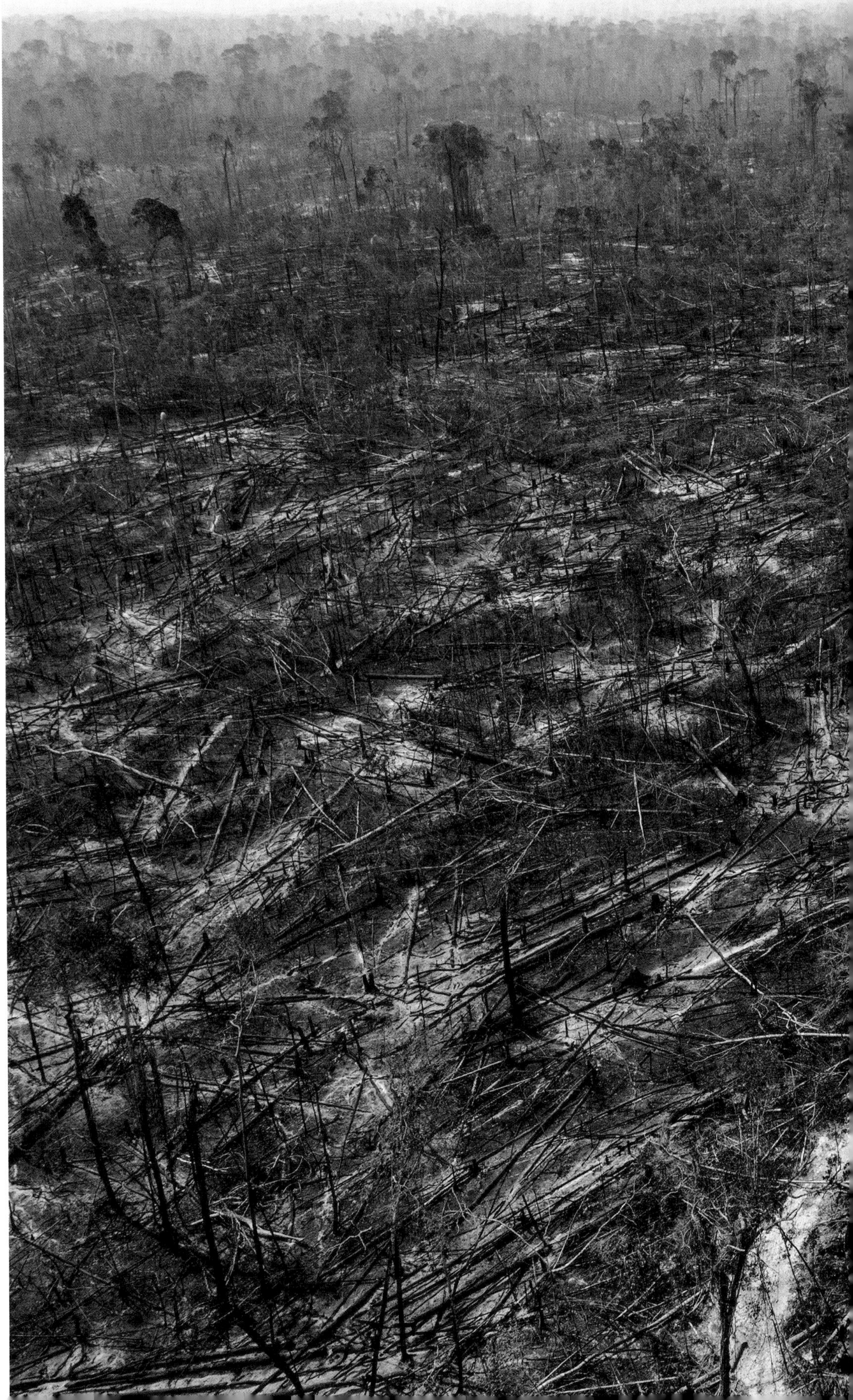

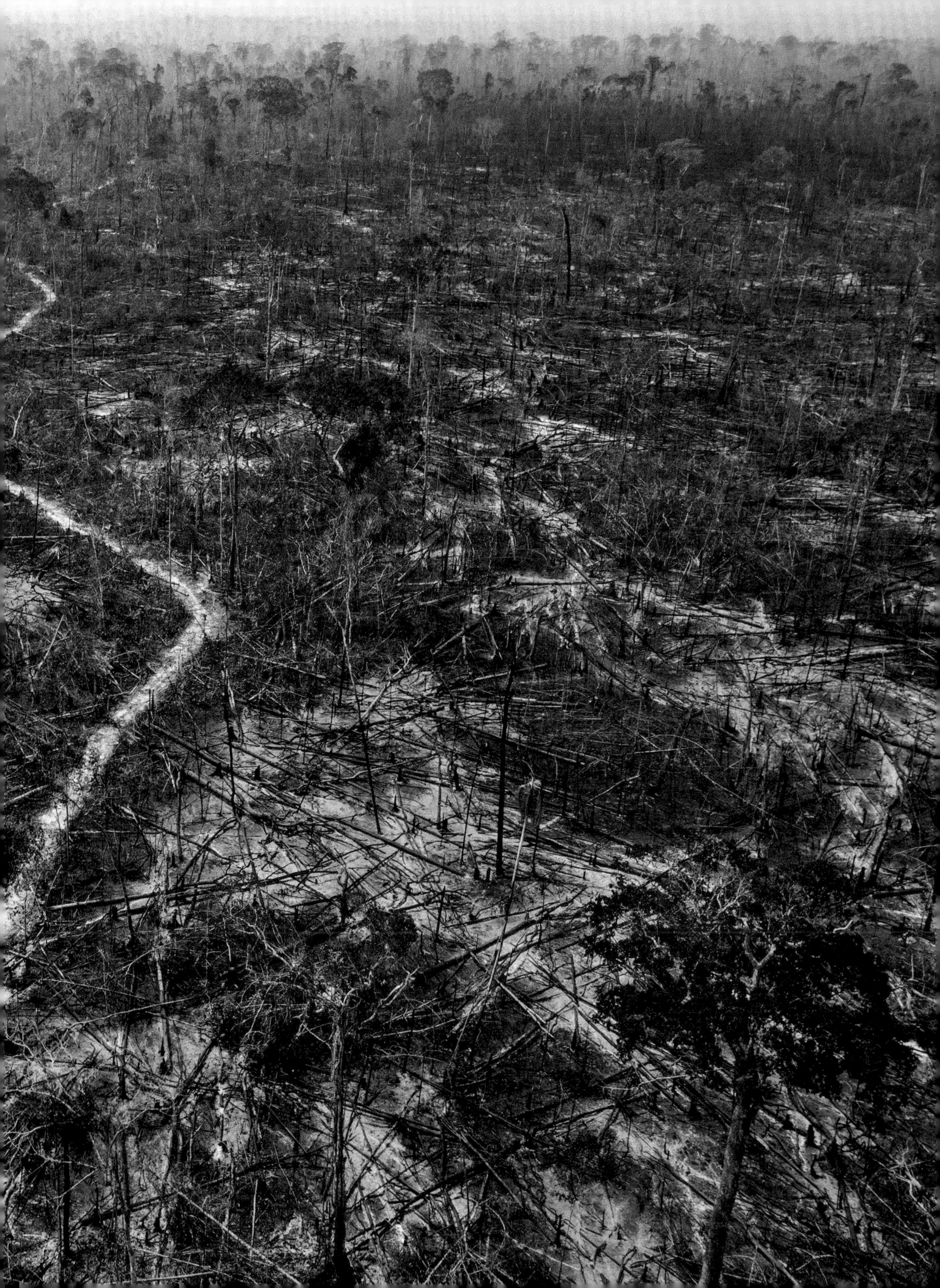

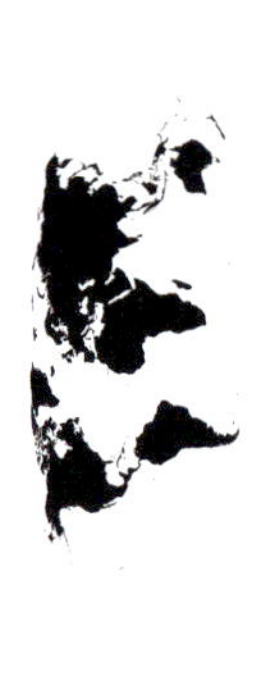

PREIS FÜR
OFFENES FORMAT

**BLUT IST
EINE SAAT**

ISADORA
ROMERO

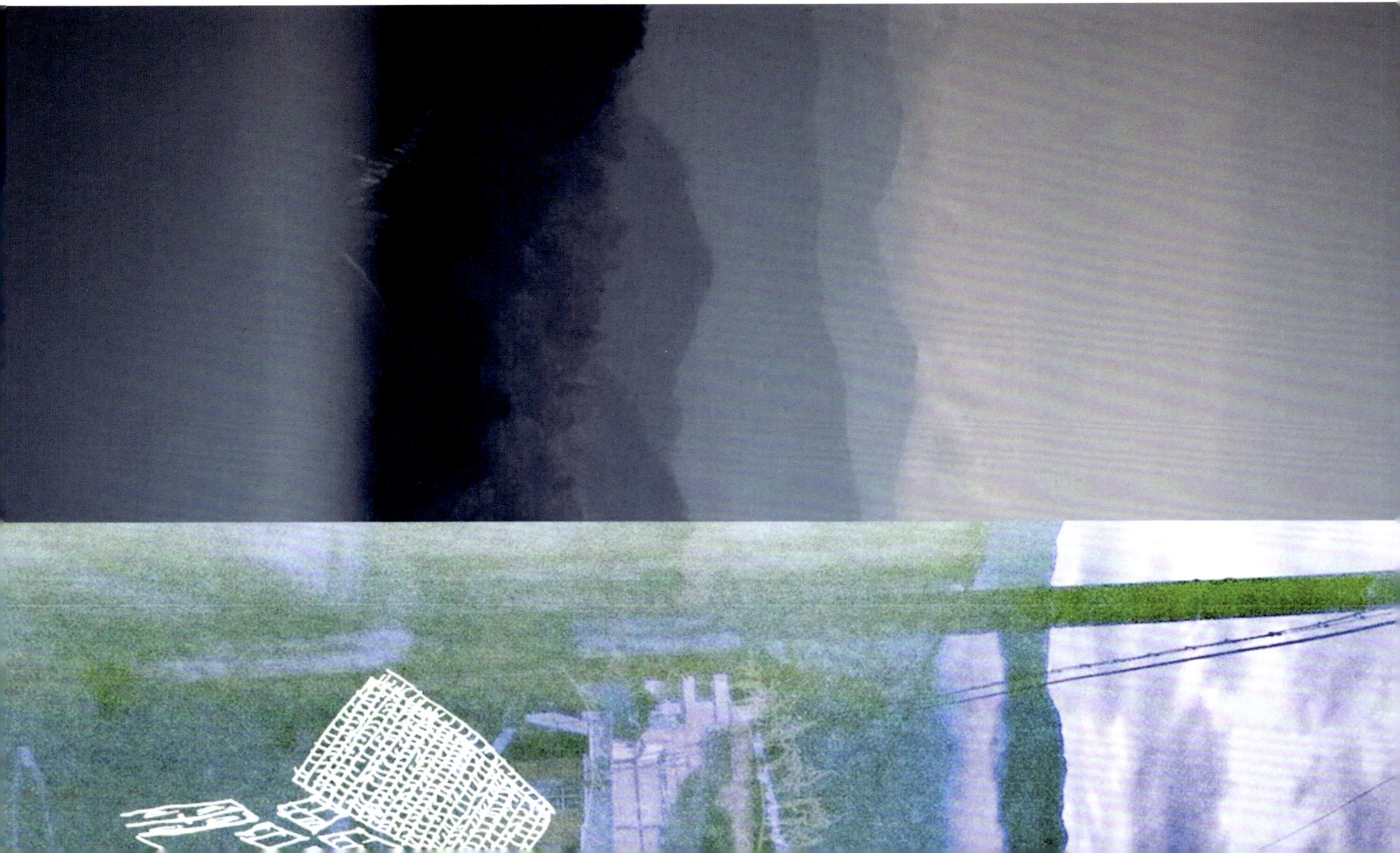

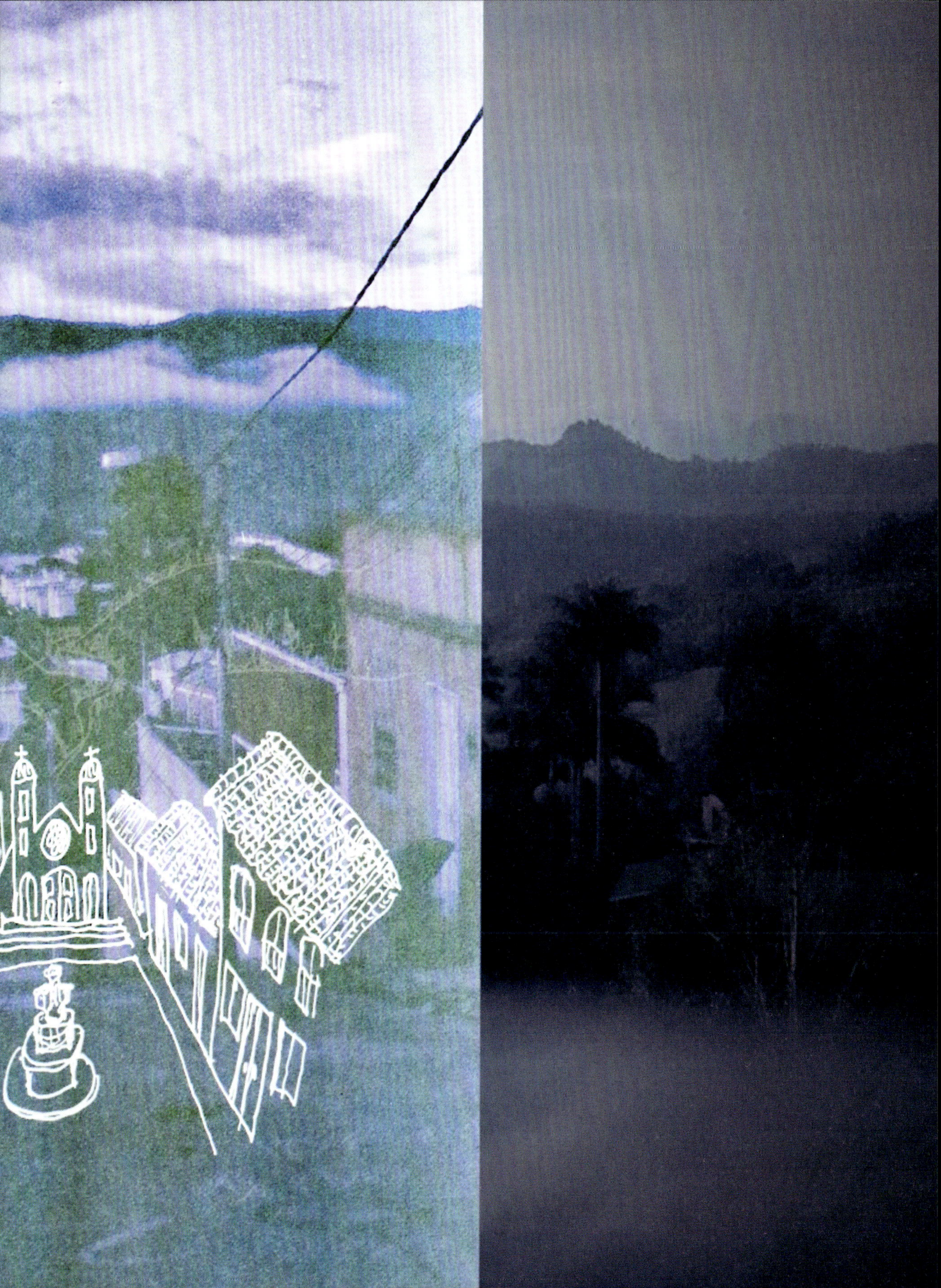

Tiefergehende Einblicke, mehr Verständnis

Joumana El Zein Khoury
Geschäftsführerin, Stiftung World Press Photo

Als wir im Sommer 2021 unsere neue Strategie festlegten, wussten wir, dass dies der einzige Weg für World Press Photo war, weiter voranzukommen. Im Mittelpunkt unserer Strategie steht die Bedeutung der Auszeichnung und des Austauschs von Geschichten aus aller Welt in einer repräsentativen, ausgewogenen und situationsbezogenen Weise. Diese Überzeugung basierte auf unseren Brainstormings, unserem Fachwissen, unserer Erfahrung, den Lektionen, die wir gelernt haben, dem Zuhören und den Ratschlägen vieler Interessengruppen, und doch wussten wir, dass sie bis zum Zeitpunkt ihrer tatsächlichen Umsetzung «theoretisch» war.

Der erste große Moment der Wahrheit in dieser Hinsicht war der Fotowettbewerb 2022, für den Zehntausende von Beiträgen eingereicht wurden und der dann zu Jurys, Juryberatungen und Gewinnern führte. Als Geschäftsführerin von World Press Photo war es sehr aufregend zu sehen, wie die neue Arbeitsweise, die wir in der Theorie entwickelt hatten, die Veränderungen bewirkte, die wir uns erhofft hatten.

Es war ein Privileg zu sehen, wie die regionalen Jurys die Fotos lesen und die Geschichten verstehen konnten und wie sensibel und komplex die verschiedenen Zusammenhänge waren, die sie in die Diskussionen einbrachten.
Es war faszinierend, den Diskussionen der Mitglieder der Globalen Jury

zuzuhören, wenn sie erklärten, warum bestimmte Geschichten, wie z. B. eine Überschwemmung in Europa, in einer Region außergewöhnlich sind, während sie in einer anderen als normal angesehen werden; oder warum es wichtig ist, die unterschiedlichen Ästhetiken, Bedrohungen, Herausforderungen, Dringlichkeiten und Stereotypen zu verstehen, denen es zu begegnen gilt, oder welche Stimmen gehört werden müssen. Aus diesem Grund haben wir die regionalen und weltweiten Vorsitzenden gebeten, einige ihrer Überlegungen für dieses Jahrbuch aufzuschreiben.

Dieses Jahr war erneut ein schwieriges und gefährliches Jahr für viele Fotojournalistinnen und -journalisten. In vielen Teilen der Welt, vom Sudan bis Myanmar, sind Fotografinnen und Fotografen zunehmend gefährdet, und die Pressefreiheit wird angegriffen. Das World Press Photo Jahrbuch 2022 wäre nicht annähernd so reichhaltig ohne den Mut und das Talent von Menschen wie denjenigen, die die Siegerfotos gemacht haben. Wir möchten vor allem die Menschen würdigen, die die Momente festgehalten haben, die uns so viele wichtige Geschichten des vergangenen Jahres erzählen. Ihre Arbeit hat dieses Buch nicht nur möglich gemacht, sondern auch zu einem besseren Verständnis unserer Welt beigetragen.

Fotografien sind eine vielschichtige Erfahrung. Sie nehmen eine Szene, ein Ereignis, einen Moment auf, der von der Fotografin oder dem Fotografen gesehen und von der Kamera aufgezeichnet wird, um dann von jeder einzelnen Betrachterin oder jedem einzelnen Betrachter neu erlebt zu werden. Aber Bilder in den Nachrichten, insbesondere in den sozialen Medien, werden schnell von neuen Ereignissen verdrängt und durch neue Bilder ersetzt, sodass wir kaum Zeit haben, uns eingehend mit dem Dargestellten zu beschäftigen.

Ein Buch ist etwas anderes. Es liegt auf einem Tisch oder in einem Bücherregal und will geöffnet werden. Dieses Jahrbuch ist ein Langzeitüberblick über die Ereignisse eines ganzen Jahres. Es regt zur Auseinandersetzung an, zum Nachdenken über das große Ganze, zum Hinterfragen, zum Herstellen von Zusammenhängen und zum Beobachten von Veränderungen. Wir hoffen, dass dieses Jahrbuch Sie immer wieder anzieht und Sie jedes Mal zu einem erneuten Hinschauen inspiriert.

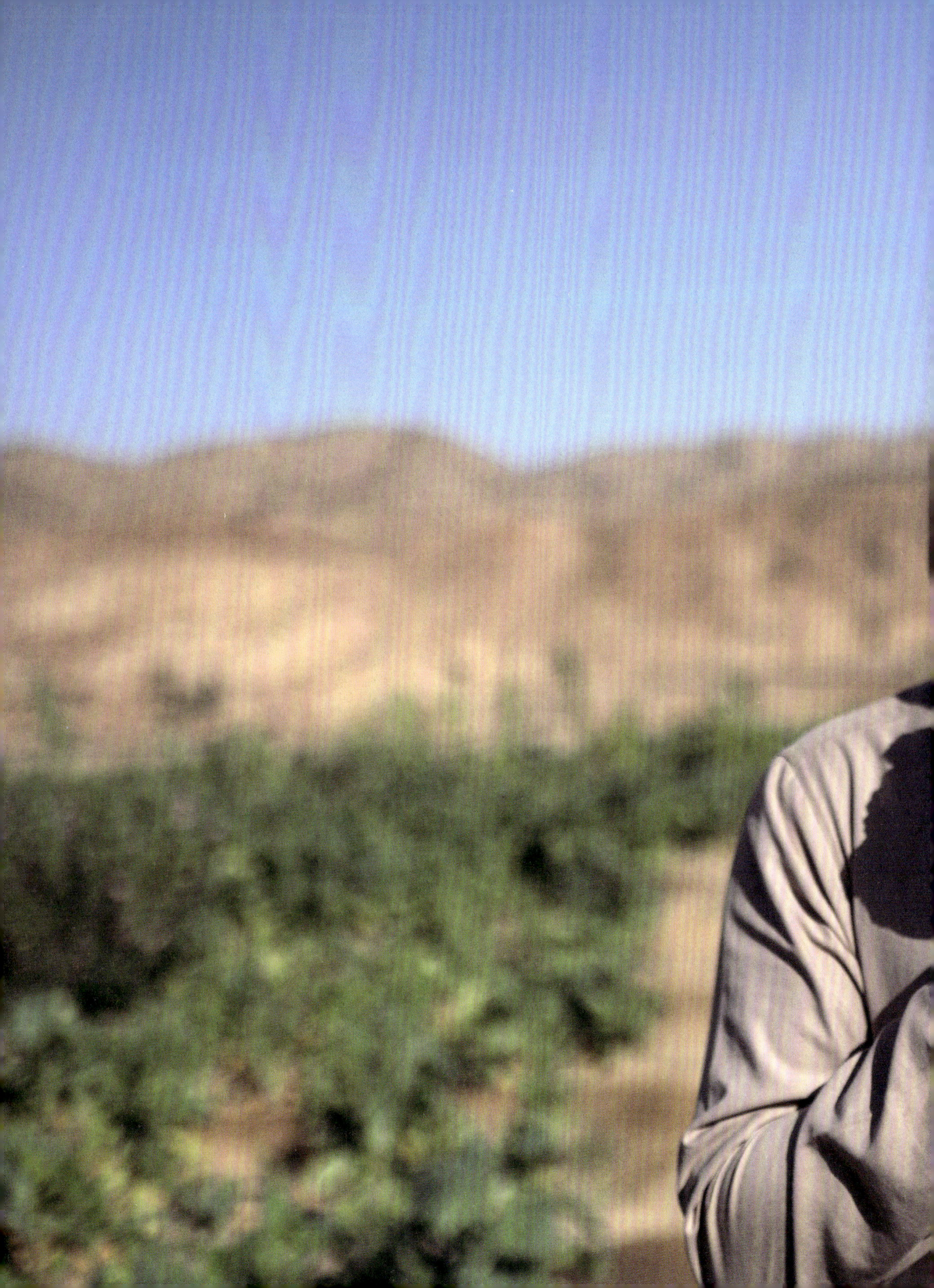

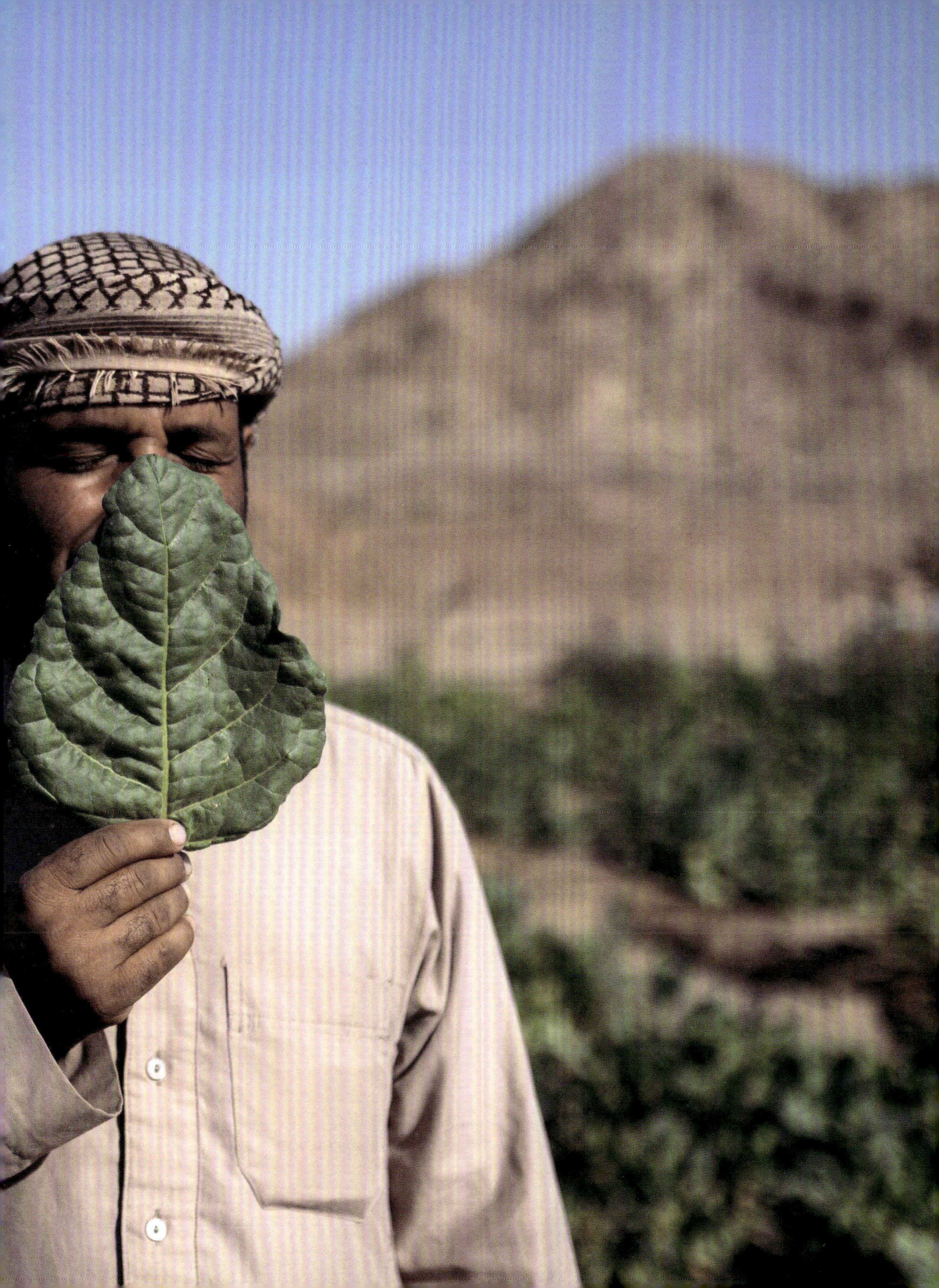

Afrika

N'Goné Fall
Vorsitzende der Jury für Afrika

Was haben die Fotografen im Jahr 2021 in einem Gebiet von 30 Millionen Quadratkilometern erlebt? Proteste auf den Straßen von Algerien, Burkina Faso, Kamerun, Libyen, Nigeria, Senegal, Südafrika, Sudan, Tunesien und Uganda; gescheiterte Putsche in der Zentralafrikanischen Republik und Niger; der Sturz der Regierungen im Tschad, Guinea, Mali und Sudan; Krieg in Äthiopien; Vulkanausbruch in der Demokratischen Republik Kongo; Überschwemmungen im Südsudan; Dürre in Kenia; Hungersnot in Madagaskar; die Zunahme von Zwangsräumungen, um Platz für Bergbauprojekte zu schaffen; zunehmende Wasserknappheit. Auch wenn der afrikanische Kontinent wieder einmal mit Herausforderungen konfrontiert war, haben die Fotografinnen und Fotografen vor Ort mit ihren Bildern, die sowohl Enttäuschung als auch Mut und Hoffnung zeigen, ein differenziertes Bild der Situation gezeichnet.

Es gibt immer wieder Geschichten, die wir auf keinen Fall vergessen dürfen, denn es liegt in unserer gemeinsamen Verantwortung, sie am Leben zu erhalten und die Menschen aufzufordern, sich niemals vom Schlechten und Hässlichen abzuwenden, nur um ihre persönliche Komfortzone zu bewahren. Wir sind es denen schuldig, die ihr Leben für den Kampf um die Grundrechte geben, die nicht nur von einer besseren Welt träumen, sondern unermüdlich für ihre Verwirklichung kämpfen.

Es gibt Geschichten, die Schlagzeilen machen, die aber schnell wieder von anderen Nachrichten ausgelöscht werden, als ob Chaos, Trauma und Schmerz

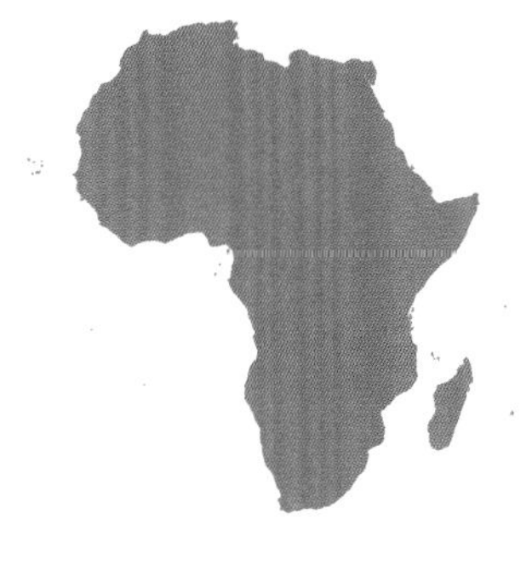

um die alleinige globale Aufmerksamkeit konkurrieren würden. Doch die afrikanische Jugend und die Zivilgesellschaft befinden sich nicht in einem länderübergreifenden Wettbewerb um die Aufmerksamkeit der Welt. Sie fordern einfach die unwiderrufliche Durchsetzung gleicher Gerechtigkeit und sozialen Wandels vor Ort, mit oder ohne die Unterstützung der internationalen Gemeinschaft.

Es gibt erfrischende Geschichten, von denen man vielleicht nie hört, welche den Elan und die Extravaganz einiger afrikanischer Gesellschaften enthüllen und gleichzeitig ihren Sinn für Solidarität warmherzig hervorheben.
Der Aufbau von Gemeinschaften ist nach wie vor eine wertvolle alltägliche Leistung, die im Laufe der Zeit von Generationen von Afrikanerinnen und Afrikanern weitergegeben wurde. Und das müssen wir würdigen.

Während die Mitglieder der Jury für Afrika – die aus Algerien, Nigeria, Senegal, Südafrika und dem Sudan stammen – besonders auf motivierende Geschichten achteten, war mit der Unterbrechung unserer Regionaljury-Sitzungen durch einen Staatsstreich und ein polizeiliches Verhör ein Ereignis eingetreten, das wir nicht leugnen konnten. Gespräche, unterbrochen von Momenten der Stille, prägten unsere Sitzungen. Schweigen deshalb, weil wir als Afrikanerinnen und Afrikaner nicht das Offensichtliche aussprechen mussten, sondern uns immer die Zeit nahmen, das zu würdigen, was die Fotografinnen und Fotografen über ein Land zu sagen hatten, das allzu oft übersehen wird und aus dem wir so viele wertvolle Erfahrungen gewinnen können.

Gewinnerinnen und Gewinner

–

FAIZ ABUBAKR MOHAMED

EINZELFOTOS

FAIZ ABUBAKR MOHAMED
SUDAN

–

Faiz Abubakr Mohamed ist ein in Khartum, Sudan, ansässiger Fotograf. Seine Arbeiten wurden international ausgestellt und in der *New York Times* veröffentlicht.

–

@faizabubak

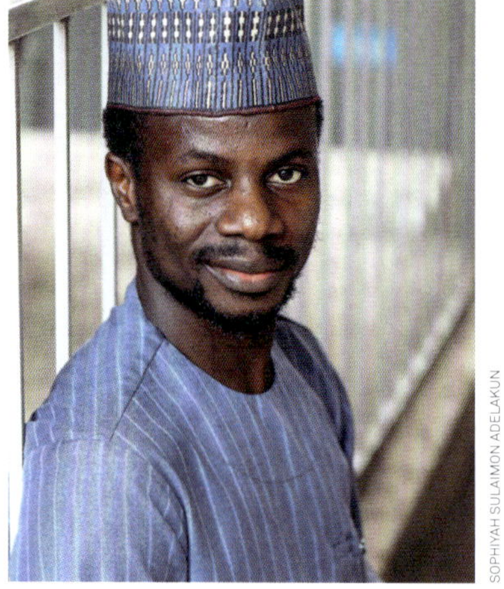

SOPHIYAH SULAIMON ADELAKUN

FOTOSERIEN

SODIQ ADELAKUN ADEKOLA
NIGERIA

–

Sodiq Adelakun Adekola, Foto- und Videojournalist, lebt derzeit in Abuja, Nigeria. Im Mittelpunkt seiner Arbeit stehen Menschenrechtsverletzungen, soziale Ausgrenzung, Nachrichten und Dokumentationen, mit besonderem Augenmerk auf die Rechte von Frauen und Kindern.

–

@sodiqadelakun

Jury

–

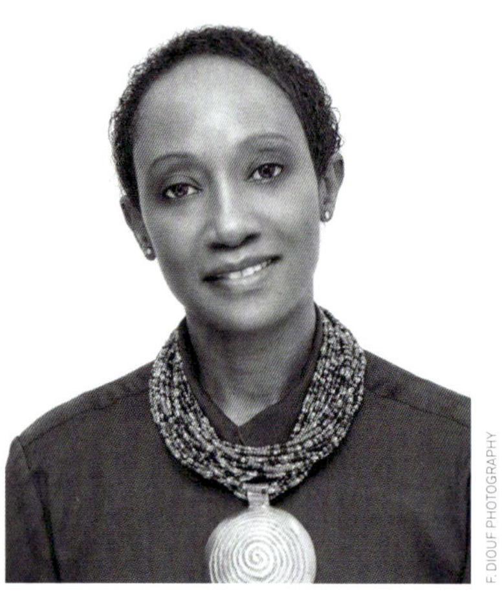

F. DIOUF PHOTOGRAPHY

N'GONÉ FALL / VORSITZ
SENEGAL

–

N'Goné Fall ist eine unabhängige Kuratorin und Beraterin für nationale und internationale Institutionen im Bereich der Kulturpolitik.

–

independent.academia.edu/NGonéFall

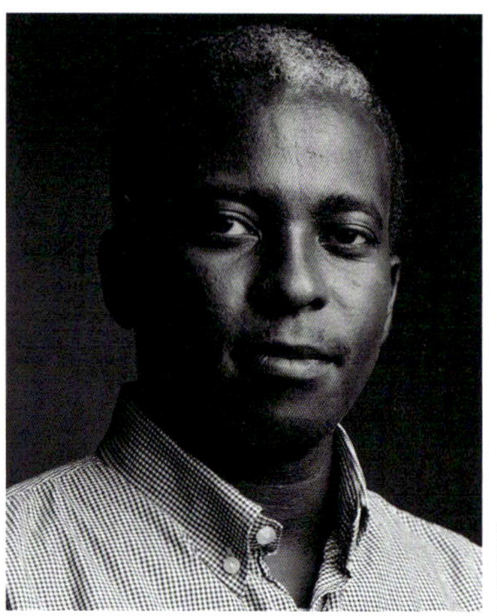

SARAH HIEBA

ALA KHEIR
SUDAN

–

Ala Kheir ist Fotograf und Mitbegründer der Sudanese Photographers Group und Gründer von The Other Vision (TOV), einer Fotografie-Plattform im Sudan.

–

alakheir.com | @ala.kheir

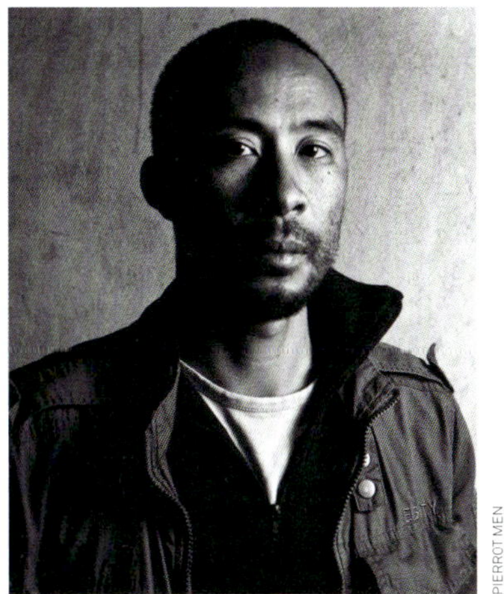

PIERROT MEN

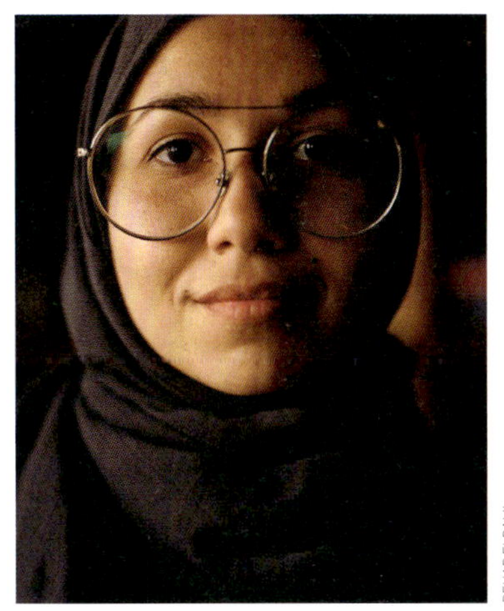

REHAB ELDALIL

LANGFRISTIGE PROJEKTE

RIJASOLO
MADAGASKAR/FRANKREICH

–

Rijasolo ist ein Fotojournalist und Fotograf, dessen Arbeit sich auf Reportagen und Unternehmensprojekte konzentriert. Er lebt in Antananarivo, Madagaskar, und arbeitet als Fotograf für Agence France-Presse.

–

rijasolo.com | @rijasolo

OFFENES FORMAT

REHAB ELDALIL
ÄGYPTEN

–

Rehab Eldalil ist Dokumentarfotografin und visuelle Geschichtenerzählerin und lebt in Kairo, Ägypten. Im Mittelpunkt ihrer Arbeit steht die Identität, die sie mit partizipativen kreativen Praktiken erforscht.

–

rehabeldalil.com | @rehabeldalil

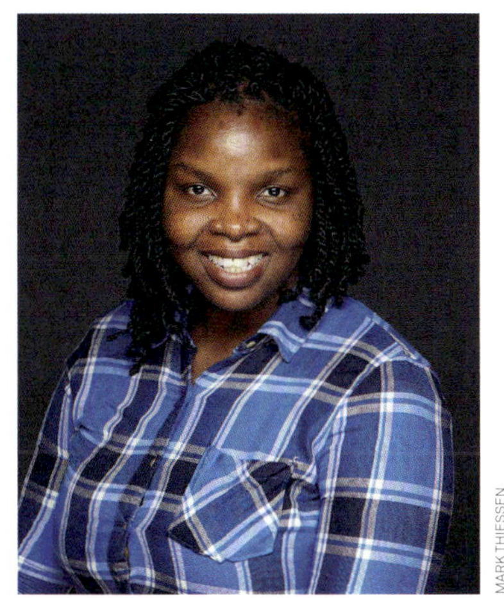

MARK THIESSEN

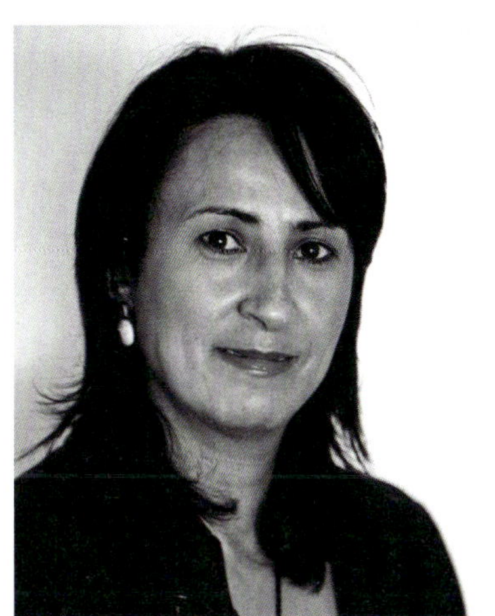

LARBI LOUAFI

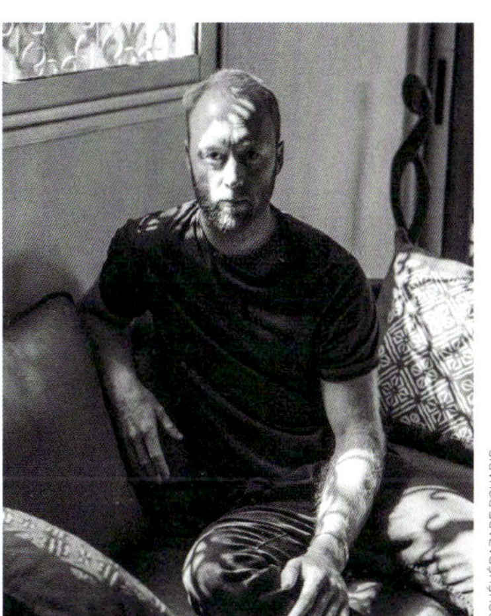

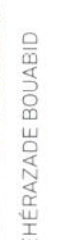

SCHÉHÉRAZADE BOUABID

ETINOSA YVONNE
NIGERIA

–

Etinosa Yvonne, Dokumentarfotografin und bildende Künstlerin. Der Schwerpunkt ihrer Arbeit liegt auf der Erforschung von Themen im Zusammenhang mit der menschlichen Existenz und sozialer Gerechtigkeit.

–

etinosayvonne.me | @etinosa.yvonne

ZOHRA BENSEMRA
ALGERIEN

–

Zohra Bensemra ist die Reuters-Cheffotografin für West- und Zentralafrika. Sie lebt derzeit im Senegal.

–

@zohrabensemra

JOHN WESSELS
SÜDAFRIKA

–

John Wessels ist Cheffotograf für Westafrika bei Agence France-Presse. Er lebt derzeit in Dakar, Senegal.

–

@johngingerwessels

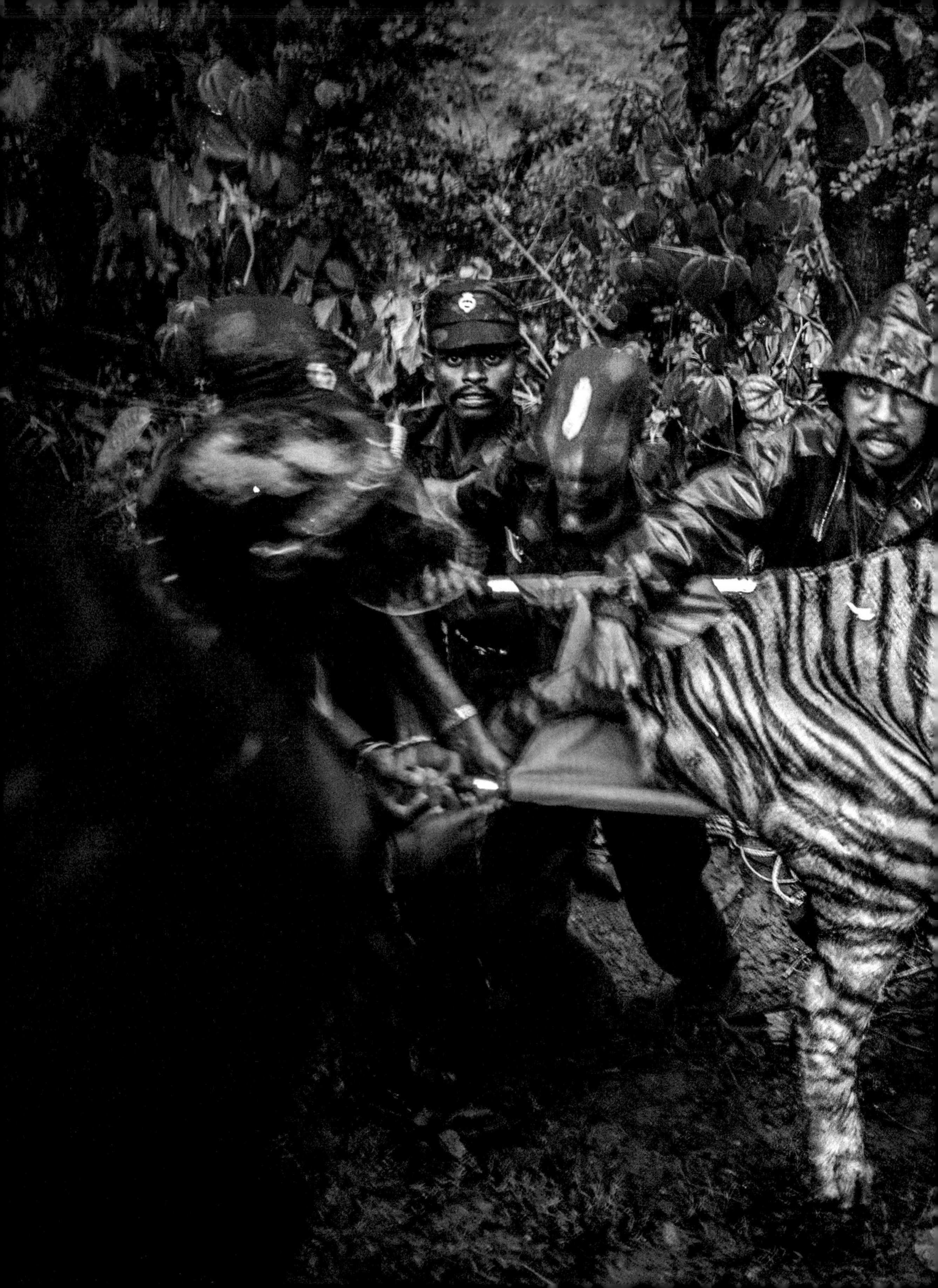

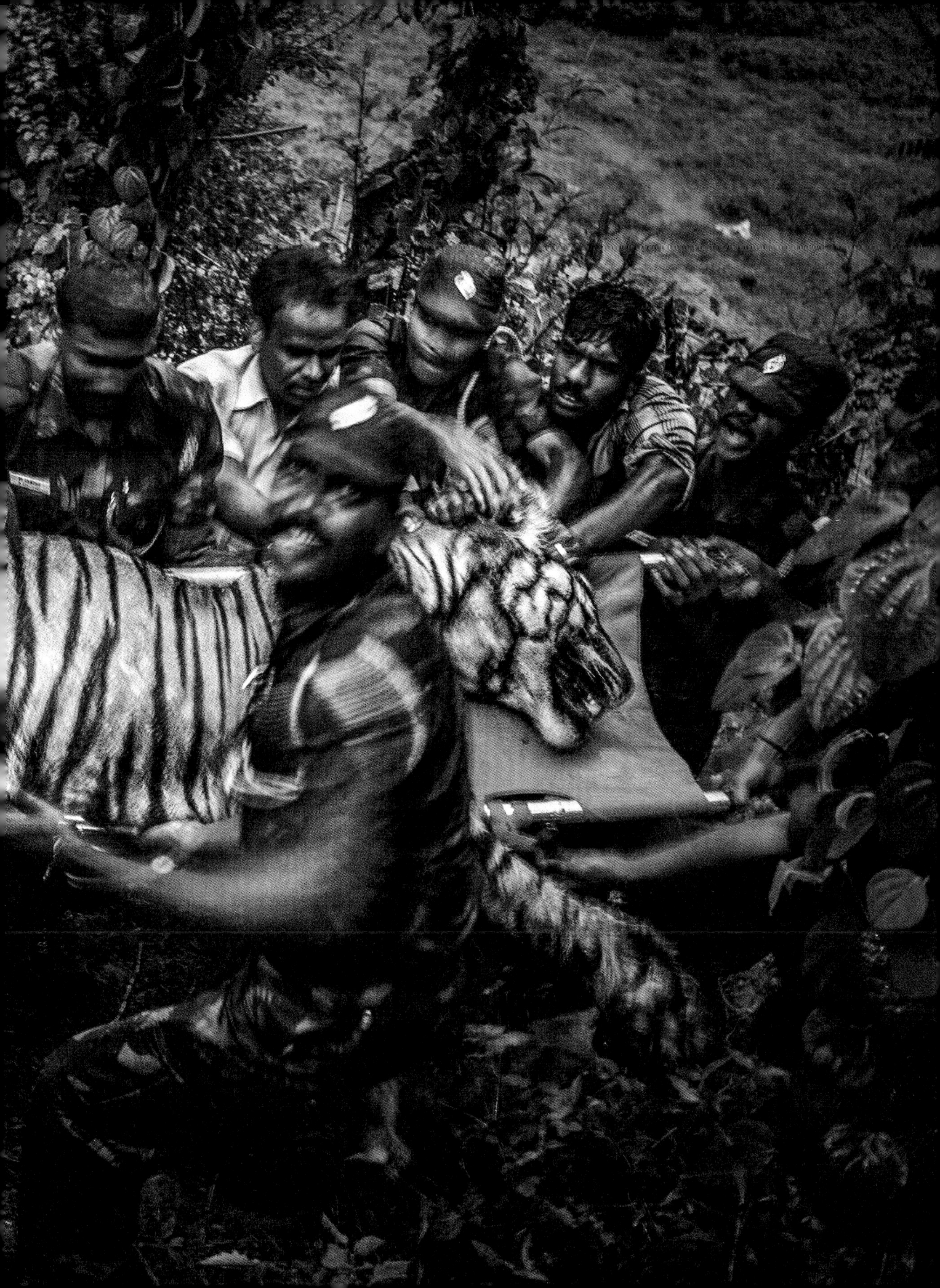

Asien

Tanzim Wahab
Vorsitzender der Jury für Asien

Der neue regionale Schwerpunkt des World Press Photo Wettbewerbs ermutigte die regionale Jury für Asien zur Selbstreflexion, zum aktiven Zuhören und zum Stellen der wichtigsten Fragen: Warum ist es unerlässlich, die Verantwortung in die Hände der Gemeinschaften zu legen, deren Geschichte erzählt werden soll, und darauf zu achten, wer sie erzählt? Wie verstärkt der Journalismus die Reproduktion von Stereotypen, anstatt sie im Interesse der Menschen zu bekämpfen? Wie verschieben sich die Grenzen zwischen traditionellem Fotojournalismus und experimentellem Storytelling, und welche Auswirkungen könnte dies möglicherweise auf das regionale Publikum haben?

Wie viele andere Regionen der Welt ist Asien heute mehr denn je mit einem Kampf um Demokratie konfrontiert, insbesondere um die Pressefreiheit und die Sicherheit von Journalistinnen und Journalisten. Angesichts der sich verschärfenden sozialen und politischen Polarisierung war die Jury der festen Überzeugung, dass ein internationaler Fotowettbewerb heute wichtiger denn je ist, um sich mit visuellen Geschichtenerzählerinnen und -erzählern zu solidarisieren und neue Lösungen und Strategien für die Pressefotografie zu fördern. In Asien wurden aussagekräftige Arbeiten zu folgenden Themen eingereicht: anhaltende Konflikte, erzwungene und wirtschaftliche Migration, ethnische und geschlechtsspezifische Gewalt, kulturelle Auslöschung, Klimakrise, Arbeiter- und Bauernbewegungen, Ernährungsunsicherheit, Auswirkungen der COVID-

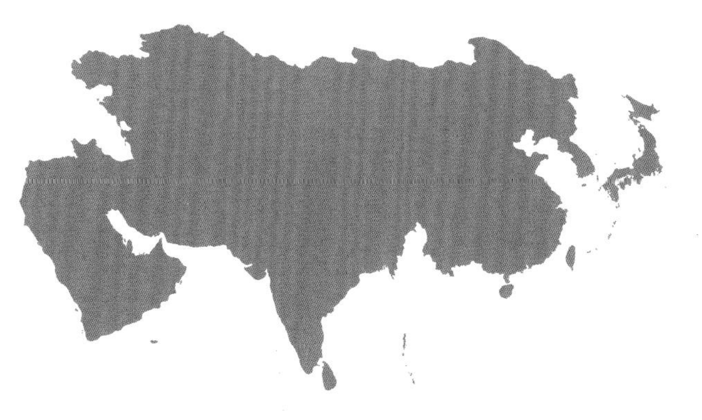

19-Pandemie auf die psychische Gesundheit und zunehmende sozioökonomische Ungleichheiten.

Das neue regionale Format zog ein breiteres Spektrum an langfristigen, investigativen und selbst finanzierten Geschichten an, die das persönliche Engagement der lokalen Fotografinnen und Fotografen zum Ausdruck bringen. Der Jury war es jedoch wichtig, daran zu erinnern, dass regionaler Fokus und Vielfalt nicht immer eine Garantie für fundierte Arbeiten sind, die die Komplexität unserer Welt einfangen, und dass sich die Frage der Glaubwürdigkeit in einer Zeit der Fake News und Desinformation immer noch stellt.

Die Beiträge in der neu eingeführten Kategorie Offenes Format haben die Grenzen des visuellen Storytellings erweitert. Einige Ansätze setzten interaktive Strategien ein, um mentale Prozesse zu aktivieren und Neugier zu provozieren; einige Arbeiten stellten die Abwesenheit von Themen oder Momenten dar, die die Betrachterin oder den Betrachter absichtlich stören, ohne den Zusammenhalt zu unterbrechen; einige Arbeiten griffen auf metaphorische Bezüge zurück, um die auf komplexe Weise eingebetteten gesellschaftspolitischen Verschlüsselungen des Bildes zu enthüllen. Diese Ansätze zeigen, was dieser verändernde Moment ermöglicht, und öffnen die Tür zu alternativen Formen des visuellen Journalismus.

Gewinnerinnen und Gewinner

–

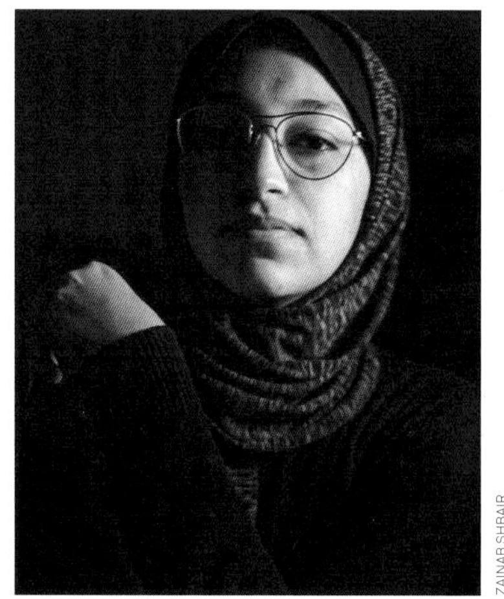

ZAINAB SHBAIR

EINZELFOTOS

FATIMA SHBAIR
PALÄSTINA

–

Fatima Shbair ist eine in Gaza-Stadt, Palästina, ansässige Fotojournalistin. Sie ist eine autodidaktische Fotografin, die sich dafür interessiert, die Geschichten der Menschen, Kulturen und soziale Themen zu dokumentieren.

–

@fatimashbair

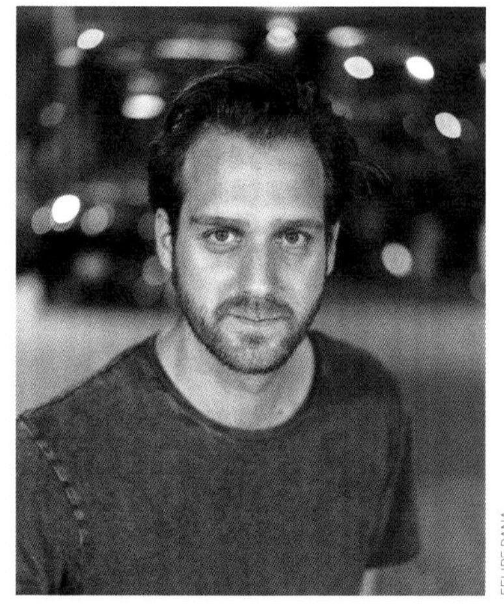

FELIPE DANA

FOTOSERIEN

BRAM JANSSEN
NIEDERLANDE

–

Bram Janssen arbeitet als visueller Journalist für The Associated Press und lebt derzeit in Amsterdam. Seine Arbeit dokumentiert die Auswirkungen von Konflikten, Korruption und internationaler Politik auf das tägliche Leben.

–

bramjanssen.nl | @bram_anna

Jury

–

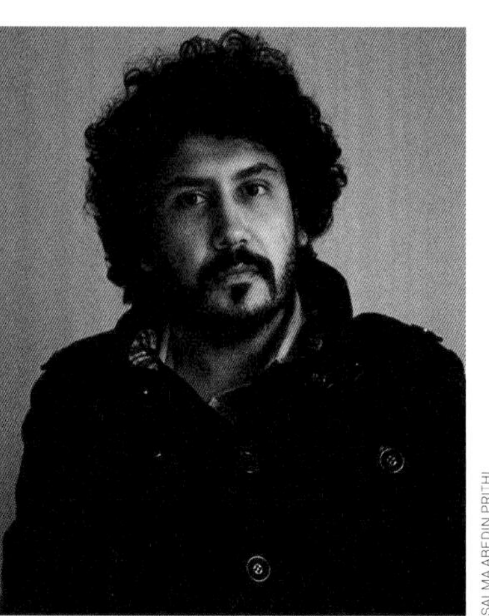

SALMA ABEDIN PRITHI

TANZIM WAHAB / VORSITZ
BANGLADESH

–

Tanzim Wahab ist Kurator, Forscher und Dozent am Pathshala South Asian Media Institute und Festivalleiter des Chobi Mela International Festival of Photography.

–

pathshalainstitute.org

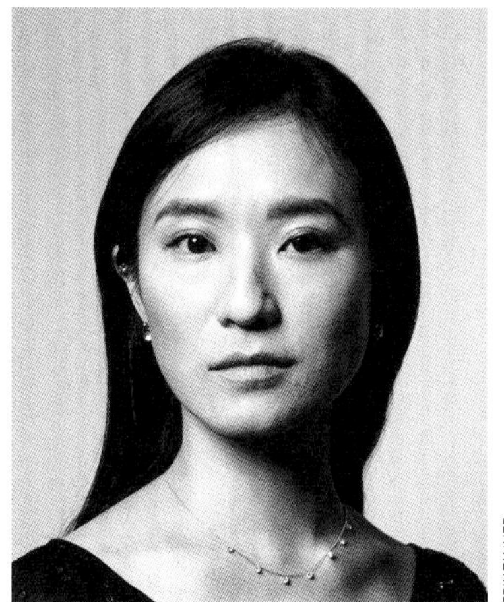

ERIK TANNER

SANGSUK SYLVIA KANG
SÜDKOREA

–

Sangsuk Sylvia Kang ist Fotografin, Journalistin und Fotoredakteurin bei *TIME*. Sie lebt in New York City.

–

sangsuk.com | @sangsuk.jpg

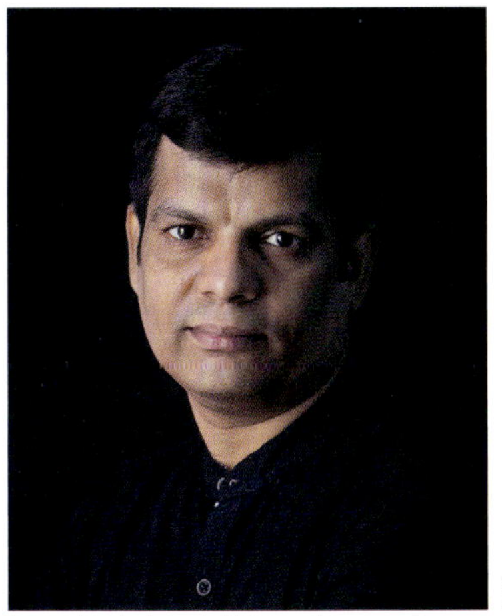

BALA

LANGFRISTIGE PROJEKTE

SENTHIL KUMARAN

INDIEN

–

Senthil Kumaran, Dokumentarfotograf und National Geographic Explorer aus Madurai, Südindien. Er hat an Wildtier- und Naturschutzprojekten gearbeitet und Probleme durch Konflikte zwischen Mensch und Tier hervorgehoben.

–

senthilphotographer.com | @senthilphotography

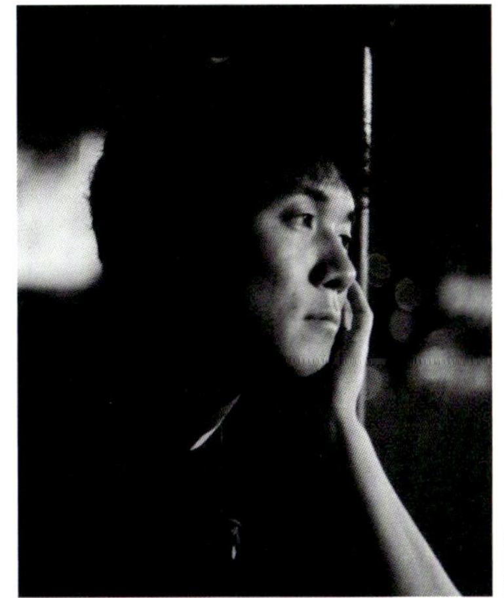

KAPIL DAS

OFFENES FORMAT

KOSUKE OKAHARA

JAPAN

–

Kosuke Okahara ist ein Dokumentarfotograf und Filmemacher, der für seinen intimen Ansatz bekannt ist. Okahara wird von der Polka Galerie, Paris, und Only Photography, Berlin, vertreten. Er lebt in Kyoto, Japan.

–

kosukeokahara.com | @kosukeokahara

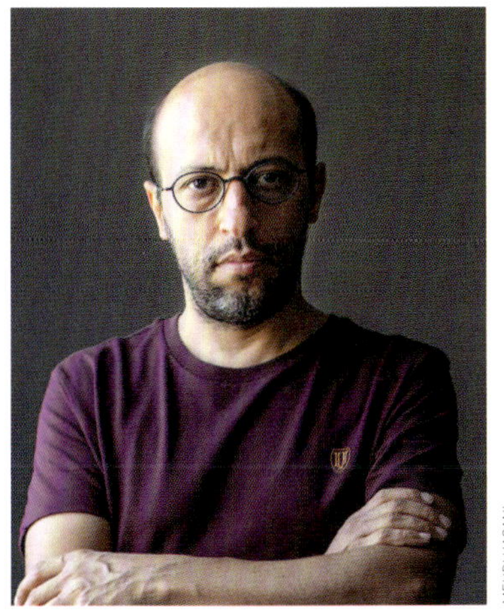

MEHDI HASANI

ABBAS KOWSARI

IRAN

–

Abbas Kowsari ist leitender Fotoredakteur bei *Shargh Daily* und *Aftab Network Magazine*.

–

abbaskowsari.com | @abbaskowsari

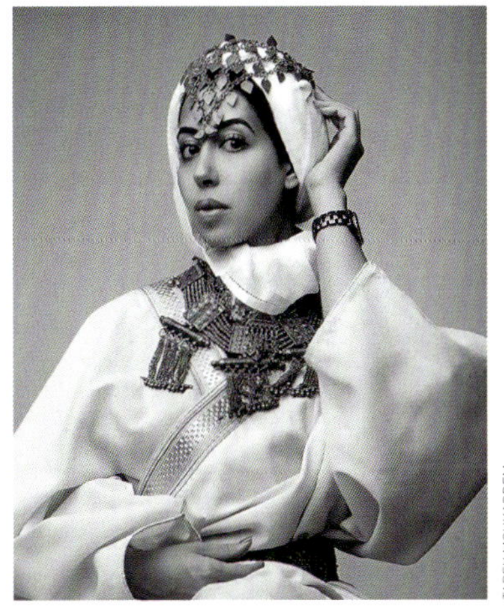

TAREK MOUKADDEM

TASNEEM ALSULTAN

SAUDI-ARABIEN

–

Tasneem Alsultan ist eine investigative Fotografin und visuelle Geschichtenerzählerin. Sie dokumentiert soziale und rechtsbezogene Themen in Saudi-Arabien und der arabischen Golfregion.

–

tasneemalsultan.com | @tasneemalsultan

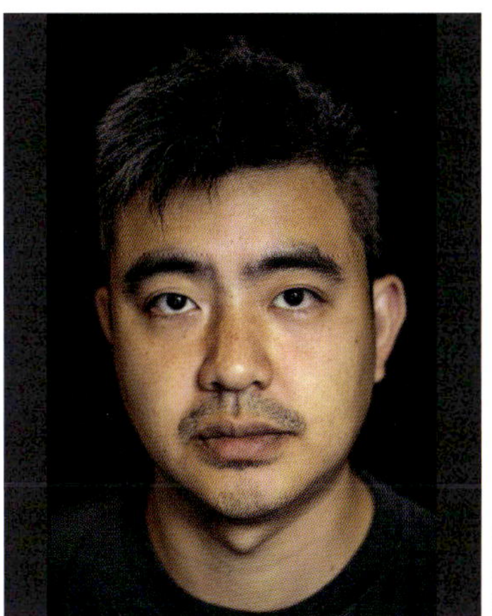

ATUM IMAGES

LAM YIK FEI

HONGKONG

–

Lam Yik Fei ist ein freiberuflicher Fotograf, der sich darauf konzentriert, das Bewusstsein für soziale, ökologische und menschenbezogene Themen zu schärfen.

–

lamyikfei.com | @lamyikfei

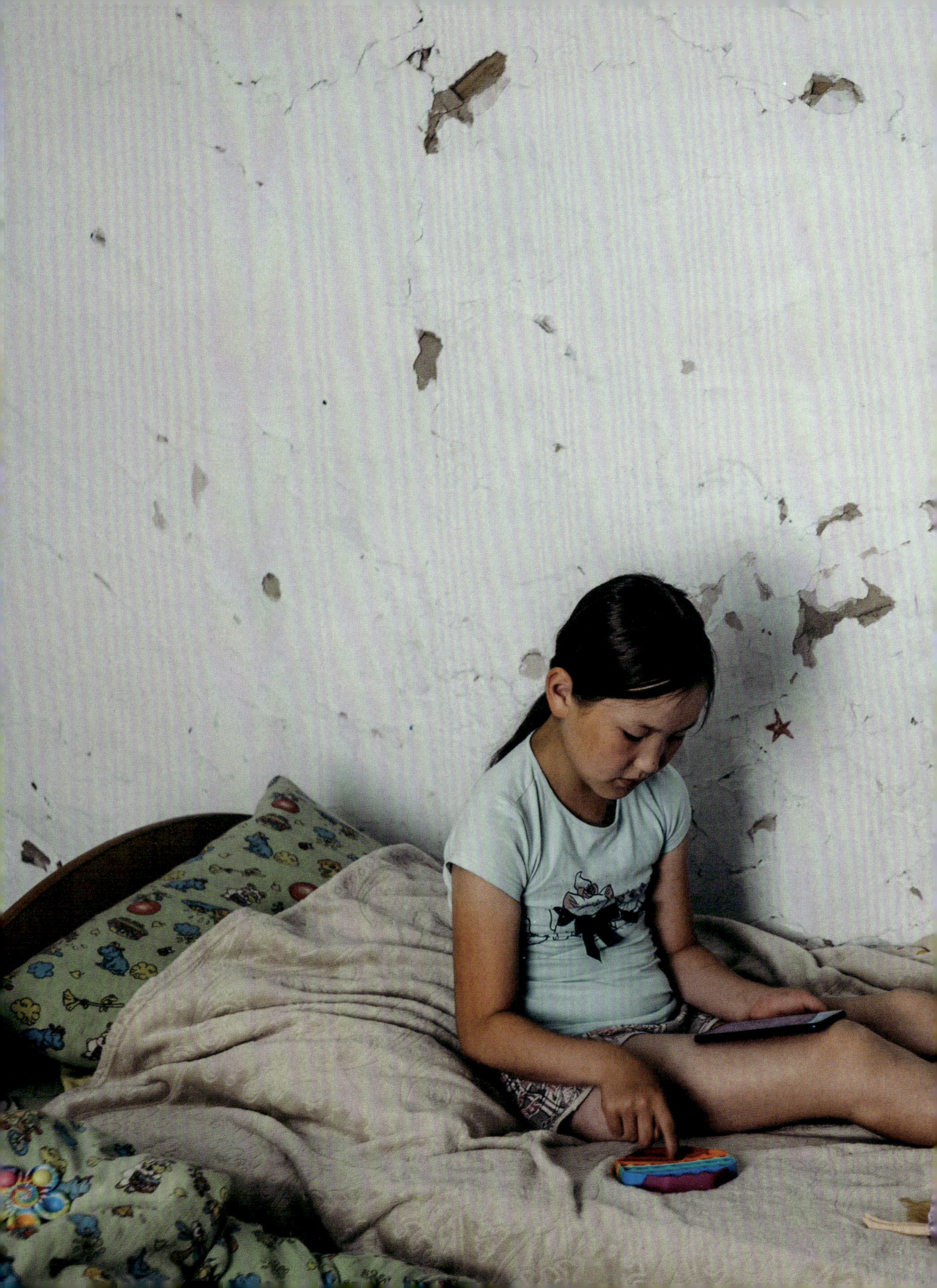

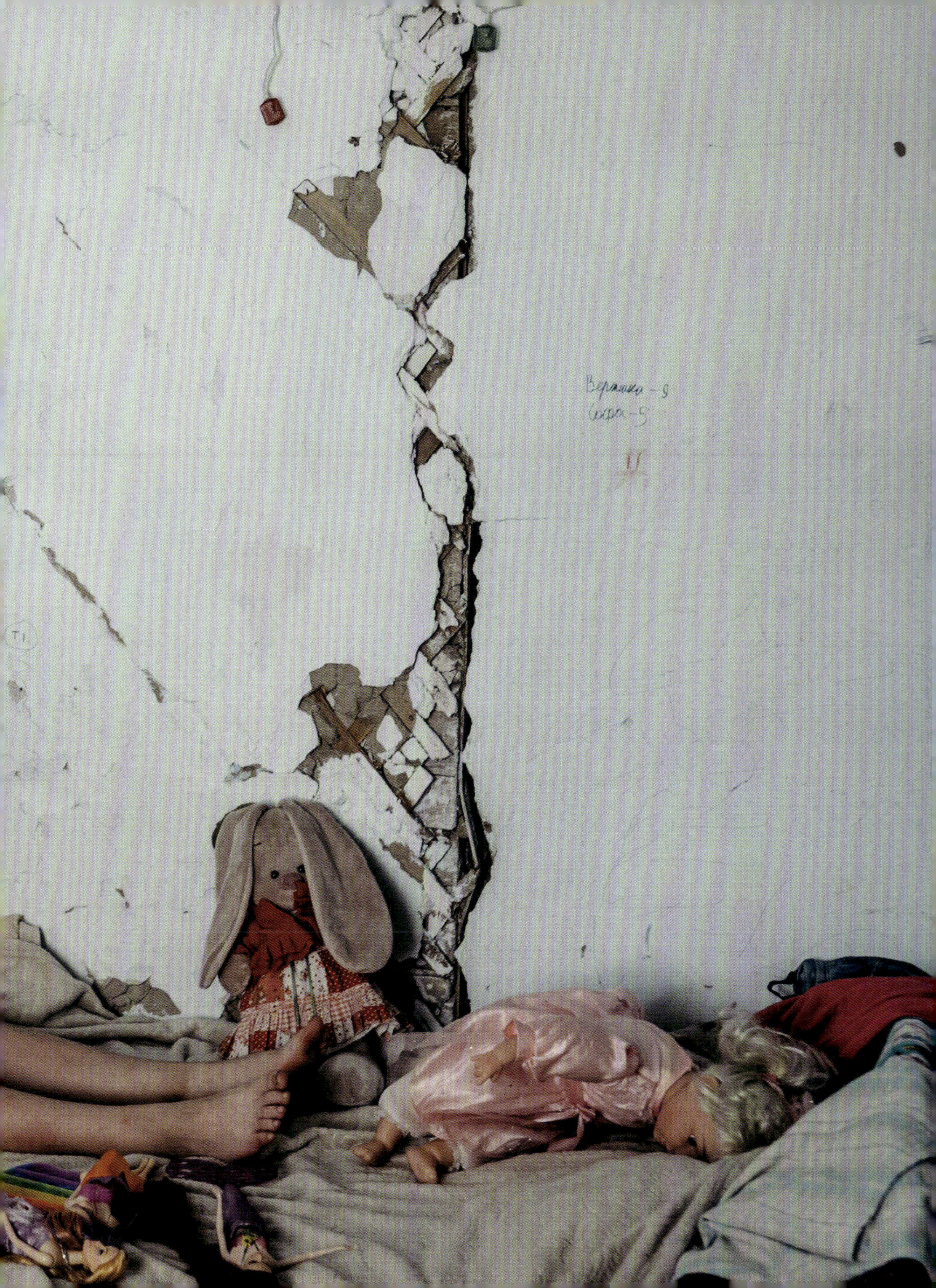

Europa

Simona Ghizzoni
Vorsitzende der Jury für Europa

Die regionale Jury für Europa war auf der Suche nach visuell beeindruckenden Arbeiten, die die Aufmerksamkeit auf lokale Themen lenken, aber gleichzeitig aus einer globalen Perspektive relevant sind. Wir suchten nach Gemeinsamkeiten und führten lange Diskussionen darüber, was in einer Makroregion wie Europa, die extrem weit entfernte Länder umfasst, relevant ist. Das neue Bewertungssystem gab uns die Möglichkeit, tiefer in die entscheidenden Themen der Region einzutauchen und die unterschiedlichen Ansätze der Fotografinnen und Fotografen zu würdigen.

Das Privileg, eine außergewöhnliche Anzahl von Bildern betrachten zu können, hat uns einen Gesamtüberblick über die gesamte Region ermöglicht: Europa scheint tiefe Krisen und Proteste, Aufruhr, Unruhen und Kriegswirbel zu erleben. Außerdem lebt es seit mehr als zwei Jahren aufgrund der COVID-19-Pandemie in einem Zustand der sozialen Isolation, was schwerwiegende psychologische, wirtschaftliche und soziale Folgen hat.

Die Berichte über die Klimakrise haben uns besonders betroffen gemacht, vor allem die Waldbrände, die im Jahr 2021 viele Länder verwüsteten, darunter Griechenland, Italien, Russland und Spanien.

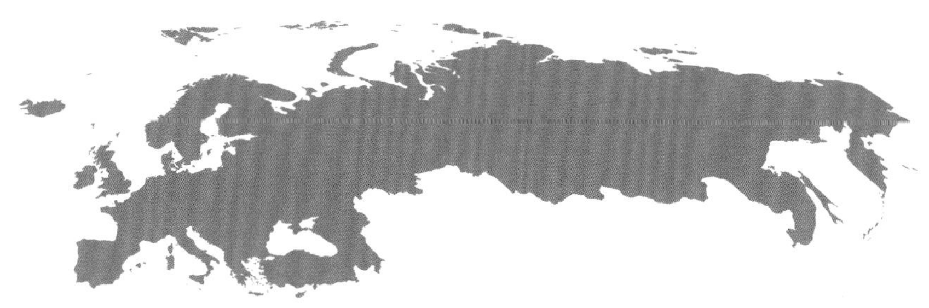

Überschwemmungen in Deutschland und in Bosnien und Herzegowina gehörten zu den am meisten dokumentierten Ereignissen.

Das Thema Information, Propaganda und Fake News stieß bei der Jury auf besonderes Interesse und ermöglichte es uns, über die Rolle des Fotojournalismus an sich und die Notwendigkeit nachzudenken, weiterhin dafür zu sorgen, dass die Informationen so genau und unabhängig wie möglich sind.

Die Jury schätzte vor allem jene Arbeiten, in denen ein echtes Engagement der Fotografin oder des Fotografen zu erkennen war, und jene, die menschliche Emotionen als Ansporn für Empathie widerspiegelten: «Wir suchen die Nähe, die Nähe zum Thema», war eine der Aussagen, die von den Jurorinnen und Juroren am meisten geteilt wurde.

Innerhalb dieses großen Freskos haben wir auch versucht, kleinere, intimere Geschichten zu finden, die ein neues Licht auf universelle Themen werfen und ein größeres Bewusstsein für unsere komplexe heutige Welt schaffen können.

Gewinnerinnen und Gewinner

–

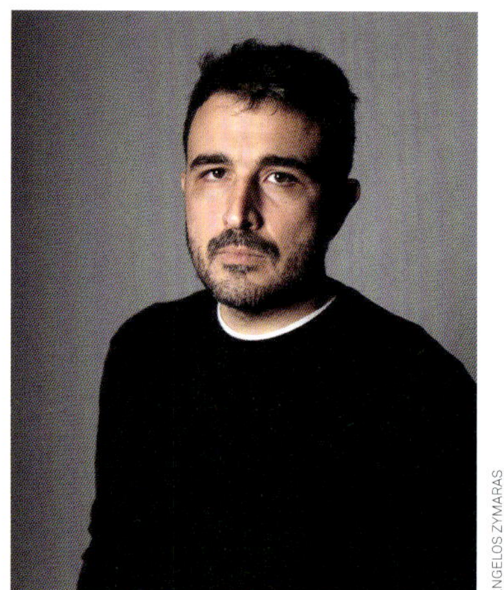

ANGELOS ZYMARAS

EINZELFOTOS

KONSTANTINOS TSAKALIDIS
GRIECHENLAND

–

Konstantinos Tsakalidis, freiberuflicher Fotojournalist mit Sitz in Thessaloniki, Griechenland. Tsakalidis arbeitet für Bloomberg News und berichtet über soziale und politische Themen in Griechenland, Osteuropa und der Türkei.

–

@tsakalidis_k

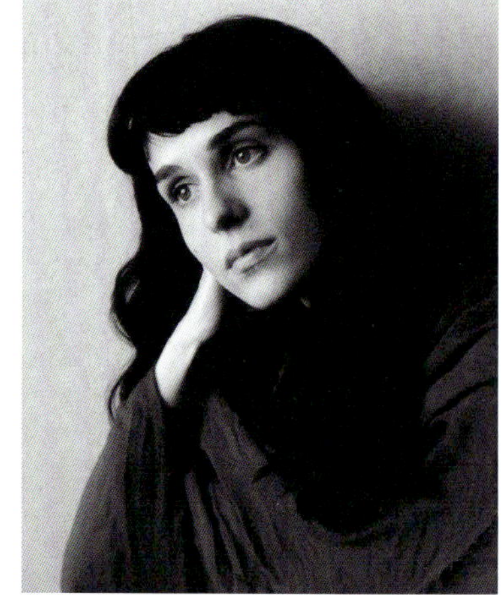

VLAD MOLODEEZ

FOTOSERIEN

NANNA HEITMANN
DEUTSCHLAND/RUSSLAND

–

Nanna Heitmann ist Dokumentarfotografin und lebt in Moskau, Russland. In ihrer Arbeit beschäftigt sie sich mit Fragen der Isolation und der Art und Weise, wie Menschen mit ihrer Umgebung interagieren.

–

nannaheitmann.com | @nannaheitmann

Jury

–

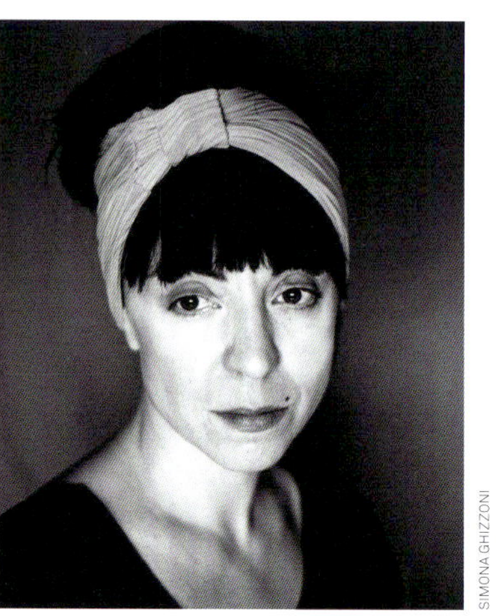

SIMONA GHIZZONI

SIMONA GHIZZONI / VORSITZ
ITALIEN

–

Simona Ghizzoni ist Fotografin, bildende Künstlerin und Aktivistin für die Rechte der Frauen. Sie ist die Mitbegründerin von MAPS Images und wird von der MLB Gallery vertreten.

–

simonaghizzoni.com | @simona.ghizzoni

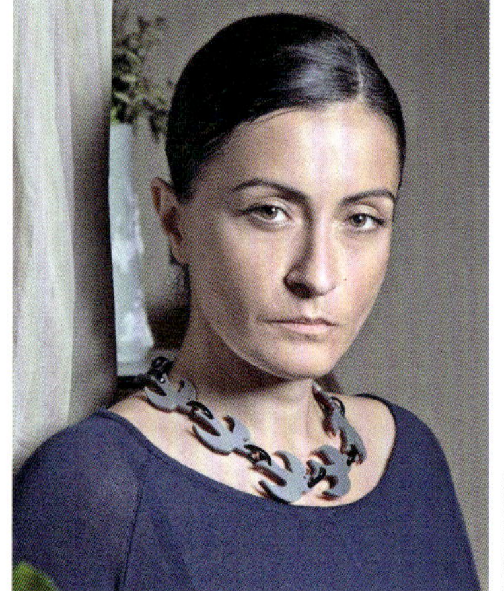

GURAM MURADOV

NESTAN NIJARADZE
GEORGIEN

–

Nestan Nijaradze ist künstlerische Leiterin und Mitbegründerin des Tbilisi Photo Festival und des Tbilisi Photography and Multimedia Museum.

–

@nestannijaradze

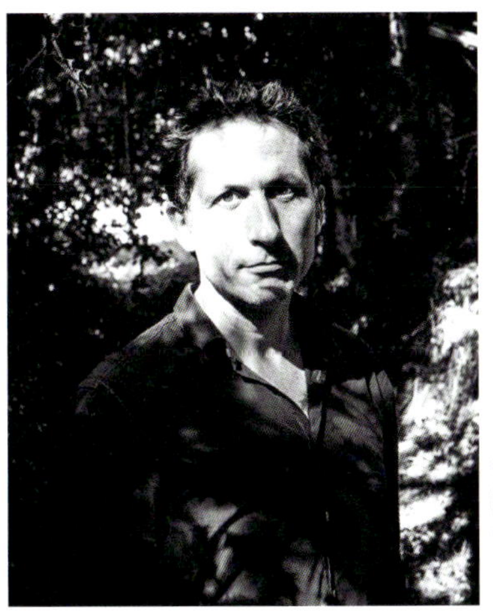

GUILLAUME HERBAUT

LANGFRISTIGE PROJEKTE

GUILLAUME HERBAUT
FRANKREICH

–

Guillaume Herbaut ist Fotograf, lebt in Paris, Frankreich. Er ist Mitglied der Agence VU'. Er fotografiert historische Orte, die mit Erinnerungen angefüllt sind. Sein jüngstes Werk konzentriert sich auf den Konflikt in der Ukraine.

–

guillaume-herbaut.com | @guillaumeherbaut

ARNFINN JOHNSEN

OFFENES FORMAT

JONAS BENDIKSEN
NORWEGEN

–

Jonas Bendiksen ist ein Fotograf aus der Nähe von Oslo, Norwegen. Er ist seit 2004 Mitglied von Magnum Photos. In seinem Werk konzentriert sich Bendiksen häufig auf Menschen und Gemeinschaften, die isolierte Enklaven bilden.

–

jonasbendiksen.com | @jonasbendiksen

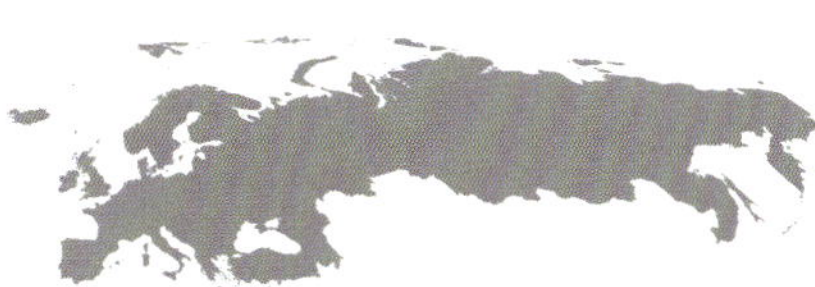

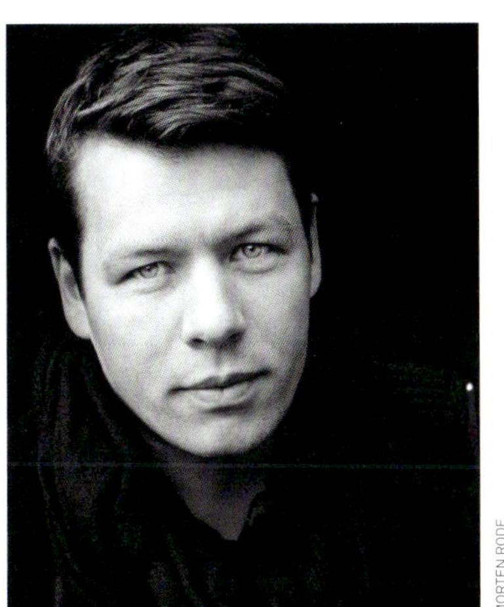

MORTEN RODE

MADS NISSEN
DÄNEMARK

–

Mads Nissen ist Fotograf bei *Politiken* und Mitglied von Panos Pictures. Er konzentriert sich auf zeitgenössische Sozial-, Umwelt- und Menschenrechtsthemen.

–

madsnissen.com | @madsnissenphoto

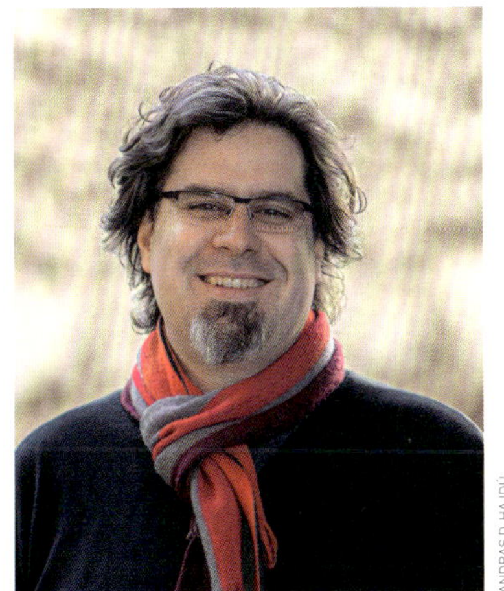

ANDRÁS D. HAJDÚ

ISTVÁN VIRÁGVÖLGYI
UNGARN

–

István Virágvölgyi ist Kurator für das Robert Capa Contemporary Photography Center und ehrenamtlicher Redakteur des Fortepan Digital Photo Archive.

–

viristvan.com | capacenter.hu

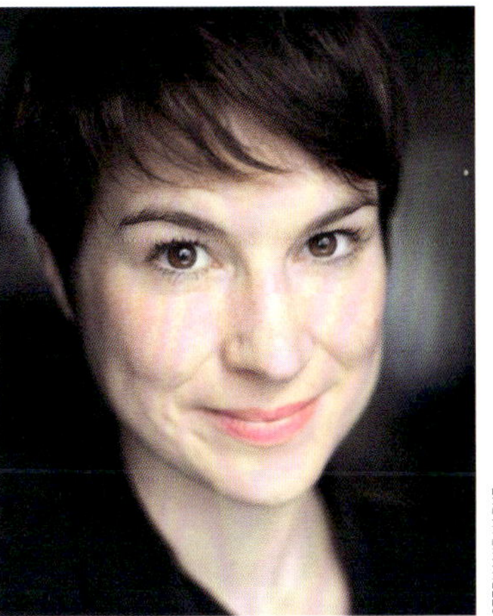

STEPHANIE HARKE

STEPHANIE HARKE
DEUTSCHLAND

–

Stephanie Harke ist freiberufliche Bildredakteurin, Fotografin und Produzentin mit den Schwerpunkten Fotojournalismus und Dokumentarfotografie.

–

stephanieharke.com | @stephanie_harke

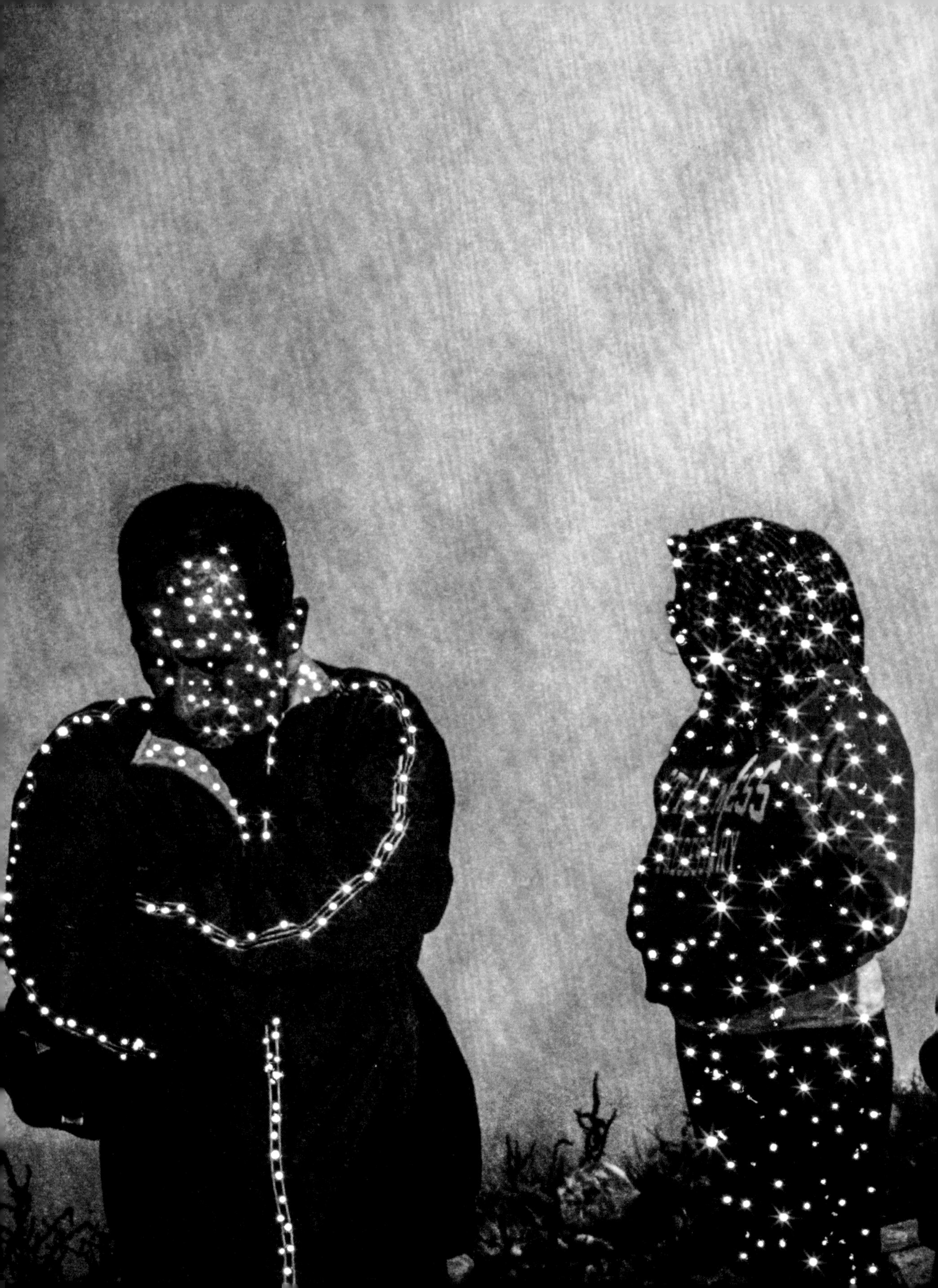

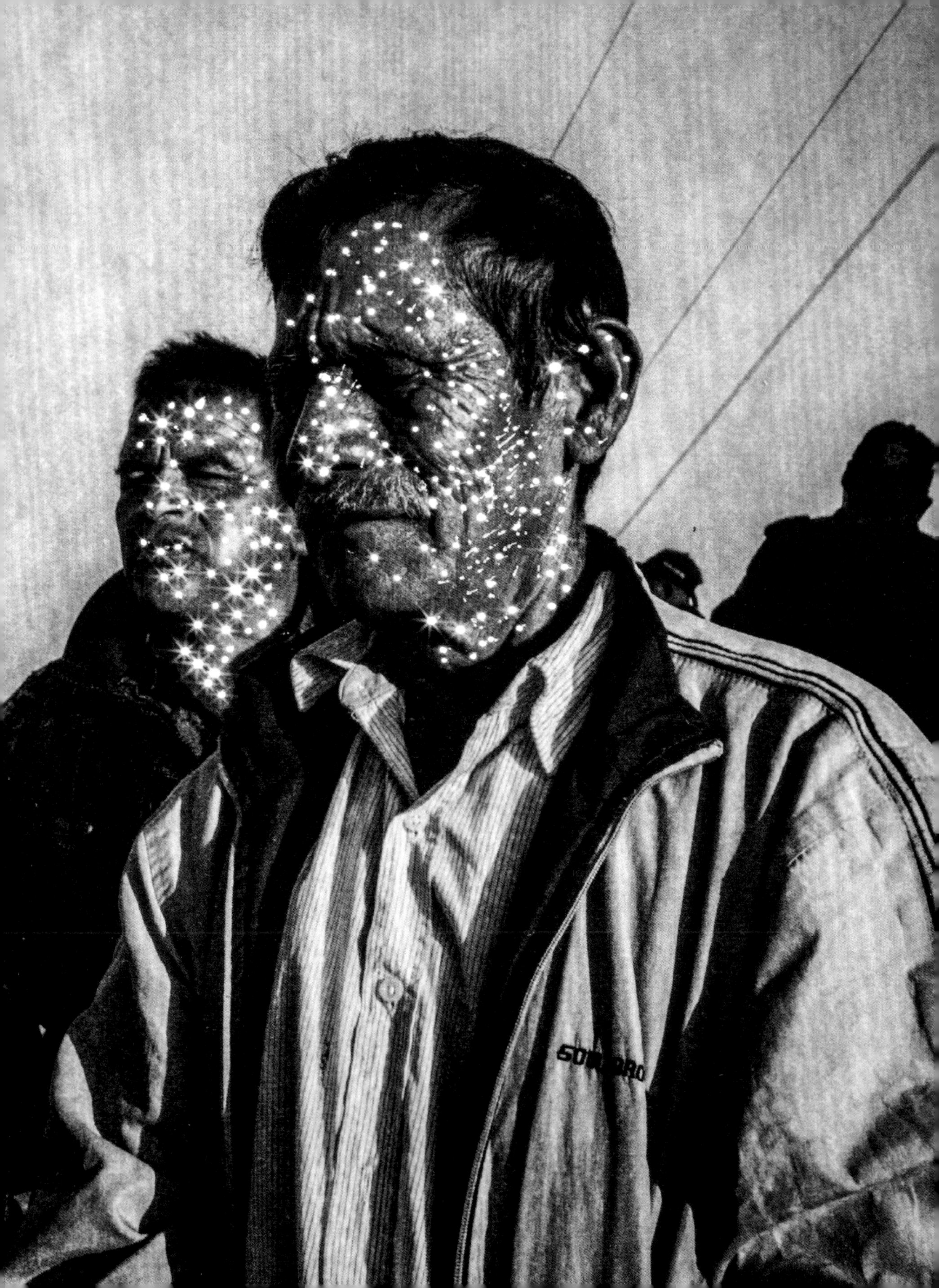

Nord- und Mittelamerika

Clare Vander Meersch
Vorsitzende der Jury für Nord- und Mittelamerika

Vor Beginn der Jurierung haben wir – die Jury für Nord- und Mittelamerika – unsere Vorstellung von einem idealen Ergebnis geteilt: Wir wollten Arbeiten einbeziehen, die ein Thema der Vielfalt und der Integration darstellen. Wir haben uns bemüht, Geschichten besonders zu berücksichtigen, die das I von BIPOC in den Vordergrund stellen, die zeigen, wie Frauen die wirtschaftliche Last der Pandemie tragen, die den Einsatz für eine faire Behandlung von LGBTQI+-Gemeinschaften aufzeigen und die Menschen mit Behinderungen porträtieren – all das, während wir gleichzeitig sicherstellen, dass wir die wichtigsten Nachrichten des Jahres aufgreifen. Letztlich hofften wir, mehr Raum zu schaffen, um die Welt, in der wir leben wollen, besser widerzuspiegeln.

Wir haben viele Beiträge zum Thema Migration gesehen. Dies löste leidenschaftliche Diskussionen aus und den Wunsch, die Auswirkungen einer eindimensionalen Sichtweise zu minimieren. Wir sahen eine Tendenz, die Erfahrungen von Migrantinnen und Migranten als einen Monolithen zu betrachten, der eine Masse von Menschen zeigt, anstatt einen tieferen Blick auf die Einzelne oder den Einzelnen zu werfen. Es ist ein historisches Problem, dass Außenstehende die regionalen Unterschiede einer Reihe von kulturellen Erfahrungen nicht vollständig erfassen, dass sie über einschneidende Ereignisse berichten, anstatt zu untersuchen, warum dies geschah.

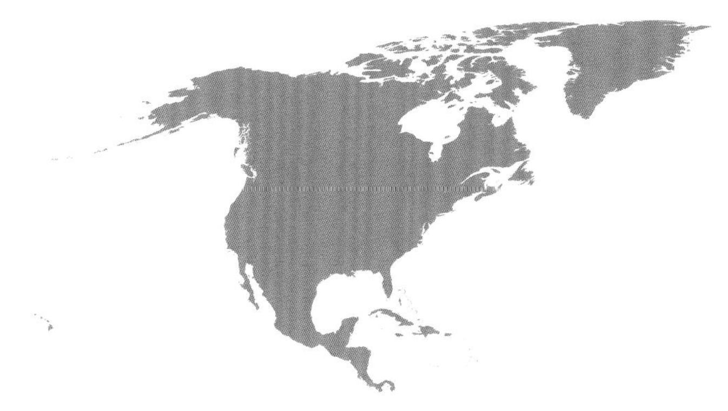

Wir waren auch besorgt darüber, dass viele Beiträge ein einseitiges Bild von Zentralamerika als einem traurigen und gewalttätigen Ort zeichneten, an dem die Menschen keine andere Wahl hatten, als ihn zu verlassen. Wir waren auf der Suche nach differenzierten Geschichten jenseits dieses abgenutzten Narrativs.

Ähnlich äußerte sich die Jury über die Darstellung indigener Völker. Die Qualität der Beiträge, die über diese Gemeinschaften berichteten, war beeindruckend hoch, aber wir sahen, dass viele dieser Beiträge immer noch von Außenstehenden erzählt wurden.

Wir haben ausführlich darüber diskutiert, wie wir versuchen, mit dem visuellen Journalismus der Vergangenheit zu brechen, und wie die Zukunft aussehen könnte. Und dass es trotz der Umstrukturierung des Wettbewerbs Jahre dauern kann, bis dies auf die Fotocommunity selbst durchschlägt, sodass das Spektrum der Beiträge vielfältiger wird. Es gibt noch viel zu tun, um tiefere Verbindungen mit der Fotocommunity herzustellen und mehr Arbeiten zu fördern.
Die Fragen lauten also: Wie wird World Press Photo mit «Communities» zusammenarbeiten, um ihre Beiträge proaktiver zu erhalten? Wie können wir diejenigen ermutigen, die Probleme mit den Ressourcen und dem Netzzugang haben, und wie können wir mehr Menschen dazu bringen, eine Kamera in die Hand zu nehmen, um lokal wichtige Geschichten zu dokumentieren?

Gewinnerinnen und Gewinner

–

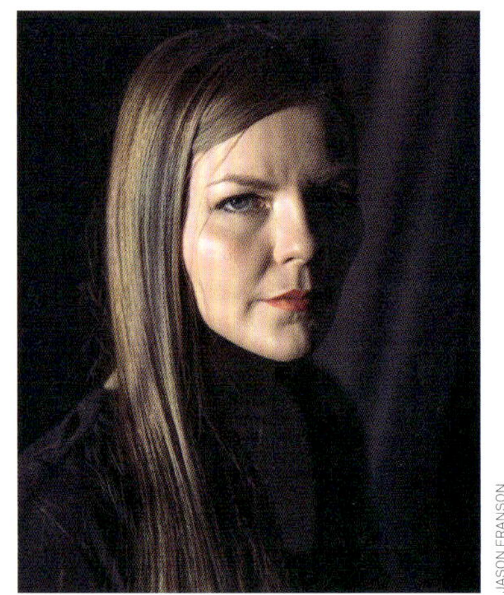

JASON FRANSON

EINZELFOTOS

AMBER BRACKEN
KANADA

–

Amber Bracken, freiberufliche Fotojournalistin, lebt in Edmonton. Sie erforscht die Überschneidungen von Rasse, Umwelt, Kultur und Dekolonisierung und hat sich auf beziehungsorientiertes und historisch kontextualisiertes Storytelling spezialisiert.

–

amberbracken.com | @photobracken

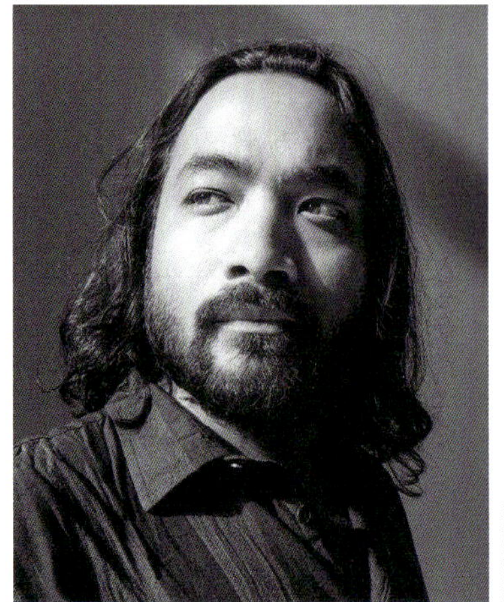

DANIELLE AMY

FOTOSERIEN

ISMAIL FERDOUS
BANGLADESH

–

Ismail Ferdous ist Fotograf und Filmemacher und lebt in New York, Vereinigte Staaten. In seiner Arbeit dokumentiert er soziale und humanitäre Themen der heutigen Welt. Er ist Mitglied der Agence VU'.

–

iferdous.com | @ismailferdous

Jury

–

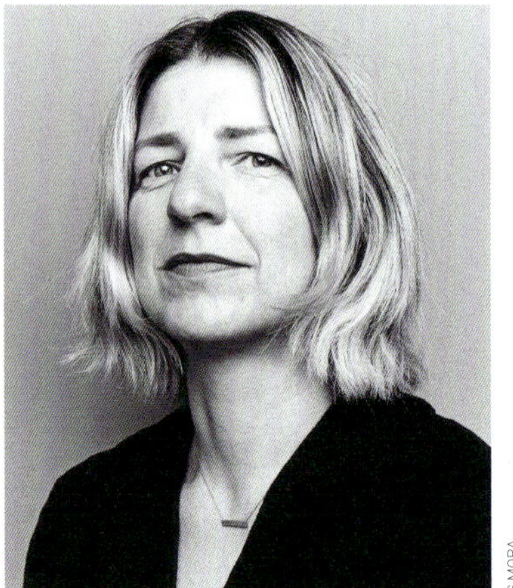

LUIS MORA

CLARE VANDER MEERSCH / VORSITZ
KANADA

–

Clare Vander Meersch ist Fotodirektorin des Magazins *Report on Business* und Fotoredakteurin im Visuals-Team von *The Globe and Mail*.

–

@photo_editor_clare

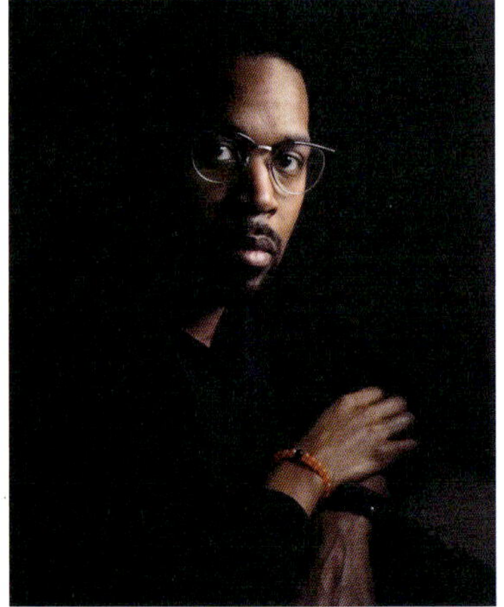

JASMINE LEWIS

BRENT LEWIS
VEREINIGTE STAATEN

–

Brent Lewis ist Fotoredakteur bei *The New York Times* und Mitbegründer von Diversify Photo.

–

blewisphoto.com | @blewisphoto

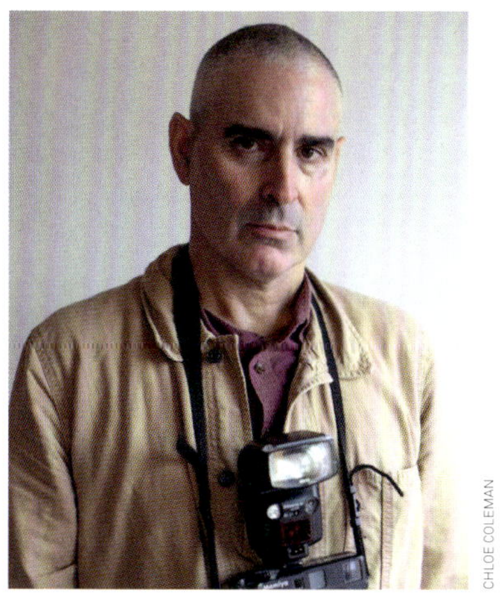

CHLOE COLEMAN

LANGFRISTIGE PROJEKTE

LOUIE PALU
KANADA

–

Louie Palu ist ein Fotograf und Filmemacher, der sich in seiner Arbeit mit gesellschaftspolitischen Themen wie Menschenrechte und Konflikte auseinandersetzt. Er lebt derzeit in Washington DC, Vereinigte Staaten.

–

louiepalu.com | @louiepalu

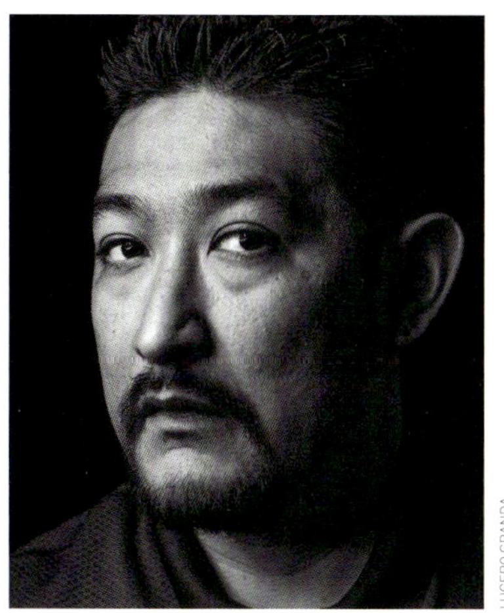

LUCERO GRANDA

OFFENES FORMAT

YAEL MARTÍNEZ
MEXIKO

–

Yael Martínez ist ein in Taxco, Mexiko, ansässiger Fotograf. Seine Arbeiten, die oft ein Gefühl der Leere, der Abwesenheit und des Schmerzes hervorrufen, thematisieren die zerrissenen Gemeinschaften in seinem Heimatland. Er ist Mitglied von Magnum Photos.

–

yaelmartinez.com | @yaelmtzv

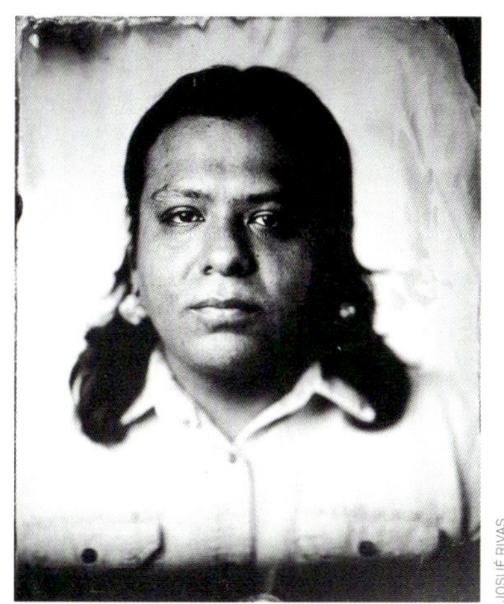

JOSUÉ RIVAS

JOSUÉ RIVAS
MEXIKO

–

Josué Rivas, indigener Futurist, Kreativdirektor, visueller Geschichtenerzähler und Pädagoge. Seine Arbeit zielt darauf ab, die gängige Erzählung über indigene Völker infrage zu stellen und gemeinsam mit der Gemeinschaft zu gestalten.

–

josuerivas.co | @josue_foto

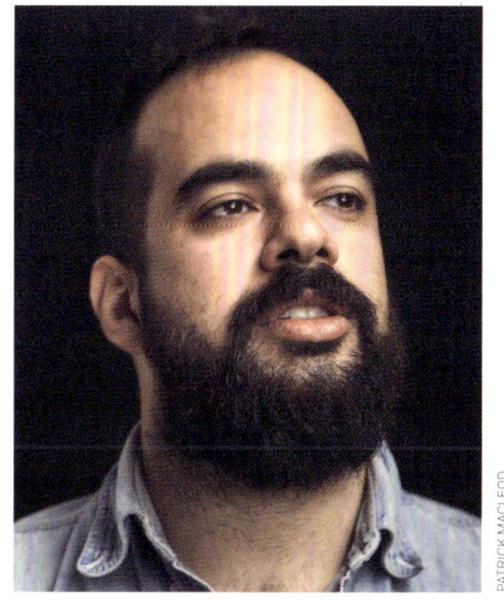

PATRICK MACLEOD

TOMAS AYUSO
HONDURAS

–

Tomas Ayuso ist Schriftsteller und Dokumentar-Fotojournalist. Seine Arbeit konzentriert sich auf lateinamerikanische Konflikte im Zusammenhang mit dem Drogenkrieg, Zwangsvertreibung und städtischer Enteignung.

–

tomasayuso.com | @tomas_ayuso

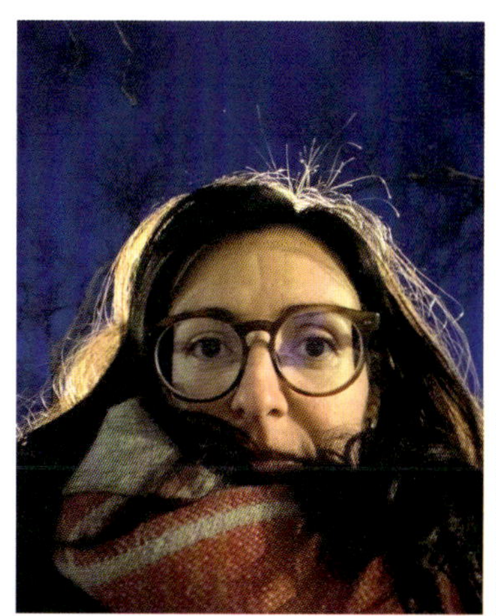

VERONICA SANCHIS BENCOMO

VERÓNICA SANCHIS BENCOMO
SPANIEN/VENEZUELA

–

Veronica Sanchis ist eine in New York ansässige Fotografin und Kuratorin. Ihre Aufgabe ist es, die Arbeit lateinamerikanischer Fotografinnen zu feiern und zu archivieren.

–

veronicasanchis.com | @veronicasanchis

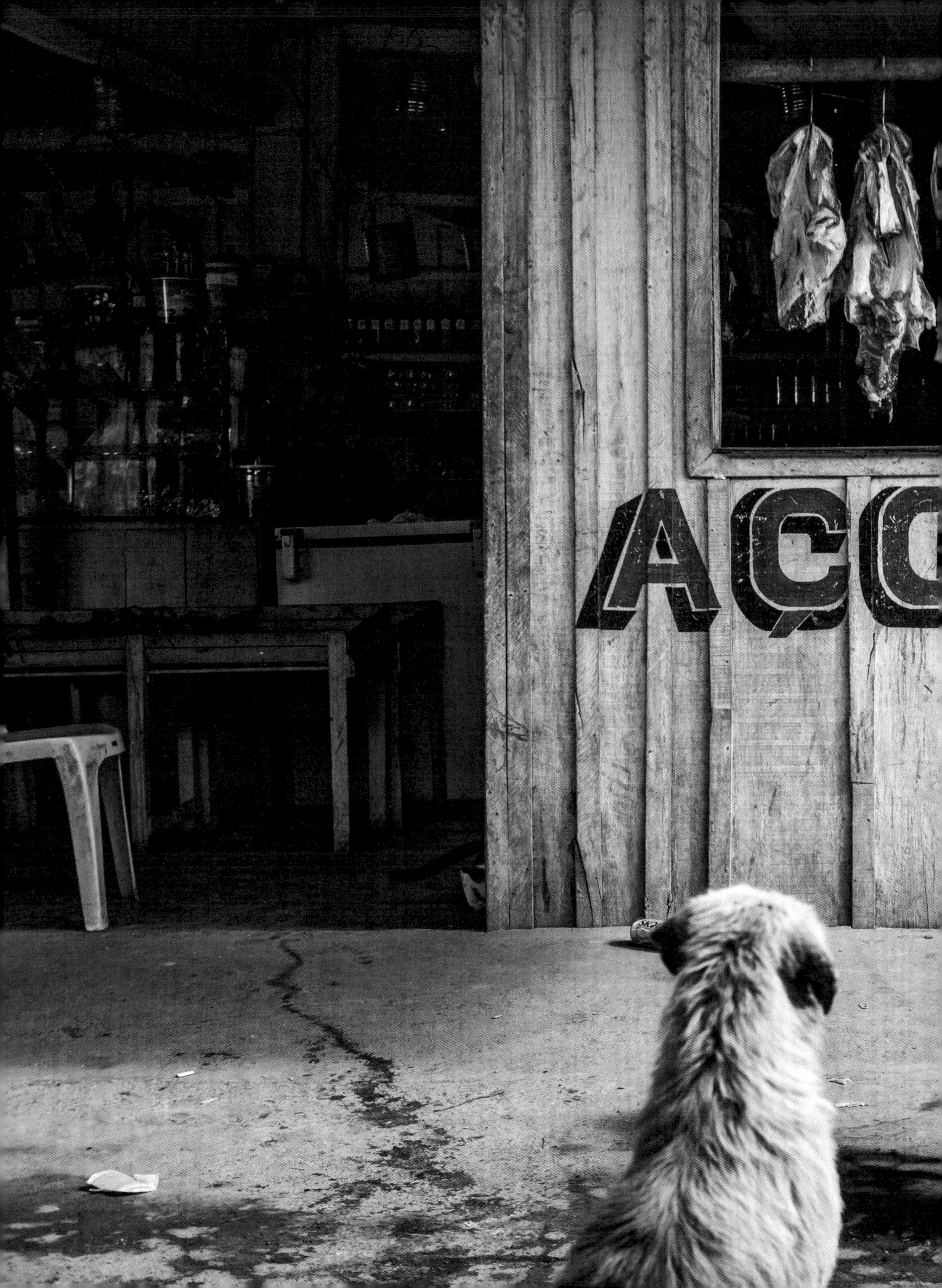
AÇ

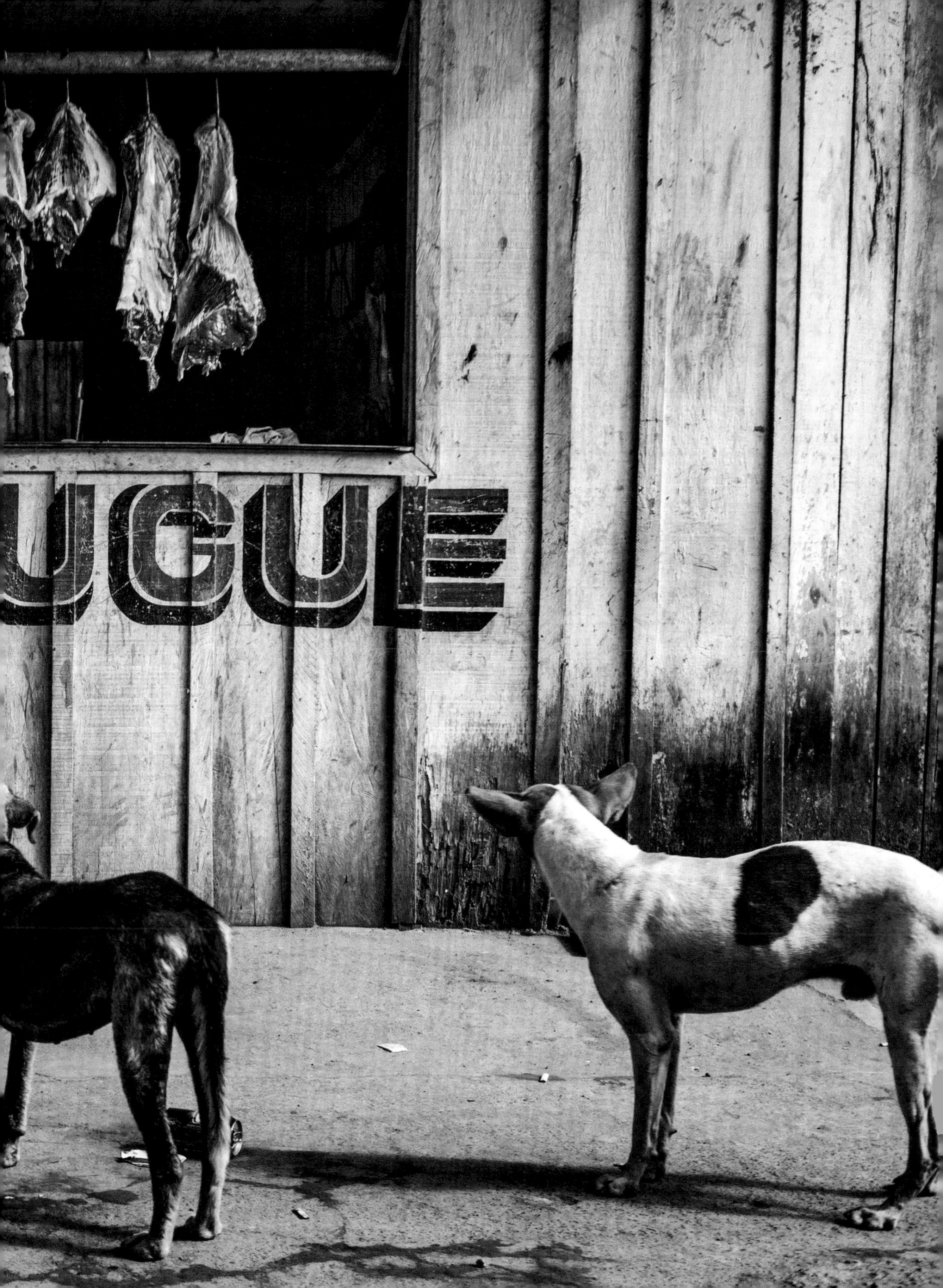
UGUE

Südamerika

Ernesto Benavides
Vorsitzender der Jury für Südamerika

Als Mitglieder der südamerikanischen Jury haben wir ständig diskutiert und versucht, eine Antwort auf die Frage zu finden: Was wird auf diesen Fotos dargestellt, und welche konventionellen Stigmata und globalen Berichterstattungstrends werden bekräftigt statt hinterfragt? Es ist eine Frage, bei der wir uns immer wünschten, wir hätten mehr Zeit, um eine Antwort zu finden. Solchen Diskussionen Raum zu geben, ist wichtig und geht über den Rahmen der World Press Photo Awards hinaus.

Die Fotografinnen und Fotografen in der Region haben eine Vielzahl von Projekten eingereicht, die von guter fotografischer Qualität sind und eine Reihe von sozialen, politischen, kulturellen, ökologischen und persönlichen Geschichten abdecken. Die Kategorien Langfristige Projekte und Offenes Format enthielten anregende, gründlich recherchierte und ernsthafte Arbeiten.

Projekte, bei denen die aufgewendete Zeit eine große ästhetische Entwicklung und eine wichtige Verbindung zwischen der Fotografin bzw. dem Fotografen und der Geschichte bedeutet hat, stachen hervor. Die Beiträge aus dieser Region zeigten uns die Überquerung von schwierigem Terrain, vom Dschungel bis zur trockenen Wüste, von Chile bis Venezuela, mit der Migration haitianischer und venezolanischer Bürger; Umweltkrisen in Brasilien, die die Verwüstung des Amazonasgebiets aus verschiedenen Blickwinkeln zeigen, wie im Fall des Projekts *Dystopie im Amazonasgebiet*,

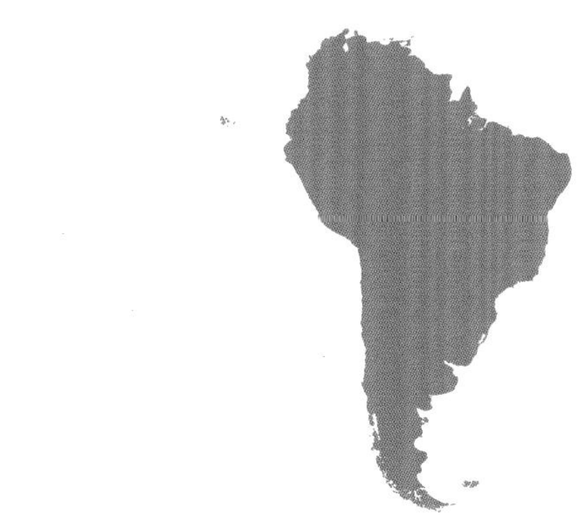

sowie indigene Gemeinschaften und den Verlust ihres Landes, Bedrohungen der Menschenrechte, politische Instabilität in Kolumbien und alte Wunden, die in Peru immer noch bluten.

Wir sahen Geschichten, die sich mit dem Abbau von Bodenschätzen in chilenischen und bolivianischen Wüsten befassten, mit LGBTQI+-Gemeinschaften und mit sensiblen Geschichten von kleinen Gemeinden und Familien in entlegeneren Teilen des Kontinents, in denen sich lokale Traditionen oder Aspekte des Familienlebens für poetische, sanfte und positive Darstellungen eigneten. Geschichten wie *Das Versprechen* erzählen uns, wie die COVID-19-Pandemie und ihre Folgen die Region immer noch plagen, indem sie die Unsicherheit der Gesundheits- und Bildungssysteme in vielen südamerikanischen Ländern aus einem einzigartigen und ermutigenden Blickwinkel beleuchten, anstatt dieses Problem aus einer Perspektive des Schmerzes und des Leidens zu zeigen, wie wir es in den letzten Jahren erlebt haben.

Die Auswahl der Gewinnerinnen und Gewinner war ein intensiver, aber bereichernder Prozess. Es war ein Privileg zu sehen, was die Fotografinnen und Fotografen für ihre Dokumentationen auswählen und wie sie sich diesen Geschichten nähern.

Gewinnerinnen und Gewinner

–

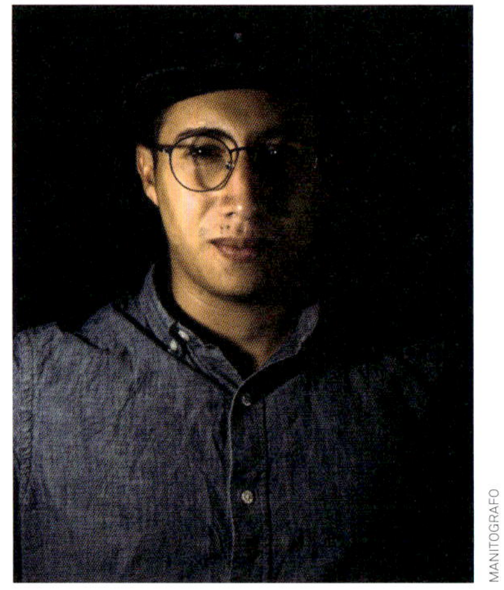

MANITOGRAFO

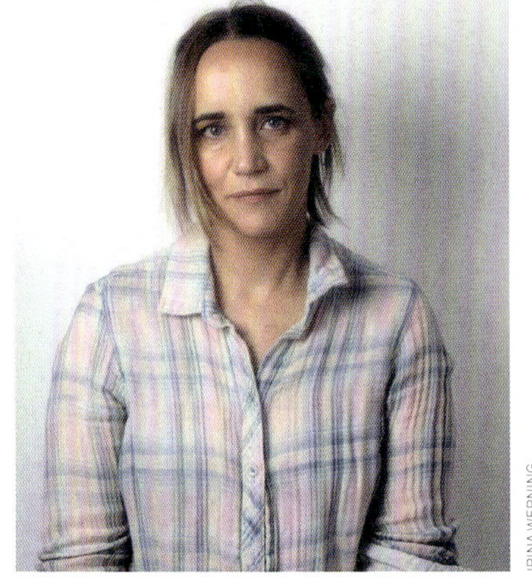

IRINA WERNING

EINZELFOTOS

VLADIMIR ENCINA
KOLUMBIEN

–

Vladimir Encina ist ein in Pereira, Kolumbien, ansässiger Fotograf. Encina arbeitet in kleinen, lokalen Gemeinschaften, um die Kämpfe des täglichen Lebens aufzuzeigen, die auf die große soziale Ungleichheit in seiner Region zurückzuführen sind.

–

@manitografo

FOTOSERIEN

IRINA WERNING
ARGENTINIEN

–

Irina Werning ist eine freiberufliche Fotojournalistin, die sich auf persönliche Langzeitprojekte konzentriert. Sie lebt in Buenos Aires, Argentinien.

–

irinawerning.com | @irinawerning

Jury

–

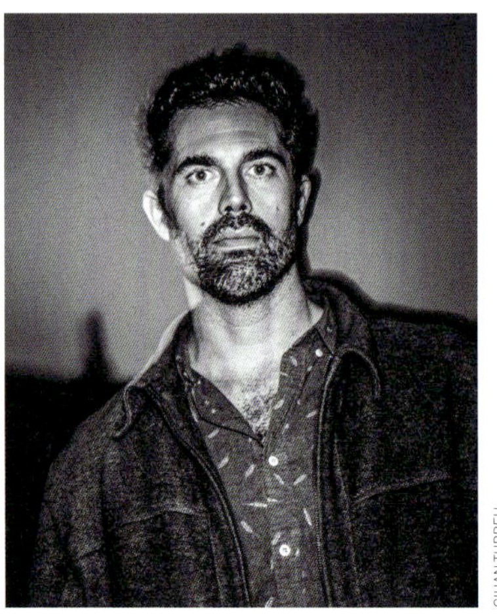

GIHAN TUBBEH

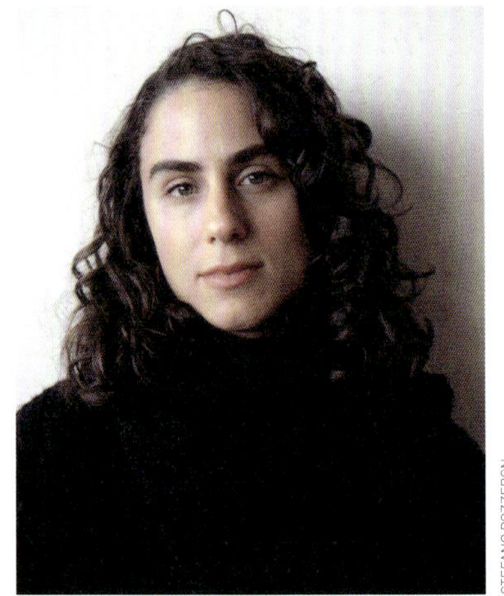

STEFANO POZZEBON

ERNESTO BENAVIDES / VORSITZ
PERU

–

Ernesto Benavides ist Fotograf für die Agence France-Presse und arbeitet hauptsächlich in Südamerika.

–

ernestobenavidesphoto.com | @ernestobenavidesde

FABIOLA FERRERO
VENEZUELA

–

Fabiola Ferrero ist Journalistin und Fotografin, die in ihrer Arbeit die emotionale Seite der Krise in Venezuela dokumentiert und sich auf das menschliche Befinden konzentriert. Derzeit lebt sie zwischen Venezuela und Kolumbien.

–

fabiolaferrero.com | @FabiolaFerrero

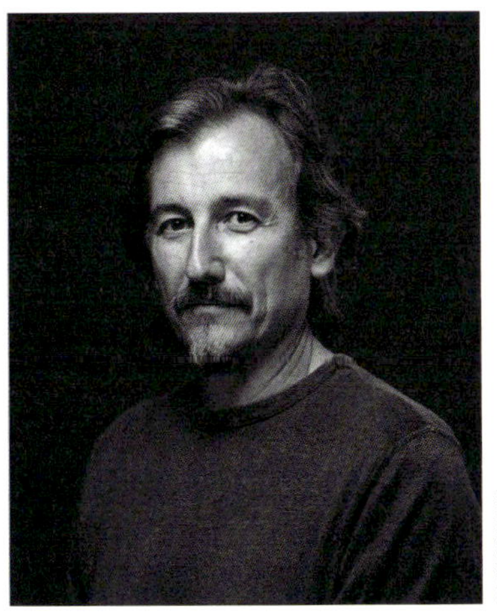

EDUARDO KNAPP

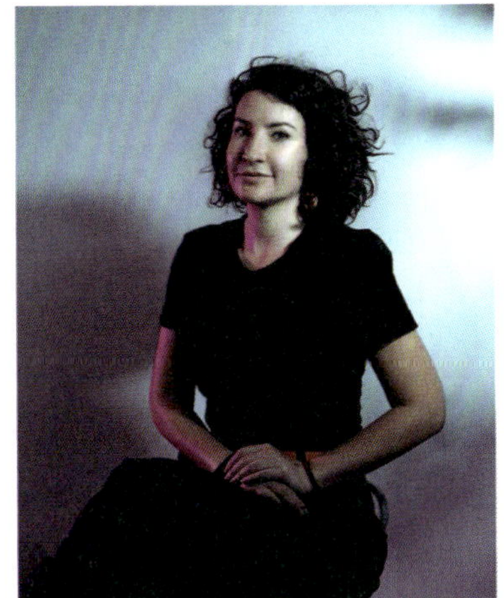

ANA MARÍA BUITRÓN

LANGFRISTIGE PROJEKTE

LALO DE ALMEIDA

BRASILIEN

–

Lalo de Almeida ist ein Fotograf aus São Paulo, Brasilien. Er arbeitet für *Folha de São Paulo* und wird seit 2020 von Panos Pictures vertreten.

–

lalodealmeida.com.br | @lalodealmeida

OFFENES FORMAT

ISADORA ROMERO

ECUADOR

–

Isadora Romero ist freischaffende visuelle Geschichtenerzählerin und lebt in Quito, Ecuador. Ihre Arbeit konzentriert sich auf soziale, geschlechtsspezifische und ökologische Themen. Romero ist die Mitbegründerin von Ruda Colectiva.

–

isadoraromero.com | @isadoraromerophoto

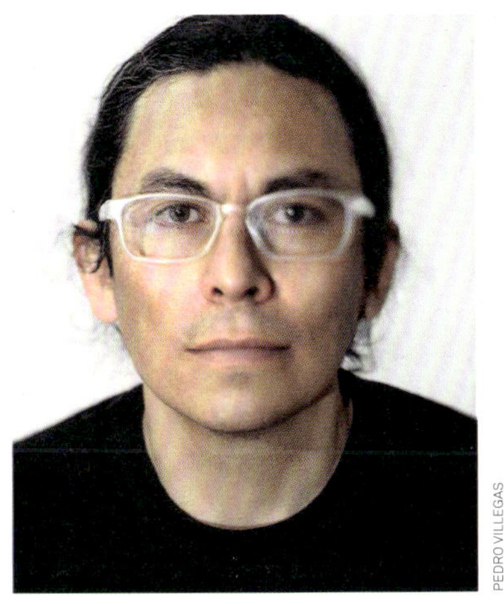

PEDRO VILLEGAS

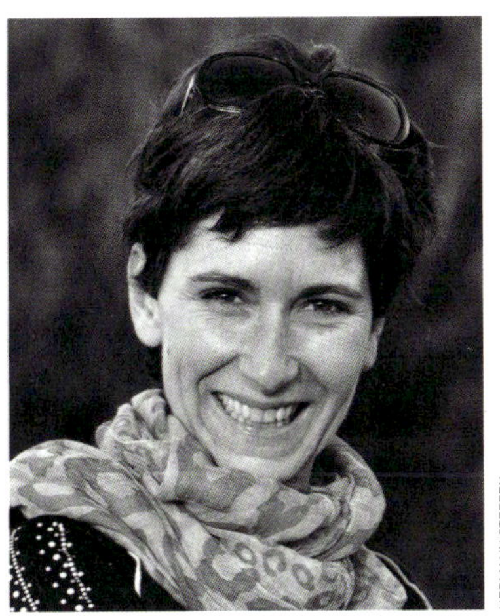

HERMANN STEFFEN

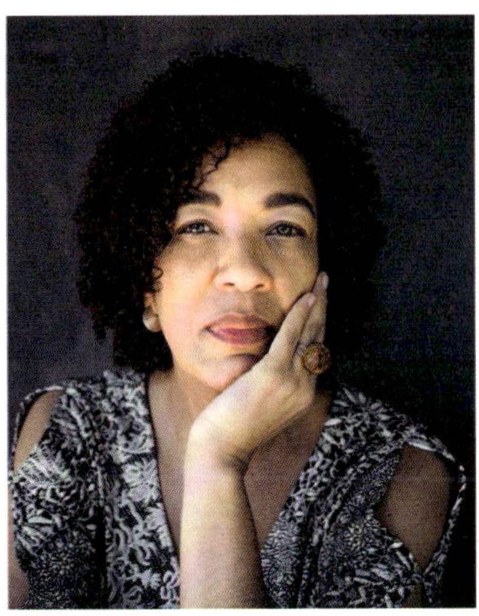

DIEGO BRESANI

GEOVANNY VILLEGAS SÁNCHEZ

ECUADOR

–

Geovanny ‚Gato' Villegas Sánchez ist ein kultureller und audiovisueller Produzent. Er interessiert sich für den Dialog zwischen Kunst und Dokumentarfilm als Mittel zur Erneuerung seiner Erzählung.

–

gatovillegas.com | @gato_villegas

VERONICA CORDEIRO

BRASILIEN

–

Veronica Cordeiro ist eine unabhängige Künstlerin, Kuratorin und Autorin mit Sitz in Montevideo, Uruguay.

–

@tierra_art_platform | @poetics_of_transmutation

DENISE CAMARGO

BRASILIEN

–

Denise Camargo ist bildende Künstlerin, Kuratorin und Professorin an der Fakultät für Bildende Kunst der Bundesuniversität Brasília.

–

@camargodenise

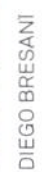

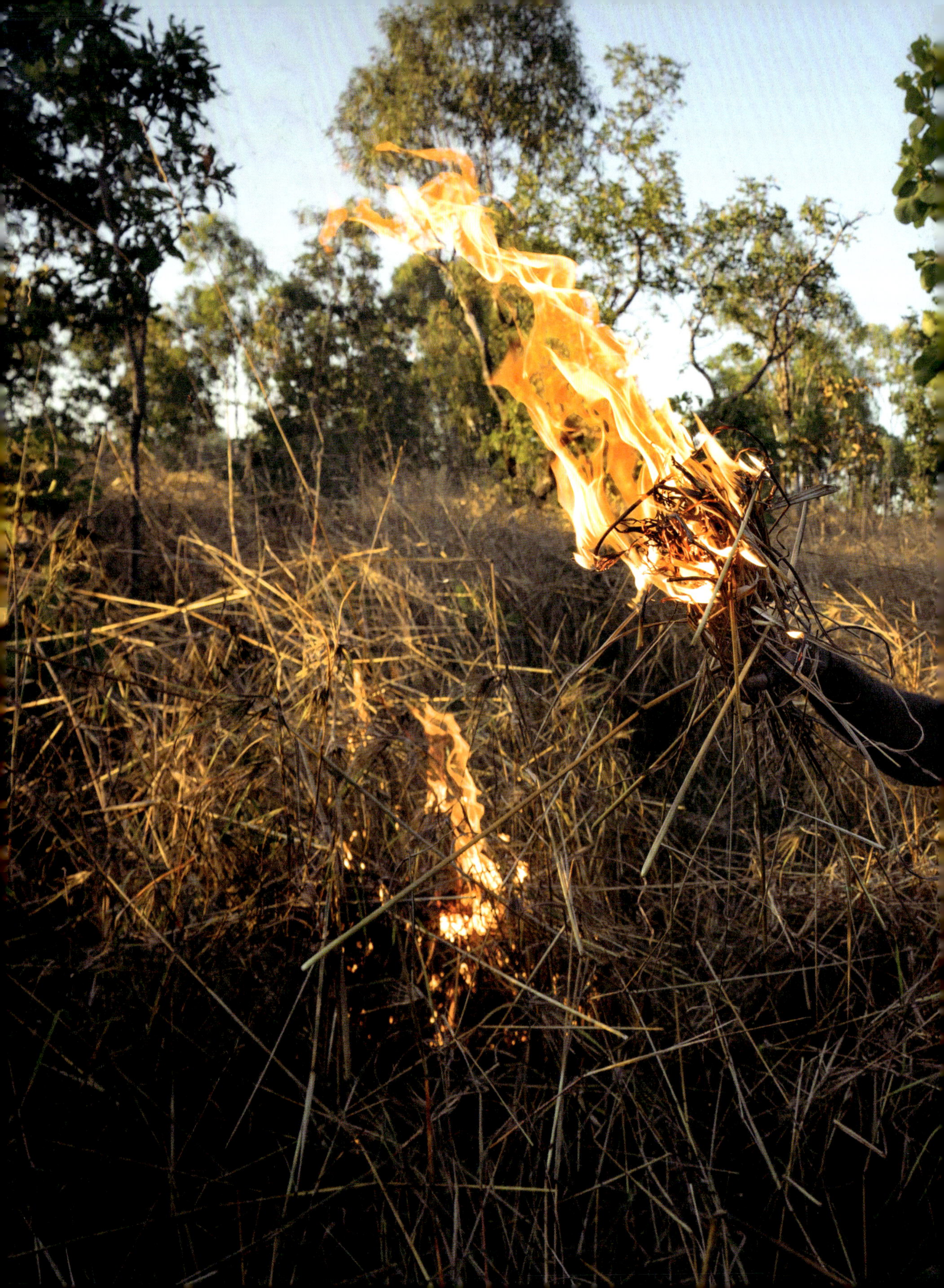

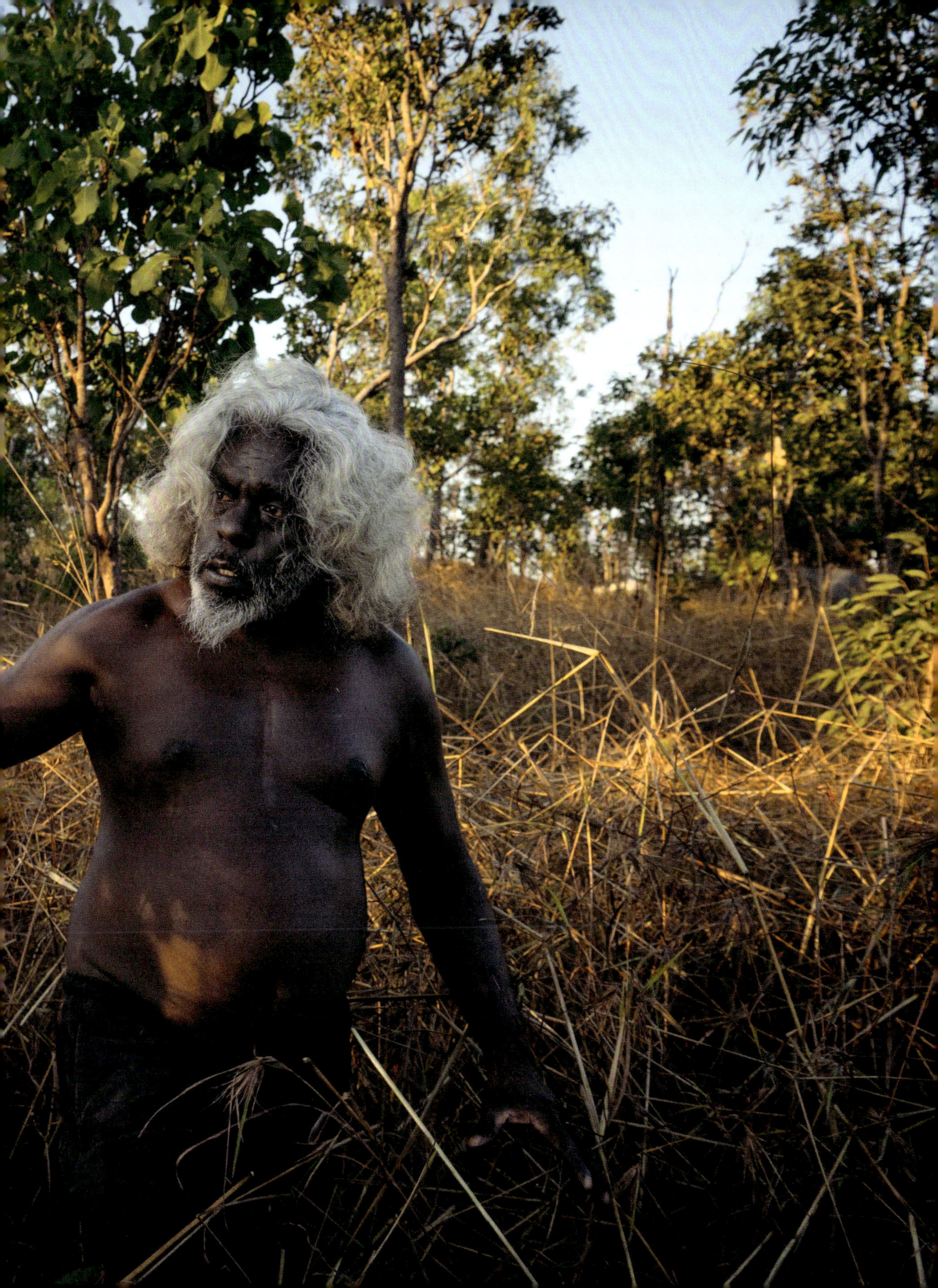

—

Südostasien und Ozeanien

—

Jessica Lim
Vorsitzende der Jury für Südostasien und Ozeanien

In einem Beruf, der viel Herzblut und Hoffnung erfordert, werde ich immer wieder von Kolleginnen und Kollegen ermutigt und inspiriert, die Wege finden, um ihr Engagement für den Journalismus aufrechtzuerhalten. Als sich die erste regionale Jury für Südostasien und Ozeanien praktisch versammelte, um mit ihren Beratungen zu beginnen, stießen wir auf ein Beispiel für das unermüdliche Engagement von Fachleuten aus unserem Teil der Welt.

Im dritten Jahr der COVID-19-Pandemie dokumentierten Bildjournalistinnen und -journalisten aus unserer Region weiterhin die Auswirkungen des Virus auf das Leben einzelner Menschen und lokaler Gemeinschaften. Von der privaten Trauer in den Häusern bis zur kollektiven Wut auf den Straßen – diese Geschichten wurden uns von Fotografinnen und Fotografen übermittelt, die ihre eigene Gesundheit und ihr Leben aufs Spiel setzten.

Wir verfügen zwar über Impfstoffe und Schutzausrüstung, um das Risiko von COVID-19 zu verringern, aber angesichts von Tränengas, Gummigeschossen und scharfer Munition kann man wenig tun. In Myanmar hielten die Fotografinnen und Fotografen den Schmerz einer Nation fest, nachdem ein Militärputsch über Nacht jahrelange demokratische Fortschritte zunichte gemacht hatte, was zu Protesten, bewaffnetem Widerstand, gewaltsamen Verhaftungen und Tötungen von Zivilistinnen und Zivilisten führte. Auf der anderen Seite der Grenze in Thailand sahen wir Szenen von Menschen, die sich gegen die Beschneidung ihrer bürgerlichen Freiheiten wehrten und auf die

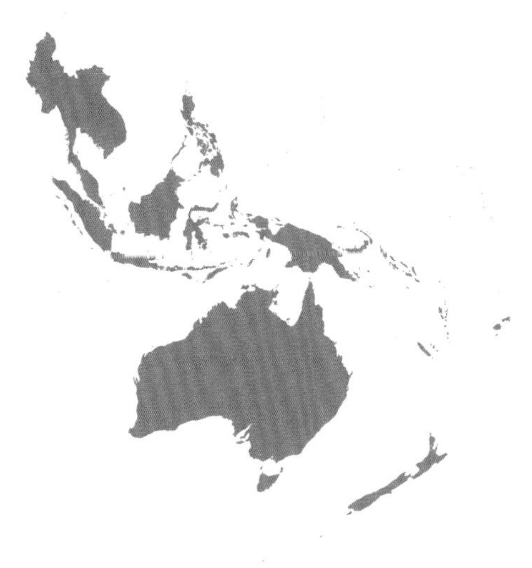

Straße gingen, um ihre Forderung nach Reformen der Monarchie und der Verfassung aufrechtzuerhalten. Beide Ereignisse sind nur die jüngsten in einem fortlaufenden Muster beim Wiederaufleben des Autoritarismus in Südostasien.

Die Bildjournalistinnen und -journalisten der Region dokumentierten weiterhin die zahlreichen Facetten des Klimawandels und die turbulente Beziehung der Menschheit zur Umwelt, ob sie nun durch Hochwasser waten oder sich einer schnell herannahenden Feuerwand stellen mussten. Während diese Ereignisse die Schlagzeilen beherrschten, erhielten wir viele andere Geschichten, die es zu erzählen gilt – von der Weisheit alter Kulturen bis hin zu aufrichtigen persönlichen Arbeiten und einer wunderschönen Tierwelt.

Nicht zuletzt ist es in diesem Zeitalter der visuellen Übersättigung auch wichtig, dass wir über die Bilder nachdenken, die wir nicht sehen – wo sind die Lücken und das Schweigen, und warum? Die Hindernisse sind vielfältig – von mangelnder Finanzierung über die Einschränkung der Pressefreiheit bis hin zu Gewaltandrohungen – und erinnern uns daran, wie wichtig es für Organisationen wie World Press Photo ist, die Beiträge von Bildjournalistinnen und -journalisten weiterhin anzuerkennen und zu fördern.

Gewinnerinnen und Gewinner

–

EINZELFOTOS

ANONYM

–

Die Fotografin oder der Fotograf bleibt aus Gründen der persönlichen Sicherheit anonym.

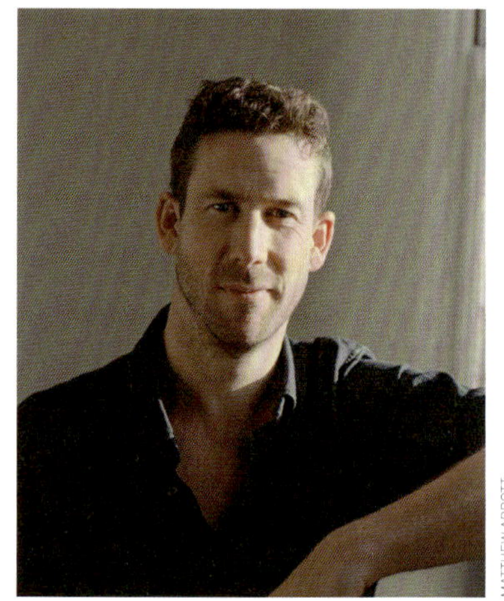

MATTHEW ABBOTT

FOTOSERIEN

MATTHEW ABBOTT
AUSTRALIEN

–

Matthew Abbott ist ein Dokumentarfotograf mit Sitz in Sydney. Er fotografiert soziale, kulturelle und politische Geschichten über das zeitgenössische Australien der Vorstädte und Regionen.

–

matthewabbott.com.au | @mattabbottphoto

Jury

–

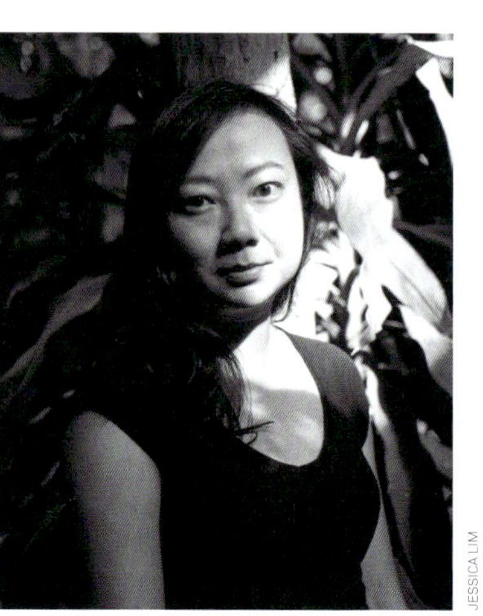

JESSICA LIM

JESSICA LIM / VORSITZ
SINGAPUR

–

Jessica Lim ist die Leiterin des Angkor Photo Festival and Workshops (APFW). Während ihrer gesamten Laufbahn hat sie sich für die Förderung visueller Geschichtenerzähler aus der Mehrheitswelt eingesetzt.

–

@elsija

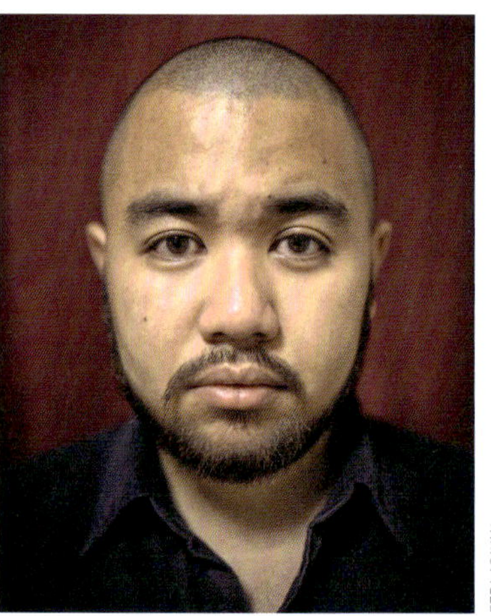

EZRA ACAYAN

EZRA ACAYAN
PHILIPPINEN

–

Ezra Acayan ist ein Fotojournalist, dessen Arbeit sich mit Politik, Klimawandel und sozialer Gerechtigkeit beschäftigt.

–

@ezra_acayan

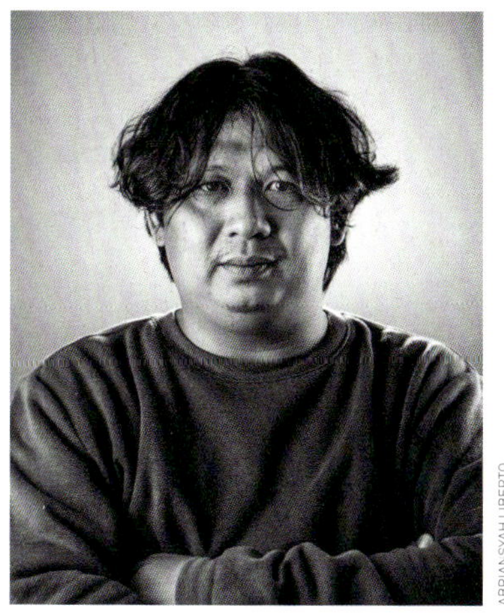

ABRIANSYAH LIBERTO

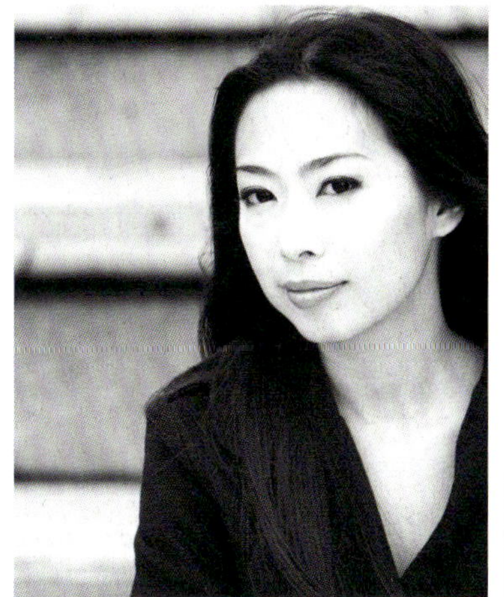

PENELOPE RUSSAK

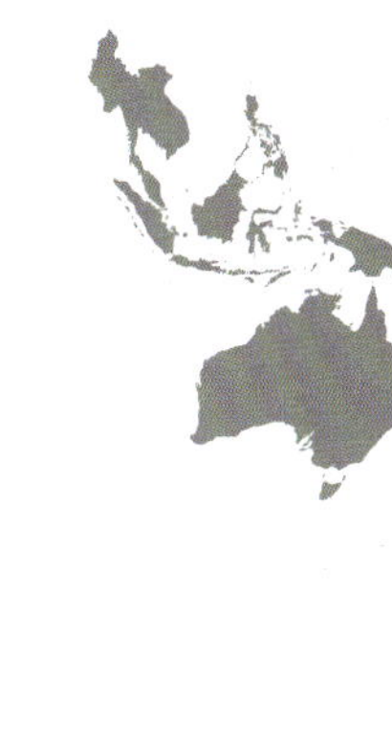

LANGFRISTIGE PROJEKTE

ABRIANSYAH LIBERTO
INDONESIEN

–

Abriansyah Liberto ist ein Fotograf und Fotojournalist aus Palembang, Süd-Sumatra, Indonesien. Seine Arbeiten konzentrieren sich auf soziale und ökologische Themen.

–

@abriansyah_liberto

OFFENES FORMAT

CHARINTHORN RACHURUTCHATA
THAILAND

–

Charinthorn Rachurutchata ist eine bildende Künstlerin, die sich mit der Ungleichheit der Geschlechter sowie mit religiösen, sozialen und politischen Themen beschäftigt. Sie lebt in Bangkok, Thailand.

–

@charinthorn_rachurutchata

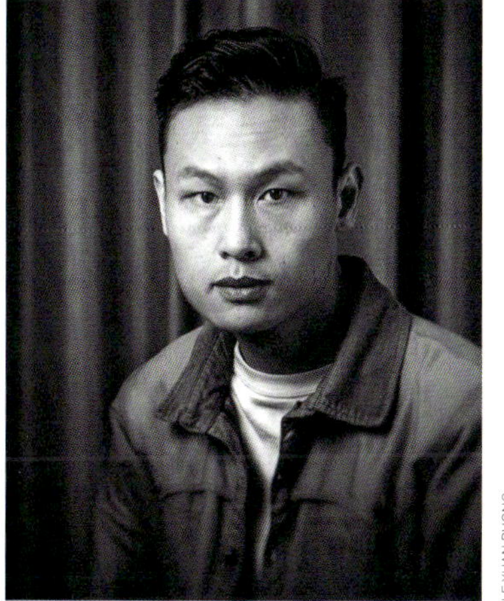

LE XUAN PHONG

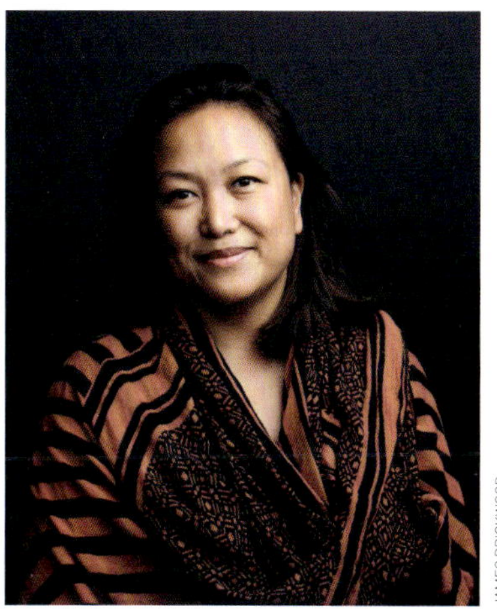

JAMES BRICKWOOD

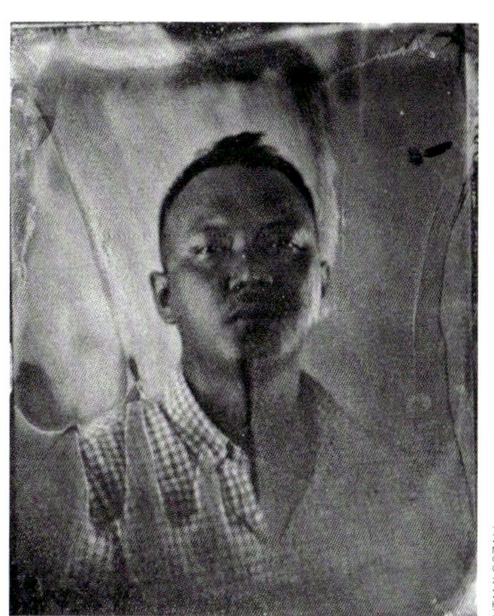

UTAMI GOZALI

LINH PHAM
VIETNAM

–

Linh Pham ist ein Fotograf, der die menschliche Situation in der unteren Mekong-Region erforscht. Er ist Mitbegründer von Matca, einer führenden Plattform für Fotografie in Vietnam.

–

linh-pham.com | @phamhaduylinh

MAGS KING
VEREINIGTES KÖNIGREICH

–

Mags King ist die leitende Fotoredakteurin des *Sydney Morning Herald.* Sie arbeitet seit über 20 Jahren als Fotoredakteurin und ist auch als Kuratorin, Produzentin, Sprecherin und Mentorin tätig.

–

@mags__king

YOPPY PIETER
INDONESIEN

–

Yoppy Pieter ist ein Fotograf und Pädagoge, der sich darauf konzentriert, eine Vielzahl von Geschichten zu erzählen, die Identität, Religion und soziale Kultur erforschen.

–

yoppy-pieter.com | @yoppy.pieter

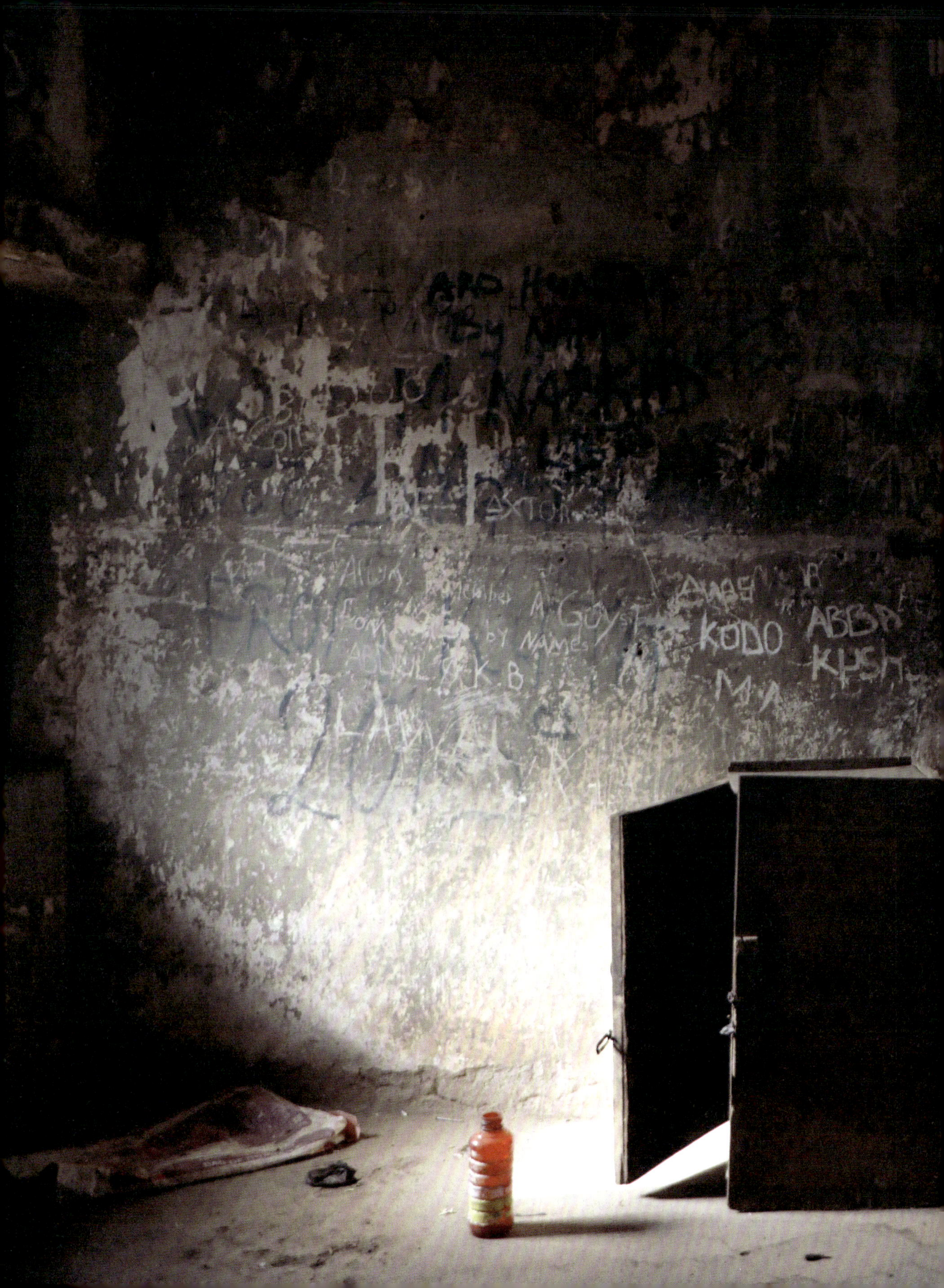

Guys
BY NAMES
KODO
ABBA

Globale Jury

Rena Effendi
Vorsitzende der Globalen Jury

Ich fühle mich geehrt und bin stolz darauf, Teil dieses aufregenden neuen Kapitels in der Geschichte des World Press Photo Wettbewerbs gewesen zu sein. Das neue regionale Format mit weniger Kategorien hat uns aus unserer Komfortzone herausgeführt und uns veranlasst, nach Geschichten zu suchen, die einen differenzierteren Blickwinkel auf die Themen bieten, mit denen sich die Welt im vergangenen Jahr auseinandergesetzt hat.

Die meisten der diesjährigen Gewinnerinnen und Gewinner stammen aus den Ländern, in denen die Fotos aufgenommen wurden. Es war keine bewusste Entscheidung der Jury, die Arbeiten von Außenstehenden auszuschließen. Bei der Bewertung fiel uns auf, dass einige der überzeugendsten Geschichten aus einem persönlichen Blickwinkel von denjenigen erzählt wurden, die vor Ort waren und sich dem Thema zutiefst verpflichtet fühlten. Viele dieser Fotografinnen und Fotografen waren eng mit den Gemeinschaften verbunden, deren Leben sie auf ebenso sensible wie verantwortungsvolle Weise porträtierten. Als Jury haben wir uns natürlich zu Projekten hingezogen gefühlt, die konventionelle Stereotypen infrage stellen, anstatt sie zu verstärken.

Einige Themen waren übergreifend für die verschiedenen Regionen der Welt. Die Geschichten und Fotografien der Globalen Gewinnerinnen und Gewinner sind z. B. miteinander verbunden. Alle vier thematisieren auf ihre eigene Art und Weise die Folgen des menschlichen Fortschrittsdrangs und dessen verheerende Auswirkungen auf unseren Planeten. Diese Projekte reflektieren nicht nur die unmittelbare Dringlichkeit der Klimakrise, sondern geben uns auch einen Einblick in mögliche Lösungen.

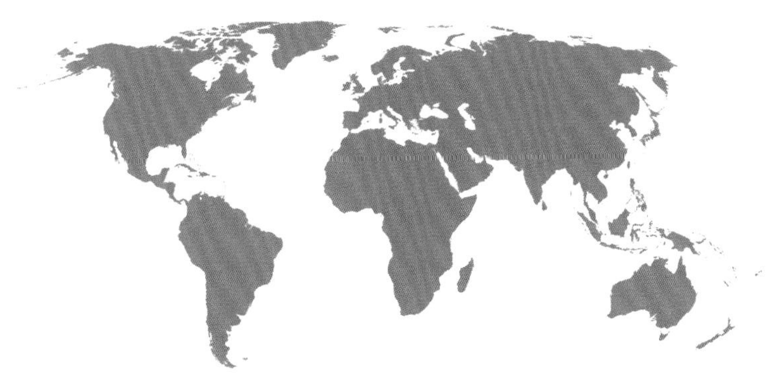

Die Gewinnerin des Preises für das Offene Format *Blut ist eine Saat* befasst sich mit den Folgen der Kolonialisierung, der Auslöschung der Kultur und dem Verlust des Kulturerbes, während sie in einem Akt des Widerstands traditionelle landwirtschaftliche Praktiken wieder aufleben lässt.

Das Langfristige Projekt *Dystopie im Amazonasgebiet* enthüllt eine Vielzahl katastrophaler Folgen der Ausbeutung von Land und natürlichen Ressourcen – die Auswirkungen kurzsichtiger, von Gier getriebener Entscheidungen, die von den Machthabern ohne Rücksicht auf die Zukunft des Planeten durchgesetzt werden.

Im Gegensatz zu *Dystopie im Amazonasgebiet* bietet die preisgekrönte World Press Photo Fotoserie des Jahres über die Praxis der Ureinwohnerinnen und -einwohner Australiens, ihr Land kontrolliert abzubrennen, einen seltenen Einblick in eine mögliche Lösung für unsere sich schnell erhitzende Welt, die bei der Jury großen Anklang fand.

Und schließlich ist das World Press Photo Foto des Jahres, das Kleider zeigt, die über den kürzlich entdeckten, nicht gekennzeichneten Gräbern der Kinder der Ureinwohnerinnen und -einwohner Kanadas hängen, ein stiller Moment der globalen Abrechnung mit der Geschichte der Kolonialisierung, nicht nur in Kanada, sondern auf der ganzen Welt.

Gemeinsam zollen die Globalen Gewinnerinnen und Gewinner der Vergangenheit Tribut, während sie in der Gegenwart leben und in die Zukunft blicken.

Gewinnerinnen und Gewinner

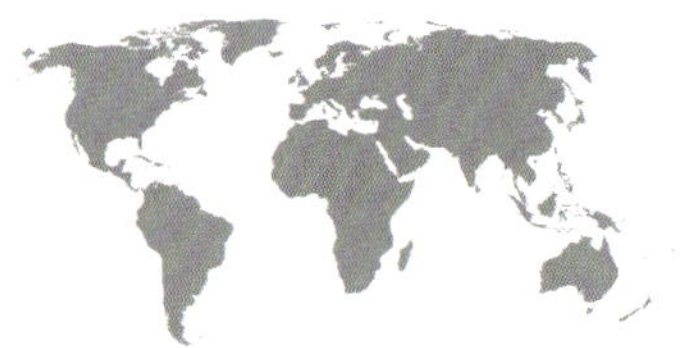

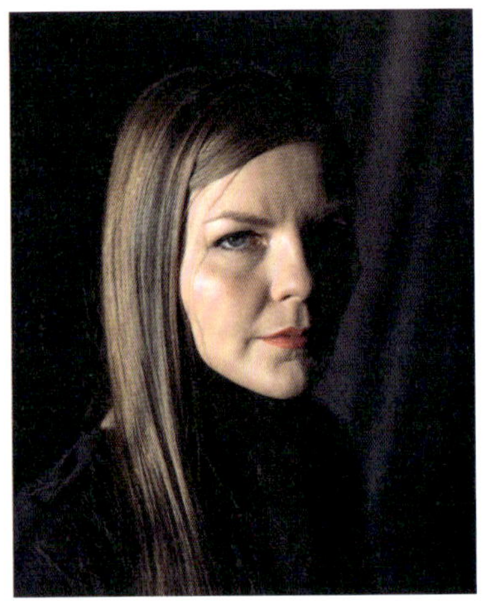

AMBER BRACKEN
FOTO DES JAHRES

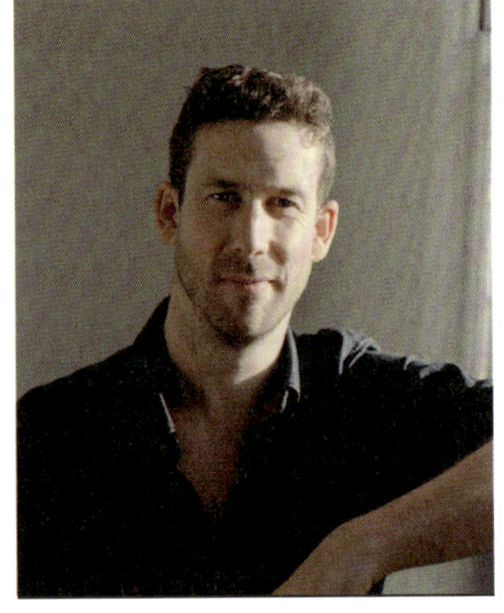

MATTHEW ABBOTT
FOTOSERIE DES JAHRES

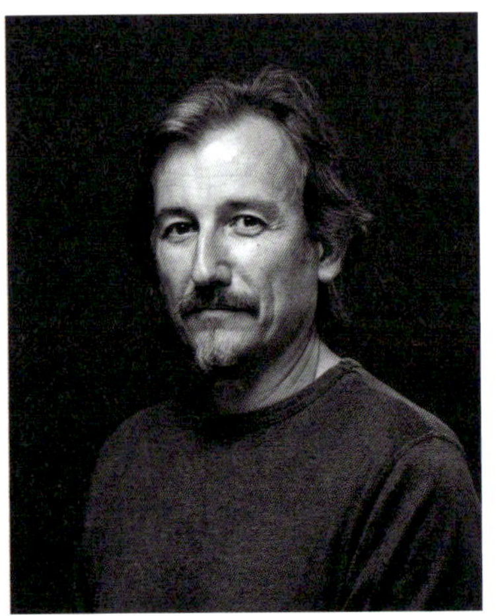

LALO DE ALMEIDA
PREIS FÜR LANGFRISTIGE PROJEKTE

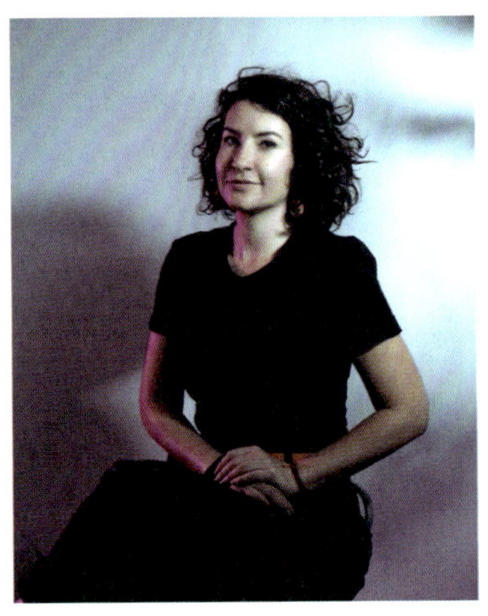

ISADORA ROMERO
PREIS FÜR OFFENES FORMAT

Globale Jury

–

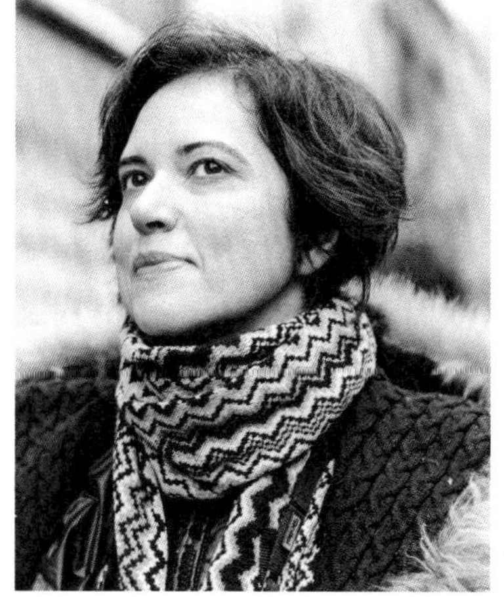

MARIA KLENNER

Rena Effendi ist eine Dokumentarfotografin, die sich auf Konfliktthemen, soziale Gerechtigkeit und die Umwelt konzentriert. Sie lebt derzeit in Istanbul, Türkei.
refendi.com | @renaeffendiphoto

RENA EFFENDI / VORSITZ
ASERBAIDSCHAN

N'GONÉ FALL
VORSITZ / AFRIKA

TANZIM WAHAB
VORSITZ / ASIEN

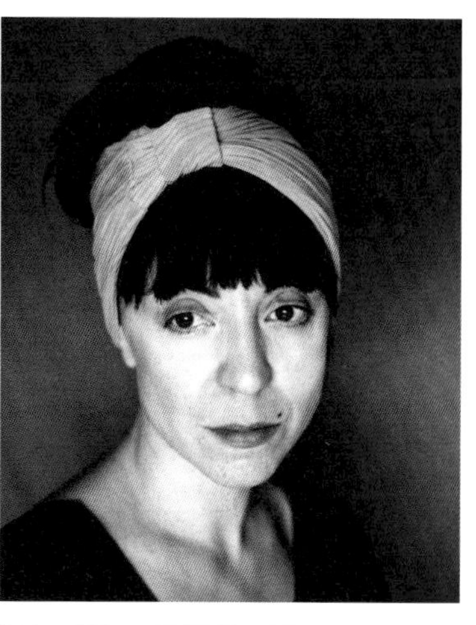

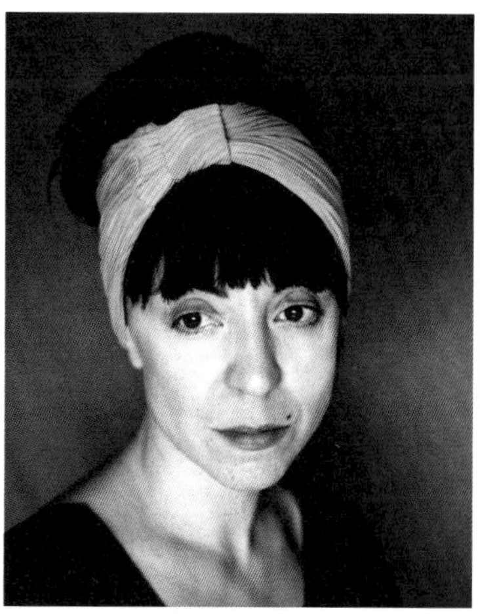

SIMONA GHIZZONI
VORSITZ / EUROPA

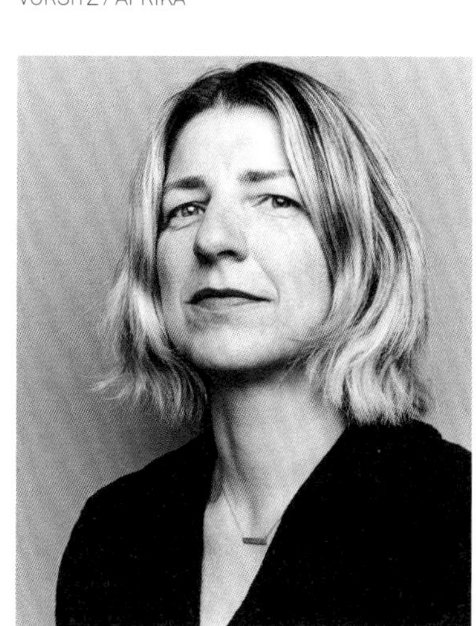

CLARE VANDER MEERSCH
VORSITZ / NORD- UND MITTELAMERIKA

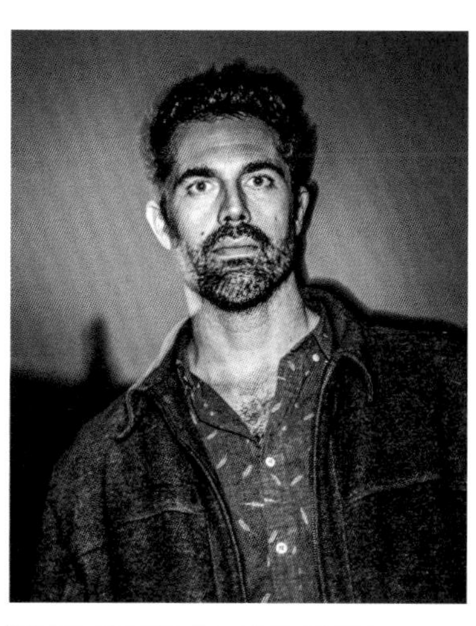

ERNESTO BENAVIDES
VORSITZ / SÜDAMERIKA

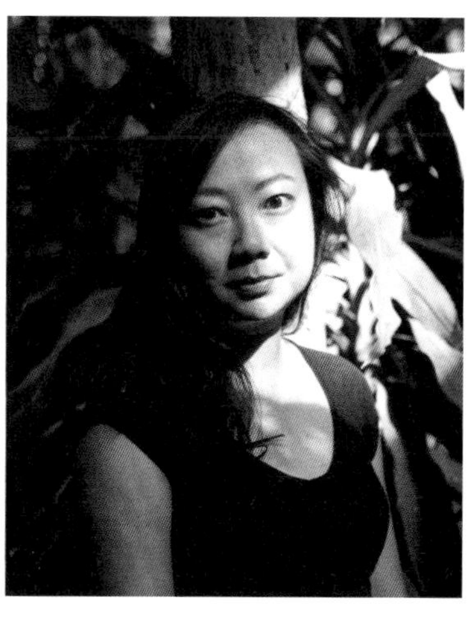

JESSICA LIM
VORSITZ / SÜDOSTASIEN UND OZEANIEN

Ehrende Erwähnungen

—

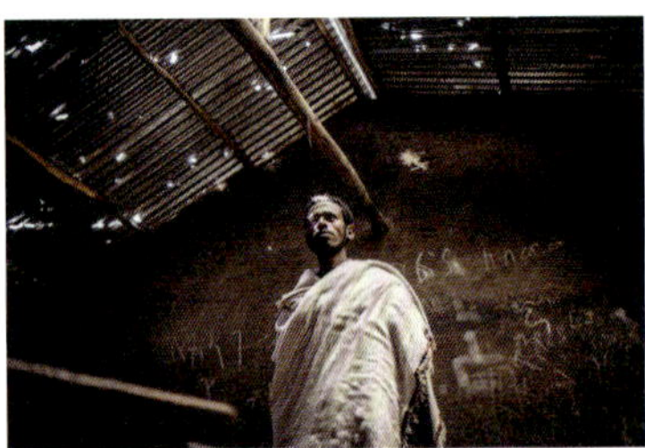

AFRIKA
SUCHE NACH FRIEDEN MITTEN IM CHAOS
–
Amanuel Sileshi, Agence France-Presse
Äthiopien
–
@amanuel4sileshi

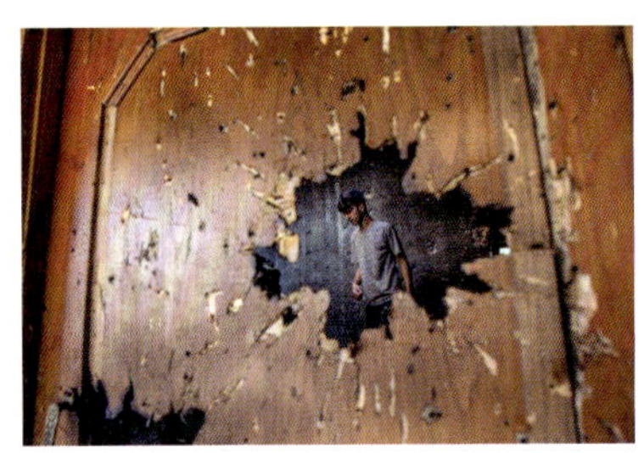

ASIEN
ENDLOSER KRIEG
–
Dar Yasin, für The Associated Press
Indien
–
@daryasinap

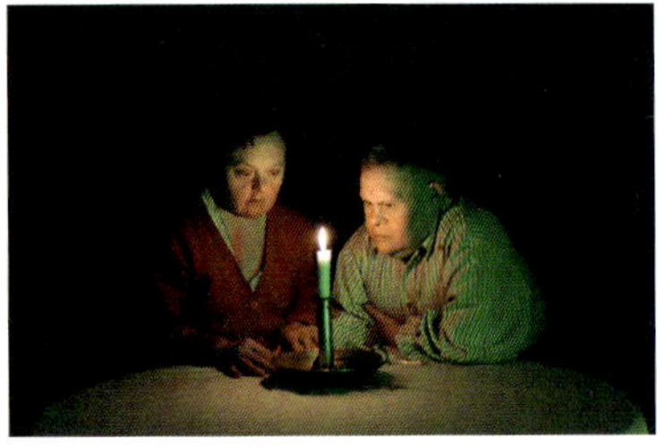

EUROPA
M+T
–
Mary Gelman
Russland
–
marygelman.com | @marygelman

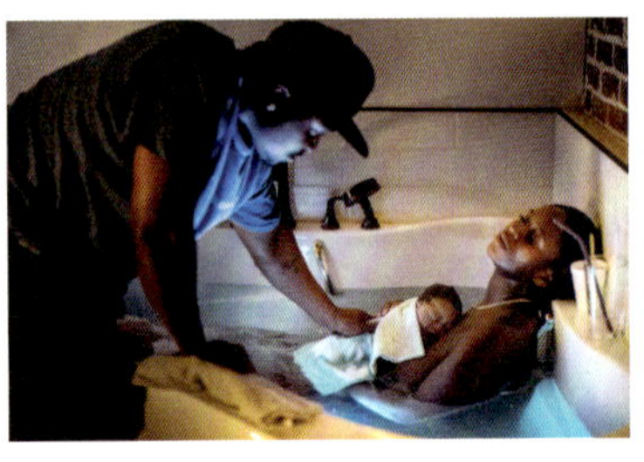

NORD- UND MITTELAMERIKA
ANGESICHTS DER HOHEN STERBLICHKEITSRATE, WENDEN SICH AFRO AMERIKANISCHE FRAUEN AN HEBAMMEN
–
Sarah Reingewirtz, für *Los Angeles Daily News* and Southern California News Group
United States
–
sarahreingewirtz.com

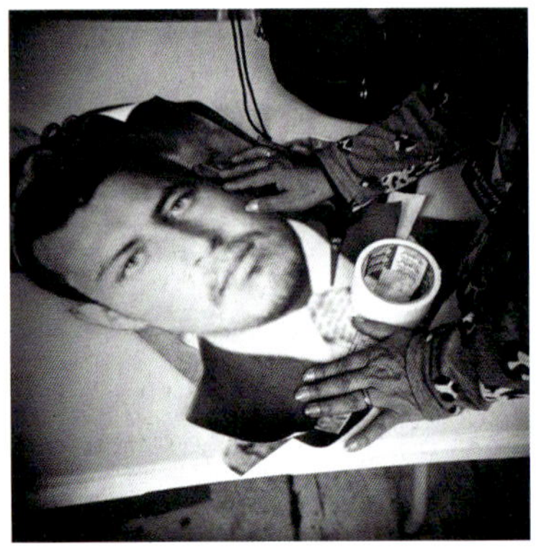

SÜDAMERIKA
ABWESENHEIT – EIN PORTRÄT
–
Viviana Peretti
Italien
–
vivianaperetti.com | @vivianaperetti

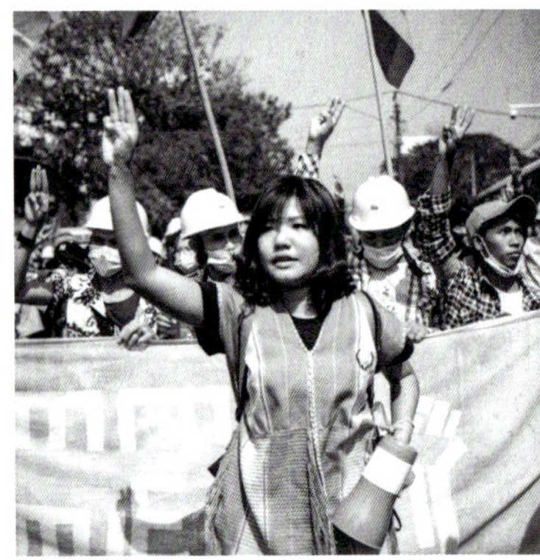

SÜDOSTASIEN & OZEANIEN
MYANMAR
–
Ta Mwe, Sacca Photo
Myanmar
–
saccaphoto.com | @tamwephoto

Chefredakteurin
Joumana El Zein Khoury

Herausgeber
Rodney Bolt

Assistenten des Herausgebers
Andrew Davies
Daisy Corbin O'Grady
Kuljit Dhami
Mercedes Almagro Ocaña

Produktions-koordinatorin
Daisy Corbin O'Grady

Text-Koordinatorin
Mercedes Almagro Ocaña

Bild-Koordinatorin
Thera Vermeij

Recherche-Koordinatorin
Catharine Isabelle Haitzmann

Forschung
Francisca Sofia Corvalan Rojas
Kuljit Dhami
Mark Sheridan
Naomi Purswani
Ryan P. R. Pears
Yatou Sallah

Beraterin
Rena Effendi

Gestaltung
–SYB–
syb-photobooks.com

Titelbild
Amber Bracken, für *The New York Times*
Kamloops Residential School

Deutsche Ausgabe:
Till Schaap Edition, Switzerland
www.tillschaapedition.ch

ISBN
ISBN 978-3-03878-065-6
ISSN 1663-3776

World Press Photo Stiftung
World Press Photo, gegründet 1955, ist eine unabhängige, gemeinnützige Organisation mit Sitz in Amsterdam, Niederlando.

#WPPh2022

PEFC zertifiziert
Dieses Produkt stammt aus nachhaltig bewirtschafteten Wäldern, Recycling und kontrollierten Quellen
PEFC™ 10-31-1800
www.pefc.org

Strategische Partner
Niederländische Postleitzahlen-Lotterie – PwC

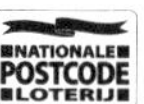

pwc

Partner
De L'Europe
Rutgers & Posch

Unterstützer
Die World Press Photo Foundation dankt allen Partnern, Geldgebern und Einzelspendern für ihre Unterstützung.

Offizielle Lieferanten
Emakina
Eyes on Media & Eyes on PhotoArt
VCK Logistics

Die Stiftung World Press Photo wurde von der niederländischen Aufsichtsbehörde für das Fundraising (CBF) als gemeinnützig anerkannt und erfüllt die Branchenstandards für professionelle, vertrauenswürdige und transparente Praktiken.

Afrika

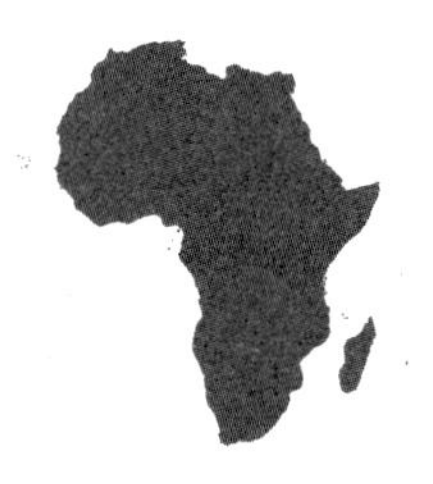

Ägypten
Algerien
Angola
Äquatorialguinea
Äthiopien
Benin
Botswana
Britisches Territorium im Indischen Ozean
Burkina Faso
Burundi
Cabo Verde
Demokratische Republik Kongo
Dschibuti
Elfenbeinküste
Eritrea
Eswatini
Französische Südterritorien
Gabun
Gambia
Ghana
Guinea
Guinea-Bissau
Kamerun
Kenia
Komoren
Kongo
La Réunion
Lesotho
Liberia
Libyen
Madagaskar
Malawi
Mali
Marokko
Mauretanien
Mauritius
Mayotte
Mosambik
Namibia
Niger
Nigeria
Ruanda
Sambia
São Tomé und Príncipe
Senegal
Seychellen
Sierra Leone
Simbabwe
Somalia
St. Helena
Sudan
Süd-Afrika
Südsudan
Togo
Tschad
Tunesien
Uganda
Vereinigte Republik Tansania
Westsahara
Zentralafrikanische Republik

Asien

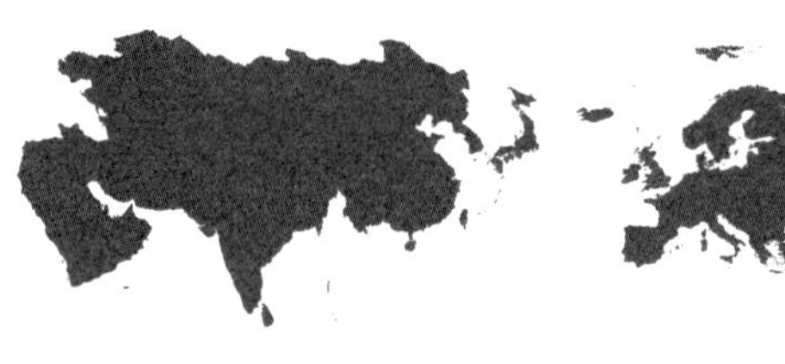

Afghanistan
Arabische Republik Syrien
Bahrain
Bangladesch
Bhutan
China
Demokratische Volksrepublik Korea
Hongkong (China SAR)
Indien
Iran (Islamische Republik)
Irak
Israel
Japan
Jemen
Jordanien
Kasachstan
Katar
Kirgisistan
Kuwait
Libanon
Macao (China SAR)
Malediven
Mongolei
Nepal
Oman
Pakistan
Republik Korea
Saudi-Arabien
Sri Lanka
Staat Palästina
Tadschikistan
Taiwan
Turkmenistan
Usbekistan
Vereinigte Arabische Emirate

Europa

Åland-Inseln
Albanien
Andorra
Armenien
Aserbaidschan
Belarus
Belgien
Bosnien und Herzegowina
Bulgarien
Dänemark
Deutschland
Estland
Färöer Inseln
Finnland
Frankreich
Georgien
Gibraltar
Griechenland
Guernsey
Irland
Island
Isle of Man
Italien
Jersey
Kroatien
Lettland
Liechtenstein
Litauen
Luxemburg
Malta
Monaco
Montenegro
Niederlande
Nordmazedonien
Norwegen
Österreich
Polen
Portugal
Republik Kosovo
Republik Moldau
Rumänien
Russische Föderation
San Marino
Sark
Schweden
Schweiz
Serbien
Slowakei
Slowenien
Spanien
Svalbard und Jan Mayen Inseln
Tschechische Republik
Türkei
Ungarn
Ukraine
Vatikan
Vereinigtes Königreich von Großbritannien und Nordirland
Zypern